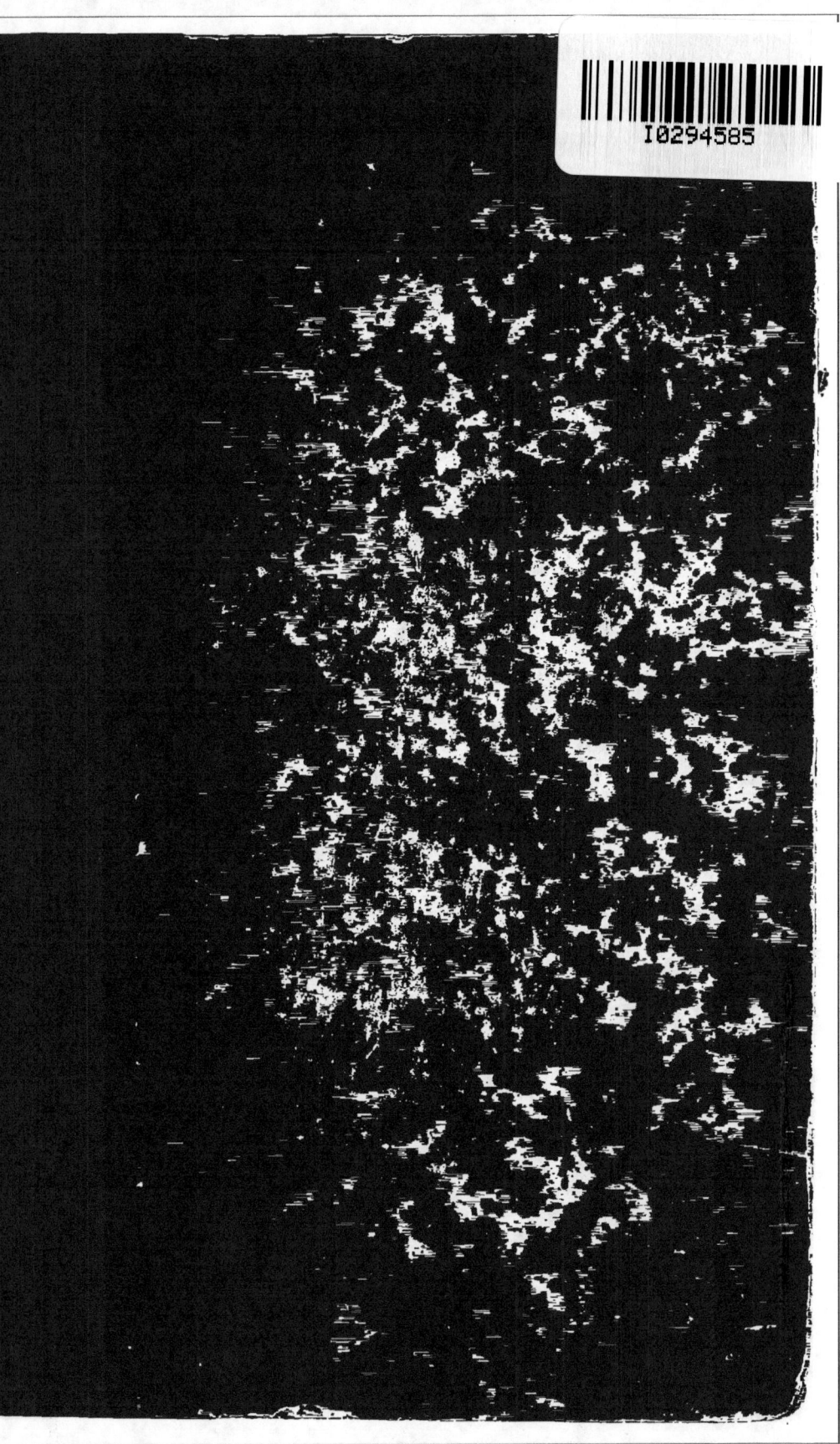

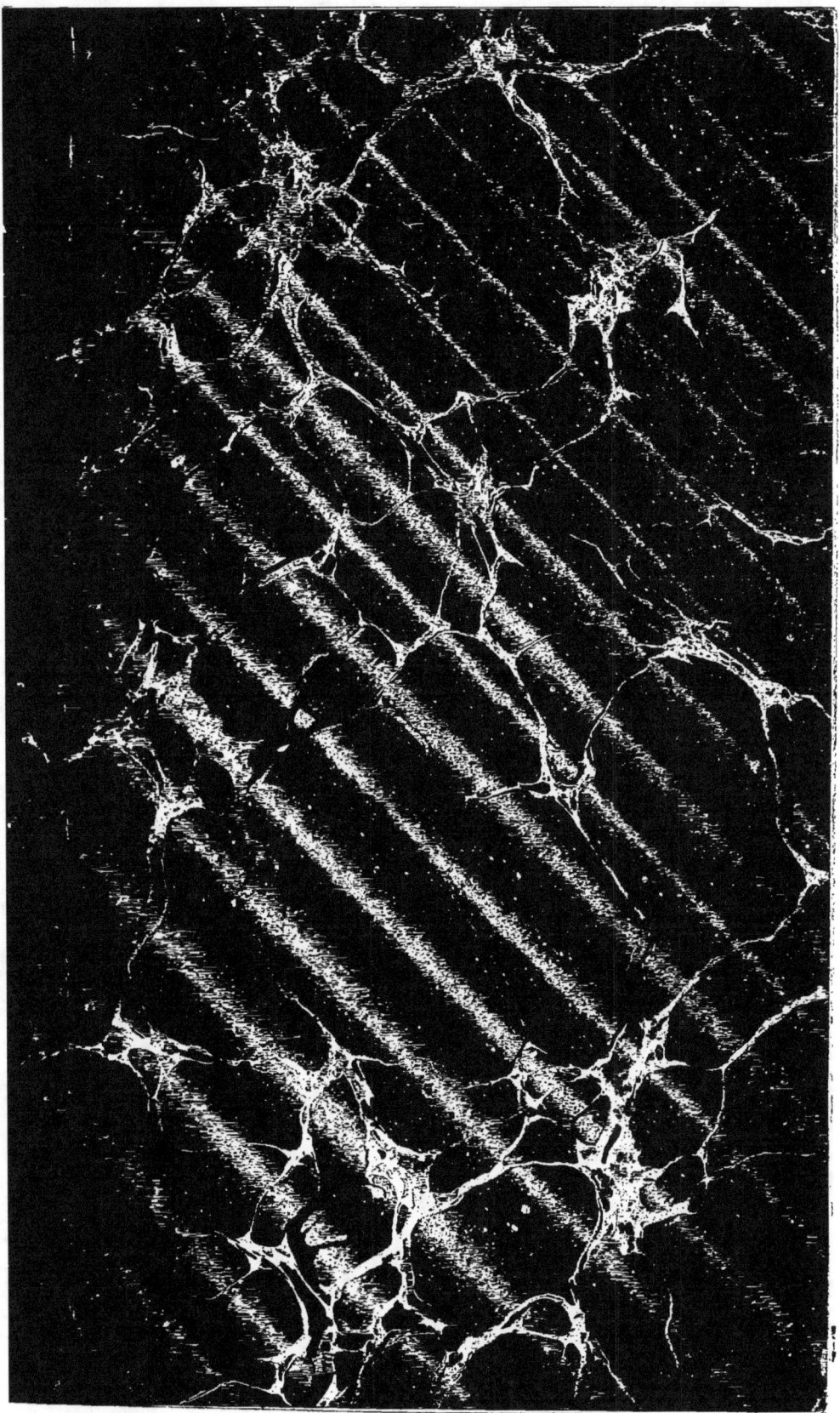

Mme Boulault   Alexandre-Georges
     1900

MADAME
DE MIRAMION

PARIS. — IMP. SIMON RAÇON ET COMP., RUE D'ERFURTH, 1.

Peint par de Troy — Geroni ec d'après Edelink
C.P.R.

Madame de Miramion

Decedée à Paris le 24.ᵉ Mars 1696. Agée de 60.ᵉ ans.

MADAME
DE MIRAMION

SA VIE ET SES ŒUVRES CHARITABLES
1629-1696

PAR A. BONNEAU-AVENANT

OUVRAGE COURONNÉ PAR L'ACADÉMIE FRANÇAISE
ET HONORÉ DE LETTRES APPROBATIVES
DE SA SAINTETÉ LE PAPE PIE IX
Son Éminence le cardinal Antonelli
Mgr le prince de la Tour-d'Auvergne, archevêque de Bourges, Mgr Dupanloup,
évêque d'Orléans, Mgr Angebault, évêque d'Angers,
Mgr Pie, évêque de Poitiers

DEUXIÈME ÉDITION, REVUE ET AUGMENTÉE

PARIS
LIBRAIRIE ACADÉMIQUE
DIDIER ET Cie, LIBRAIRES-ÉDITEURS
55, QUAI DES AUGUSTINS

1873

Tous droits réservés

AVERTISSEMENT DES ÉDITEURS

Le livre dont nous donnons ici une nouvelle édition n'avait pas été d'abord destiné au public.

L'auteur, homme du monde et sans expérience littéraire, en écrivant, pour ses enfants, la vie d'une personne de sa famille, croyait n'adresser ce récit qu'à un petit nombre d'amis, quand les encouragements de plusieurs hommes de lettres et l'espoir d'être utile sont venus le déterminer à l'offrir tel qu'il est au public.

Peu de livres, dès leur début, ont été plus favorablement accueillis que la Vie de madame de Miramion.

Il est vrai, que dès son apparition, l'ouvrage de M. Bonneau-Avenant avait reçu une approbation morale d'une telle importance et d'une si haute portée, qu'il était déjà permis de la considérer comme une sorte de consécration pour cette biographie.

Nous voulons parler des lettres approbatives que S. S. le pape et plusieurs illustres prélats ont daigné adresser à l'auteur, et qui figurent en tête de la première édition.

Depuis, l'Académie française est venue ajouter encore au succès de ce livre, en lui décernant un des prix fondés par M. de Montyon pour les ouvrages utiles aux mœurs.

Présentée sous de tels auspices et signalée par de si hautes recommandations, la Vie de madame de Miramion ne saurait manquer d'attirer longtemps encore l'attention du monde catholique, et nous croyons répondre au désir du public en lui offrant cette nouvelle édition conforme au texte, revu et augmenté, sur lequel a été faite la traduction anglaise publiée à Londres par lady Herbert.

PRÉFACE

Quod potui, feci; faciant meliora potentes.

Peu de personnes aujourd'hui connaissent le nom de madame de Miramion, de cette femme forte du dix-septième siècle, que son ardente piété a fait appeler par madame de Sévigné « l'une des mères de l'Église; » et dont l'inépuisable charité a fait dire au duc de Saint-Simon « que sa mort avait été considérée comme une perte publique. »

Sa vie cependant a été écrite autrefois par l'abbé de Choisy, et d'après les documents les plus authentiques; mais cet ouvrage publié en 1707, à un très-petit nombre d'exemplaires, est devenu presque introuvable. De plus, l'auteur, n'ayant voulu faire de cette biographie qu'un livre de piété, destiné particulièrement à édifier les maisons religieuses, n'a suivi dans son récit aucun ordre chronologique, il l'a même souvent interrompu par des lettres ou des méditations pieuses de madame de Miramion, qui en détruisent complétement l'intérêt. Cette diffusion d'idées jointe à la forme vieillie du style en rendent maintenant la lecture extrêmement pénible.

De nos jours, deux romanciers, madame la comtesse Dash et M. Hippolyte Lucas, ont également publié deux nouvelles dont madame de Beauharnais de Miramion est l'héroïne. Mais ces compositions, quoique empruntées à un épisode véritable de la vie de cette pieuse femme, laissent planer sur son caractère quelque chose de romanesque et de passionné qui est contraire à la vérité, et que dément l'austérité de toute son existence.

Dans ces conditions, une histoire exacte de la vie et des œuvres charitables de madame de Miramion, écrite d'après des documents nouveaux, des papiers de famille, et tous les auteurs qui ont parlé d'elle, pouvait offrir quelque intérêt. Cette pensée et l'espoir de trouver dans l'étude une distraction à de cruelles afflictions, nous ont fait entreprendre ce travail.

Il nous semblait aussi que c'était faire une œuvre utile, en ces temps d'indifférence et d'égoïsme, que de rappeler à la mémoire des gens du monde l'existence toute d'abnégation et de dévouement d'une personne du monde, qui, née au milieu du luxe et de tout ce qui rend la vie heureuse, a tout dédaigné, jeunesse, beauté, richesse, pour n'aimer que Dieu et consacrer sa vie et sa fortune au soulagement des affligés.

Nous avons donc essayé de raviver cette image effacée depuis deux siècles, de redire les actes courageux, les œuvres fécondes et les charités sans nombre que cette femme délicate et toujours malade a pu accomplir, soutenue par la seule ardeur de sa foi et la persistance de sa volonté.

Mais persuadé, comme l'a dit Bossuet, que « nous ne pouvons rien, pour la gloire des âmes extraordinaires, et que leurs seules actions les peuvent louer, » nous n'avons cherché qu'à raconter fidèlement tous les événements de cette existence exemplaire.

Puisse ce récit, en faisant parcourir au lecteur une époque historique mémorable, lui inspirer assez d'intérêt pour faire oublier les imperfections de la mise en œuvre, et ne laisser en lumière que la femme généreuse dont la vie reste un enseignement utile à tous !

Angers, le 16 février 1867.

CHAPITRE PREMIER

ENFANCE DE MADAME DE MIRAMION

1629-1645

I. Son éducation chrétienne. — Mort de sa mère et ses réflexions à ce sujet. — Les salons de la haute bourgeoisie. — II. La mode des eaux. — Mademoiselle de Daillon du Lude. — MM. Bonneau de Rubelle.

> Ceux que vous voyez revêtus d'une robe blanche, ceux-là viennent d'une grande affliction. (S. Jean.)

I

Madame de Miramion naquit à Paris, le 26 novembre 1629.

Son père, Jacques Bonneau, écuyer, seigneur de Rubelle, conseiller et secrétaire du roi [1], et sa mère,

---

[1] Jacques Bonneau, écuyer, seigneur de Rubelle et de Purnon, conseiller et secrétaire du roi, couronne de France et de ses finances, contrôleur général des gabelles et échevin de Paris, appartenait à une ancienne famille du Poitou, qui est encore représentée dans cette province et dont deux branches s'étaient établies, vers 1550, l'une à Paris et l'autre à Tours. C'est de la seconde qu'il descendait. Il était petit-fils d'Urphin Bonneau, procureur

Marie d'Ivry, d'une ancienne famille noble de Melun, l'élevèrent avec le plus grand soin. Mais, tout « en ornant son esprit des connaissances qui convenaient à son sexe, » ils formèrent aussi son cœur aux sentiments religieux dans lesquels ils avaient été élevés eux-mêmes, et qu'ils considéraient comme l'élément le plus assuré du bonheur.

Ainsi, comme l'a dit avec raison l'abbé de Choisy [2], cousin et biographe de madame de Miramion, dont nous emprunterons souvent la parole dans ce récit, « la vertu ne fut pas pour elle un bien étranger, elle la trouva dans sa propre famille. »

Sa mère surtout, femme d'un rare mérite, mais d'une santé délicate, s'occupait beaucoup d'elle; et comme si elle eût pressenti que Dieu devait la rappeler à lui de bonne heure, elle se hâtait de graver dans le cœur de sa fille les principes de piété qui

au présidial de Tours en 1570, marié à Anne de la Forge, et fils de Thomas Bonneau, écuyer, seigneur du Garsois et du Plessis-Saint-Antoine, échevin et maire de Tours en 1604, marié à Suzanne Robin. Les armoiries de cette famille, inscrites au Livre d'or de la ville de Paris dès 1577, et à l'Armorial des maires de Tours en 1604, enregistrées par d'Hozier en 1650, sont : d'azur à trois grenades d'or, ouvertes de gueules et posées deux et un. celles de la branche poitevine, inscrites à l'Armorial des maires de Niort et enregistrées par d'Hozier en 1660, sont : d'azur à un chevron d'or : accompagné en chef de deux étoiles du même, et en pointe d'une fontaine d'argent. (Voy. la généalogie dressée par d'Hozier, au cabinet des manuscrits de la Bibliothèque impériale à Paris.)

[2] François-Timoléon de Choisy, prieur de Saint-Lô, doyen de la cathédrale de Bayeux, et membre de l'Académie française.

pourraient plus tard la soutenir et la protéger dans la vie.

Mademoiselle de Rubelle n'avait, en effet, que neuf ans lorsqu'elle perdit sa mère. « Mais son esprit avancé lui fit sentir si vivement cette perte, qu'elle en fut malade. »

« Tout enfant qu'elle était, dit Choisy, elle fit sur cette mort des réflexions bien au-dessus de son âge. » Elle comprit pour la première fois le néant de tout ce qui peut finir, et combien devra être amère la séparation éternelle d'avec Dieu, puisque la privation passagère de ce qu'on aime est capable de plonger l'âme dans une extrême affliction.

La santé de mademoiselle de Rubelle se rétablit néanmoins assez vite ; mais cette violence faite à une première affection, cette idée de la mort dès les commencements de sa vie, avaient fait sur elle une impression si profonde, qu'elle résista à tous les efforts que l'on fit pour l'effacer, et laissa dans son esprit comme sur son visage une teinte sérieuse et mélancolique que rien ne put jamais dissiper entièrement.

Elle regrettait surtout, ainsi qu'elle l'a écrit plus tard dans ses Confessions, *de n'avoir pas assez aimé sa mère* pendant le peu d'années qu'elle avait eues à la connaître. Mais quel cœur aimant n'a eu, sinon plus de remords, au moins de pareils regrets ?

Hélas ! on ne sait combien l'on aime que deux fois dans la vie, à l'heure du départ ou à celle de la mort.

Ces regrets cependant furent la source féconde où mademoiselle de Rubelle puisa les sentiments de vertu qui devaient faire la consolation et la joie de toute sa vie ; car dès ce moment elle prit la résolution d'imiter sa mère dans l'accomplissement de tous les devoirs de religion et de charité qu'elle lui avait vu si souvent pratiquer.

La gouvernante qu'on lui avait donnée, personne d'une grande piété, et qui lui parlait sans cesse de la volonté de Dieu et de la soumission qu'on lui devait, contribua beaucoup aussi à développer en elle le penchant naturel qu'elle avait déjà pour la religion. *Dieu m'a fait bien des grâces par le moyen de cette fille,* disait madame de Miramion dans la suite, en parlant de sa gouvernante.

M. de Rubelle, demeuré veuf avec cinq enfants, et dans un état de santé déplorable que le chagrin aggravait encore, vit avec inquiétude dans quel isolement les fonctions nombreuses qu'il remplissait allaient le forcer à laisser sa fille, et, voulant y remédier autant qu'il était possible, il accepta l'offre que lui avait faite son frère d'aller habiter avec lui.

Dès que le temps de réclusion exigé alors par les convenances d'un grand deuil fut écoulé, M. de Rubelle, accompagné de ses enfants et de ses domestiques, alla donc s'établir dans le vaste hôtel qu'occupait M. Bonneau au Marais. Là du moins ses fils seraient élevés en commun avec ceux de son frère, tandis que madame Bonneau, femme capable et distinguée, surveillerait l'éducation de mademoiselle de Rubelle, en même temps que celle de sa propre fille.

Mais cette maison, où tout respirait le goût du monde et les habitudes élégantes d'une grande fortune, habitée par une famille nombreuse et une livrée considérable, était loin de ressembler à l'intérieur calme et réglé dans lequel mademoiselle de Rubelle avait reçu de sa mère une éducation toute chrétienne.

M. Bonneau, écuyer, seigneur du Plessis et de Valmer[1], secrétaire et conseiller du roi en ses conseils privés, était un homme fort estimé, qui aimait beaucoup à recevoir, et sa femme, mademoiselle Pallu du Ruau (d'une bonne famille de Tours), faisait avec beaucoup d'esprit les honneurs de son salon.

On rencontrait là toute la magistrature de Paris, beaucoup de financiers, des hommes de lettres et même quelques personnes de la cour. Car dès cette époque, la haute bourgeoisie, la bourgeoisie vivant noblement, comme on disait alors, c'est-à-dire dans les loisirs d'une grande fortune et dans les habitudes de la classe élevée, avait aussi ses salons non moins brillants et non moins aimables que ceux de la noblesse.

Déjà le célèbre hôtel de Rambouillet, ce premier

[1] Le château de Valmer, en Touraine, appartient aujourd'hui à M. le baron de Chabrefy.

foyer du bel esprit en France, avait fait naître autour de lui d'heureuses imitations : et la maison de M. de Lamoignon, l'un des hommes éminents de cette époque, qui avait su le premier rassembler chez lui les savants et les poëtes; les salons de madame de la Sablière, l'immortelle amie de la Fontaine, ainsi que le cercle de madame Cornuel, cette bourgeoise si célèbre par ses reparties, en étaient avec beaucoup d'autres de brillantes copies.

Madame Bonneau[1], qui aimait beaucoup le monde, trouva bientôt que les idées religieuses prenaient trop d'empire sur l'esprit de sa nièce, et la voyant avec tous les agréments que le monde estime et dans un âge à devoir aimer aussi les plaisirs, elle la mena souvent avec elle au bal et à la comédie.

Corneille faisait jouer alors au théâtre de l'hôtel de Bourgogne les tragédies de *Médée*, de *Polyeucte* et du *Cid*, qui devaient dignement inaugurer ce siècle immortel de la politesse et des arts qu'on a appelé depuis le siècle de Louis XIV.

Tout Paris pour Chimène a les yeux de Rodrigue,

disait-on, et rien n'était plus vrai. On ne peut se

---

[1] Parmi ses meilleures amies madame Bonneau comptait la pieuse madame Fouquet de Vaux, mère du surintendant, et madame la présidente de Pommereuil, à laquelle madame Scarron écrivait : « Madame de Bonneau vous est si attachée, et elle le dit avec tant de plaisir, qu'on a honte de ne pas vous aimer autant qu'elle vous aime. »

faire une idée aujourd'hui de l'enthousiasme qu'excita à ce moment l'apparition de ces chefs-d'œuvre dans lesquels se montraient si noblement les traits distinctifs de cette grande époque : l'héroïsme et la haute galanterie.

Aussi chacun voulait-il les voir; car, malgré les conspirations et les supplices qui venaient de précéder la fin du règne de Louis XIII et la mort de son grand ministre Richelieu, jamais l'entraînement vers les plaisirs de l'esprit n'avait été plus grand. Tout était gai, bruyant et heureux; il semblait qu'on devinât la gloire qui allait bientôt venir[1].

Mademoiselle de Rubelle prit d'abord plaisir au théâtre; « elle y avait du goût. » Ces grands sentiments, exprimés en beaux vers, séduisaient son imagination, qui était vive et sensible; mais bientôt la maturité de son jugement lui fit entrevoir le danger de ces fictions passionnées et sentir tout le vide et les désenchantements qu'elles laissent au cœur. Dieu, sans doute, qui avait choisi cette belle âme, veillait déjà sur elle et la défendait contre l'attrait des fausses joies.

Le bal, avec sa musique entraînante et ses danses animées[2], lui avait plu beaucoup aussi dans les commencements, parce qu'elle avait l'oreille juste et

---

[1] Richelieu mourut le 2 décembre 1642, après avoir vu Cinq-Mars monter sur l'échafaud, et Louis XIII, le 14 mai 1643, alors que Condé allait livrer la bataille de Rocroy.

[2] Les *passe-pieds* et les *menuets*.

qu'elle dansait à ravir; mais elle se lassa promptement de ces brillantes assemblées, dont la danse n'était que le prétexte, et que la vanité seule entretenait. Ces amusements avaient distrait son esprit et ses yeux, mais ils ne pouvaient chasser de son cœur une douleur qui l'avait pénétré tout entier, ni dissiper une mélancolie qui lui était chère.

Souvent, au milieu des distractions plus en rapport avec son âge que lui offrait sa tante, ou tout en partageant les jeux enfantins de ses frères, l'image de sa mère mourante et le souvenir de ses vertus se présentaient à sa pensée, et venaient pénétrer son cœur d'une ardeur nouvelle pour la piété et la retraite.

Je pense sans cesse à la mort, disait-elle à sa gouvernante *et, dans le temps que tout le monde ne songe qu'à se réjouir, je me dis : Voudrais-je mourir dans ce moment?*

« Quelle grâce Dieu vous fait, mademoiselle, lui répondait cette pieuse femme, de vous inspirer de si bonne heure d'aussi salutaires réflexions! profitez-en, et songez à tous les dangers qui vous menacent au milieu de ces divertissements profanes. Les saints, vous le savez, portaient souvent des cilices ou des chaînes de fer, afin que la douleur présente les empêchât d'être sensibles à tout ce qui les environnait. »

Ces conseils produisirent tant d'effet sur l'esprit de mademoiselle de Rubelle que, dès ce moment, elle prit la résolution de se mortifier par des privations et des souffrances, au milieu des plaisirs du monde, et de cesser d'y prendre part dès qu'elle ne dépendrait plus que d'elle-même. Dans la suite, en effet, lorsque sa tante la conduisit au bal, elle y porta toujours, sous ses vêtements, une grosse chaîne de fer qu'elle avait fait acheter en secret avec l'argent de ses menus plaisirs; et si elle allait à la comédie, « elle y fermait les yeux; mais quand sa tante riait, elle se tournait de son côté et riait aussi, comme si elle avait eu attention au spectacle[1]. »

Déjà la vérité seule l'attirait, et en fermant les yeux à la comédie, ses regards se tournaient instinctivement du seul côté qui ne trompe point : le devoir et Dieu.

Elle avait à peine douze ans, que son plus grand plaisir était de soigner les malades de la maison, et de leur tenir compagnie en leur faisant quelque lecture pieuse, pendant les heures de récréation que lui laissaient ses maîtres.

Il arriva qu'un jour des Rois, comme un palefrenier de son père se mourait, au moment où tout le monde était en joie dans le salon de sa tante, elle quitta tout pour aller l'assister ; son agonie fut effroyable, et son dernier soupir accompagné d'horribles convulsions. On la cherchait partout pour commencer le bal, quand elle vint enfin tout éperdue, pâle, tremblante et pleine de l'image de la mort

---

[1] L'abbé de Choisy

qui venait de lui apparaître dans toutes ses horreurs. Elle refusa de danser, et comme son visage altéré fit croire aisément qu'elle se trouvait malade, on lui permit de se retirer dans sa chambre. Là, tandis que les autres se réjouissaient, elle s'abandonna librement à ses réflexions, et pria seule pour le pauvre serviteur.

II

Au mois de juillet de l'année 1643, madame Bonneau, qui avait besoin de prendre les eaux pour fortifier sa santé, emmena mademoiselle de Rubelle à Forges en Normandie, où se réunissait alors la meilleure compagnie.

La mode des eaux n'est pas nouvelle, on le voit; et la vie qu'on y mène fut, de tout temps aussi, à peu près la même, si l'on en juge, du moins, par les réflexions que faisait à ce sujet l'abbé de Choisy, il y a plus de deux siècles :

« On sait assez, disait-il, combien sont dangereux pour l'innocence tous ces lieux, où se rassemblent de divers endroits du royaume une multitude de gens oisifs, occupés uniquement du soin de leur santé, qui, sous des apparences d'une complexion délicate, cachent souvent des passions très-fortes ; et qui se faisant une règle d'être éternellement ensemble, une loi de ne penser à rien de sérieux, une nécessité de laisser presque tout exercice de religion, et un devoir de s'amuser, se donnent ainsi mille occasions de se relâcher et de se perdre. Combien n'a-t-on pas vu de gens, en effet, qui ont fait là-dessus de funestes expériences, et qui, tout en allant chercher la santé du corps, ont malheureusement perdu la vie de l'âme! »

« Ce fut là pourtant, ajoute-t-il, que mademoiselle de Rubelle conserva non-seulement la bienséance et la régularité convenables à sa vertu, mais encore toute la fidélité qu'elle gardait ailleurs à ses devoirs de piété. »

Ce voyage, que madame Bonneau avait fait, selon l'habitude du temps, à petites journées, dans son carrosse avec sa nièce, sa fille et leurs deux gouvernantes, accompagnée de quelques domestiques à cheval, et en séjournant dans les villes de Saint-Germain, de Mantes et de Rouen, avait été un enchantement continuel pour mademoiselle de Rubelle, qui n'avait jamais quitté Paris.

Pendant leur séjour à Forges, où il y avait toujours beaucoup de monde, depuis que la reine Anne d'Autriche en avait mis les eaux en vogue, les deux jeunes filles eurent occasion de rencontrer souvent, à la source de la Reinette, mademoiselle Charlotte de Daillon, fille du comte du Lude, dont l'esprit vif et la beauté naissante faisaient déjà pressentir les succès qu'elle devait obtenir plus tard à la cour. Se voir, se plaire et s'aimer, sont choses faciles à cet âge; aussi bientôt les trois jeunes filles s'étaient-elles liées de l'amitié la plus tendre.

Mademoiselle de Rubelle surtout, qui était un peu plus âgée que sa cousine, et douée déjà des qualités les plus attachantes, sut inspirer à mademoiselle de Daillon une estime et une affection si durables, que quinze ans après, lorsqu'elle fut devenue la belle duchesse de Roquelaure, et s'éteignit tristement victime d'un amour malheureux, elle se souvint de cette amie de sa jeunesse, l'appela instamment près d'elle, et s'estima heureuse de mourir entre ses bras.

Mademoiselle de Rubelle était encore en Normandie, quand son père, vaincu par le chagrin, tomba gravement malade et expira avant qu'elle pût arriver à Paris.

Son affliction fut extrême; mais comme elle avait appris à adorer humblement la main de Celui dont elle recevait de tels coups, sa douleur, loin de l'abattre, ne fit qu'ajouter encore à l'ardente piété qui remplissait son cœur, et lui donner le désir de se consacrer à Dieu en se faisant carmélite.

L'ordre sévère des religieuses du Mont-Carmel, transporté d'Espagne à Paris en 1602, par madame Acarie, y avait acquis de suite une grande réputation de piété; et le magnifique monastère qu'il occupait rue Saint-Jacques, fondé par des reines et des princesses qui y avaient leur logement et leur tombeau, jouissait déjà d'une célébrité que le repentir des duchesses de Longueville et de la Vallière devait augmenter encore[1].

Madame Bonneau, qui, tout en vivant au milieu du monde, pratiquait ses devoirs religieux avec la régularité qu'on observait autrefois dans la classe élevée, avait souvent conduit sa nièce faire ses dévotions dans la chapelle de cet établissement.

Les couvents, à cette époque, étaient, d'ailleurs, en rapports continuels avec les personnes du monde. Chaque famille y avait quelque parent. On y allait faire des retraites, demander des conseils ou des prières, et assister à des prises d'habit.

Mademoiselle de Rubelle, quelques jours avant son départ pour Forges, avait eu l'occasion d'être ainsi témoin, aux Carmélites, de la vêture d'une jeune personne de sa connaissance; et cette cérémonie imposante, à laquelle assistaient beaucoup de dames de la cour, avait fait sur son esprit la plus vive impression.

A travers les nuages de l'encens et la mélodie des orgues, ce sanctuaire magnifique où le marbre et la peinture luttaient d'éclat avec l'or des reliquaires, lui était apparu comme la demeure choisie de Dieu,

---

[1] Il s'étendait de la rue Saint-Jacques à la rue d'Enfer, où l'entrée subsiste encore au n° 67. « C'était une grande maison, un bon air, une nombreuse communauté, remplie de filles de qualité et d'esprit qui ont quitté le monde qu'elles connaissaient et méprisaient; or c'est ce qui fait les bonnes religieuses. » (Mademoiselle de Montpensier.)

et lui semblait l'asile le plus enviable qu'il pût y avoir sur la terre.

Sa tante, à qui elle fit part du projet qu'elle avait conçu, crut plus sage de ne pas combattre de suite cette résolution. Mais M. Bonneau, qui avait pour sa nièce toute la tendresse d'un père, ne put lui dissimuler la peine que lui causerait une telle détermination. Il lui parla de l'amitié qu'elle avait pour ses frères, des services qu'elle pouvait leur rendre en restant dans le monde, et en s'y établissant selon son rang et sa fortune. Ces réflexions, que la jeunesse lui avait empêché de faire, l'idée de cette séparation qui ne s'était pas encore présentée à son esprit, et, par-dessus toute chose, l'espoir d'être utile un jour à ses frères, lui firent renoncer aussitôt à ce projet.

« Et comme Dieu, dit l'abbé de Choisy, lui avait accordé dès lors le don d'intelligence aussi bien que celui de force, elle entreprit, n'ayant encore que quatorze ans et demi, de se mettre à la tête de sa famille, et de remplacer auprès de ses plus jeunes frères les parents dont ils étaient privés. »

Elle devint, en effet, dès ce moment, et demeura ensuite toute sa vie le lien qui maintint toujours entre eux la plus parfaite union.

Elle avait quatre frères, dont nous tracerons ici rapidement l'historique, ne devant plus en parler ailleurs.

L'aîné était Toussaint Bonneau, écuyer, seigneur

de Rubelle[1], qui avait alors vingt-deux ans. (Il devint bientôt après conseiller au parlement de Paris, et n'eut qu'une fille, mariée en 1684 au marquis de la Hoguette.)

Le second, Thomas Bonneau, écuyer, seigneur de Bellefond, qui en avait dix-huit. (Celui-là mourut jeune et sans alliance.)

Le troisième, Henri Bonneau, chevalier, seigneur de Tracy; il n'était âgé que de dix ans, et sa santé délicate, jointe à la douceur de son caractère, en faisait l'enfant gâté de mademoiselle de Rubelle. (Il fut capitaine aux gardes, maréchal de camp, gouverneur de Tournay, et périt au siége de Landrecies, en 1655.)

Enfin, le plus jeune, Claude Bonneau, chevalier, seigneur de Purnon[2], qui avait huit ans. (Il devint chambellan et premier maître d'hôtel de Monsieur frère du roi; épousa, en 1703, Anne du Tillet, et mourut, en 1721, sans enfant.)

« Jamais famille n'a été plus unie que celle-là, dit Choisy, et personne ne s'est mêlé du partage de leurs biens, qui étaient cependant considérables. Enfin, chose rare, il n'y eut de querelles entre eux que parce que chacun voulait prendre les choses pour plus qu'elles ne valaient. »

---

[1] Le château de Rubelle, près Melun, avait été apporté en dot par Marie d'Ivry à Jacques Bonneau, écuyer, seigneur de Purnon et de Rubelle, son époux.

[2] La seigneurie de Purnon, près Mirebeau en Poitou, était un ancien héritage de la famille Bonneau.

Après la mort de son père, mademoiselle de Rubelle obtint de rester dix-huit mois sans aller dans le monde. Ce temps de deuil, qui eût semblé long pour tout autre, lui parut encore trop court, tant il plaisait à son goût pour la retraite et pour les occupations sérieuses.

Dans la même maison qu'elle, habitait un jeune abbé, M. François Pallu, neveu de madame Bonneau, qui terminait alors à Paris ses études de théologie et devait être un jour le premier évêque français envoyé en Chine, sous le titre d'évêque d'Héliopolis. Ce savant ecclésiastique montrait déjà cette foi ardente qui devait le pousser bientôt à aller prêcher la parole de Dieu jusqu'aux Indes. Mademoiselle de Rubelle, chaque fois qu'elle le rencontrait chez sa tante, prenait plaisir à l'entendre parler. Peut-être le zèle apostolique et l'éloquence précoce de cette âme toute vouée à Dieu contribuèrent-ils à développer encore dans son cœur les sentiments de piété que sa mère y avait déjà déposés.

Ainsi s'écoula l'enfance de madame de Miramion, au milieu de circonstances douloureuses, dont l'influence, comme celle de l'adversité, vint fortifier en elle les plus nobles facultés de l'âme. Ainsi elle grandit, entourée de toutes les vanités de la fortune, de toutes les séductions du monde et de ses plaisirs, sans y prendre aucune part, s'avançant seule et d'un pas ferme vers cette vie qui devait la conduire à Dieu. Dignes commencements d'une digne existence.

CHAPITRE II

MARIAGE DE MADAME DE MIRAMION

1645-1648

I. Son portrait. — La famille de Beauharnais. — II. La comtesse de Choisy et son salon. — III. Veuve et mère à seize ans. — La petite vérole. — Mot de madame Cornuel.

> Je serrais les bras; mais j'avais déjà perdu ce que je tenais.
> (S. Ambr., *Orat. de ob. Sat. fr.*)

I

Mademoiselle de Rubelle entrait à peine dans sa seizième année, quand sa tante, suivant l'usage de ce temps[1], la produisit dans le monde. Elle avait déjà tous les caractères de la véritable beauté; non pas de cette beauté toute de convention qu'invente chaque époque, et qui a fait naître ces frêles idoles poudrées et musquées qu'ont adorées, sous leurs mouches, les marquis du dix-huitième siècle; mais de cette beauté parfaite, dont Raphaël et Léonard de Vinci nous ont

---

[1] Mademoiselle de Sévigné n'avait aussi que seize ans quand sa mère la conduisit à la cour, en 1663.

laissé le modèle achevé, et qui réunissait la force du corps à la délicatesse du visage et la pureté des formes à l'élégance de l'ensemble.

Elle était grande et d'une taille admirable que les avantages d'un léger embonpoint embellissaient encore, mais de cette grandeur qui n'enlève rien à la grâce. « Elle avait le teint d'une blancheur éblouissante, ranimée à tout moment par un incarnat toujours nouveau ; le nez aquilin et un peu long, mais bien fait ; la bouche petite, riante et vermeille. » Enfin, pour rendre sa beauté plus éclatante, elle avait des sourcils finement marqués et « les plus beaux yeux du monde. » Ils étaient bleu foncé, fendus en amande, vifs et brillants ; mais la mélancolie douce et l'exquise bonté qui remplissaient son cœur s'y faisaient voir souvent, et leur donnaient une expression vraiment angélique.

En ajoutant à ces traits : « des cheveux châtains, frisés à grosses boucles sans que l'art s'en mêlât ; un air fier et modeste qui, faisant naître la tendresse dans tous les cœurs, inspirait en même temps un respect qui en modérait les désirs ; et surtout une physionomie fine, qui découvrait en un instant un esprit naturel cultivé et orné par toutes les connaissances qui convenaient à son sexe ; » on aura le portrait exact de mademoiselle de Rubelle[1].

[1] Portrait tracé par l'abbé de Choisy, dans son histoire manuscrite de la princesse Aimonnette, et complété par la description du portrait peint par de Troy, qu'on voit encore au château

La nature en lui prodiguant tous les avantages du corps lui avait accordé aussi les facultés les plus précieuses de l'esprit. Elle avait un jugement droit et solide en même temps qu'une imagination vive et entreprenante. De plus elle parlait bien, et naturellement. Peut-être aurait-on pu lui reprocher, car il faut bien avoir quelque défaut, d'avoir dans l'air un peu trop de fierté. Mais cette apparence de hauteur, que donne souvent la régularité des traits, était adoucie chez elle par la douceur de la voix et cette politesse exquise de manières qui distinguait fortement alors toute la haute classe de la société.

Partout sa grâce et sa beauté, plus encore que ses grandes richesses [1], attiraient sur ses pas une foule de jeunes gens qui briguaient l'honneur d'obtenir sa main.

Mais déjà mademoiselle de Rubelle avait remarqué à l'église Saint-Nicolas des Champs M. de Miramion qui y accompagnait souvent sa mère, femme d'une piété et d'une charité exemplaires ; et la déférence et le respect qu'il lui témoignait l'avaient particulièrement prévenue en faveur de ce jeune homme.

Aussi, quand parmi les partis que sa famille lui présenta, elle entendit prononcer le nom de M. de

---

de Marsay en Poitou, chez le marquis de la Messelière, héritier de la famille Bonneau de Purnon.

[1] Le comte de Bussy-Rabutin, dans ses Mémoires, dit qu'elle était riche de quatre cent mille écus (qui, à cette époque, valaient deux millions huit cent mille francs).

Miramion, sa rougeur apprit-elle à tous quel était celui que son cœur avait choisi.

Le 27 avril 1645, elle épousa, en effet, Jean-Jacques de Beauharnais, chevalier, seigneur de Miramion et de la Couarde, conseiller au parlement de Paris; « fils unique de messire Aignan de Beauharnais de Miramion, conseiller d'État, contrôleur général de l'extraordinaire des guerres, et de haute et puissante dame Marguerite de Choisy; » d'une famille noble et déjà illustre de l'Orléanais, dont la descendance devait s'asseoir plus tard sur plusieurs trônes de l'Europe[1].

M. de Miramion « n'avait pas vingt-sept ans; il était beau, bien fait, du caractère le plus heureux et d'une fortune égale à la sienne. » Enfin il était ce qu'on appelait au dix-septième siècle, un parfait honnête homme; ce qui voulait dire alors : avoir des senti-

---

[1] Le duc de Saint-Simon, dans ses Mémoires, a dit, en parlant de madame de Miramion, « qu'elle avait épousé un bourgeois d'Orléans fort riche, dont le père avait obtenu des lettres patentes pour changer son nom en celui de Beauharnais. » Mais il y a là une erreur grossière; car la famille de Beauharnais n'a jamais porté d'autre nom patronymique que celui-là, et elle remontait à Guillaume de Beauharnais, seigneur de Miramion et de la Chaussée, vivant en 1380, dont le fils Jehan de Beauharnais, figure, en qualité de témoin au procès pour la justification de Jeanne d'Arc. Ses armoiries sont : d'argent à la fasce de sable accompagnée en chef de trois merlettes du même. Cette famille a dû une illustration nouvelle au règne de Napoléon 1er, et l'empereur Napoléon III est parent, au dixième degré, de madame de Miramion. (Voy. la filiation à l'Appendice.)

ments élevés, être brave, galant, libéral, avoir de l'esprit et de belles manières, mais sans aucune ombre de pédanterie.

Une union si bien assortie lui fit éprouver un bonheur qu'elle n'avait connu que dans son enfance : elle aimait, elle était aimée : et Dieu était au milieu de cet amour. Elle ne formait plus qu'un seul vœu : celui de mériter, par l'innocence du cœur et la pureté de l'âme, que les bénédictions versées sur elle dans cette vie ne pussent nuire aux espérances qu'elle avait conçues pour la vie à venir.

Elle pria donc M. de Miramion de lui permettre de continuer à vivre dans les pratiques pieuses qu'elle avait observées jusque-là, et lui parla de la religion avec des sentiments si nobles et si élevés, qu'il en fut touché, admira sa vertu et l'en aima davantage, lui promettant non-seulement de ne la contraindre en rien dans sa piété, mais encore de ne rien faire lui-même qui pût l'offenser à ce sujet.

Quelques jours après son mariage, madame de Miramion fit en pleurant ses adieux à ses frères, et quitta la maison de son oncle pour aller demeurer avec son beau-père et sa belle-mère, chez M. de Choisy, grand-père de son mari.

M. de Choisy (écuyer, seigneur de Balleroy, conseiller d'État), qui avait été longtemps l'ami presque autant que le conseiller des rois Henri IV et Louis XIII, jouissait à la cour de la plus grande considération; et sa femme, Madeleine le Charron, personne d'une haute vertu, était la plus tendre et la plus dévouée des mères. Ces deux respectables vieillards ne s'étaient jamais séparés de leurs filles mesdames de Miramion et de Caumartin, et ils habitaient avec elles un très-bel hôtel, situé à l'angle de la rue du Temple et de la rue Michel-le-Comte, dans la paroisse de Saint-Nicolas des Champs[1].

Madame de Caumartin, dont le mari, conseiller d'État et ambassadeur à Venise, était mort en 1624, n'avait qu'un fils, et comme il était de l'âge de M. de Miramion, les deux cousins avaient été élevés ensemble et s'aimaient comme deux frères.

Cette famille, qui vivait dans une union patriarcale sous le toit hospitalier de M. de Choisy, accueillit la jeune épousée avec la plus grande joie. Chacun voulut la recevoir et la fêter à son tour; et pendant plusieurs semaines, ce ne fut autour d'elle que présentations, soupers et plaisirs de toutes sortes.

Madame la comtesse de Choisy surtout, tante de M. de Miramion, donna à cette occasion une collation magnifique au palais du Luxembourg.

II

Madame de Choisy (petite-fille du chancelier de

---

[1] Hôtel connu depuis sous le nom d'hôtel de Caumartin, parce qu'il échut ensuite en partage à cette famille, qui l'a longtemps habité.

l'Hôpital), dont le mari était alors chancelier du duc Gaston d'Orléans, frère de Louis XIII, a été, on le sait, du petit nombre des femmes qui, par la grâce et la vivacité de leur esprit, ont fait l'ornement de la société au dix-septième siècle. C'est elle qui faisait les honneurs de toutes les fêtes que le duc d'Orléans était alors obligé de donner à son neveu Louis XIV pour lui plaire; et comme elle avait un grand talent de conversation et des façons de cour si brillantes qu'il n'y avait point de femme en France plus capable qu'elle d'enseigner toutes les grâces de la politesse et du bon ton, on prétendait qu'elle formait le jeune roi, et lui disait : « Sire, vous ne parviendrez jamais à être un honnête homme[1] si vous ne venez passer chaque jour au moins une heure avec moi. » Et le roi y allait; car, pour reconnaître ses soins, Louis XIV donna plus tard à madame la comtesse de Choisy une pension de huit mille livres.

Aussi son salon du Luxembourg était-il célèbre; Corneille y lisait *Cinna*, et le comte de Bussy ses *Maximes d'amour*. Les reines de Pologne et de Suède étaient en grand commerce de lettres et d'amitié avec elle; enfin la princesse de Montpensier, qui la connaissait beaucoup et n'est pas suspecte d'indulgence, a tracé d'elle le portrait suivant : « Vous avez l'esprit vif, brillant et agréable, plus que per-

[1] C'est-à-dire, dans le sens qu'on attachait alors à ce mot, un cavalier accompli sous le rapport de la galanterie et de l'élégance des manières.

sonne que je connaisse : vous parlez bien, délicatement et juste; personne ne fait plus galamment ni plus plaisamment un récit que vous : vous avez un grand charme dans la conversation, quoique vous ne soyez ni railleuse, ni médisante. Jamais personne n'a décidé avec tant d'autorité sur toutes choses et sur toutes sortes de gens que vous. » On comprend d'après cela que peu de personnes aient pu réunir au même degré qu'elle tant de qualités éminentes.

Si madame de Miramion avait eu du goût pour le monde, rien, on le voit, ne lui eût été plus facile que de le satisfaire sous le brillant patronage de son aimable tante. Mais loin d'ambitionner les succès que sa beauté faisait naître autour d'elle, elle en avait, pour ainsi dire peur, et n'aspirait qu'aux joies pures du foyer domestique et à la retraite qu'elle s'était promis de garder dès qu'elle en aurait la liberté.

M. de Miramion, au contraire, « n'était pas indifférent au monde [1]; » mais comme il avait joui de bonne heure de tous les plaisirs qu'il donne, il commençait à sentir la lassitude et l'ennui que traîne toujours après elle une vie légère et désœuvrée. Le bonheur si pur qu'il trouvait dans une union privilégiée, en diminuant encore le goût qu'il avait pour la société, le retint bientôt près d'une femme dont la piété douce et aimable n'eut pas de peine ensuite à le ramener à Dieu. Car dans les sentiments

---

[1] Choisy.

extrêmes, dans la joie comme dans l'affliction, notre âme se rapproche toujours de son Créateur.

« Je renonçai au jeu, au bal et à la comédie, a dit madame de Miramion en parlant de ces premiers temps de son mariage, ce qui causa beaucoup d'étonnement. Je commençai une vie réglée; je gagnai mon mari et l'amenai en vivre en bon chrétien. Enfin nous étions fort unis et très-aimés de toute notre famille, avec laquelle nous n'avions jamais de démêlés que pour me faire divertir[1]. »

Rien, en effet, ne pouvait être plus propre à étonner les âmes vulgaires et mondaines que la vue de tant de vertu dans deux êtres si jeunes. Unis par une affection sainte, pleins d'humilité et de pureté devant Dieu, pleins de charité et de bonne volonté envers les hommes, pleins d'amour l'un envers l'autre, mais d'un amour qui les entraînait tous deux vers Dieu, ils offraient au ciel et à la terre le plus doux et le plus édifiant spectacle, et réalisaient d'avance le charmant tableau que le grand poëte catholique Dante a tracé d'un mariage céleste :

> La lor concordia, e i lor lieti sembianti,
> Amore e maraviglia e dolce sguardo
> Faceano esser cagion de' pensier santi.

Six mois (seulement six mois!) s'écoulèrent dans les délices d'une telle existence. Au bout de ce temps

[1] Voy. les Confessions de madame de Miramion, à la fin de ce volume.

M. de Miramion fut atteint d'une fièvre violente accompagnée d'une fluxion de poitrine qui le mit aussitôt en grand danger.

Il vit la mort s'approcher et la reçut avec une résignation et un courage que la foi chrétienne peut seule inspirer.

Les dernières paroles de M. de Miramion à sa femme ne nous ont point été conservées; mais comme le duc de Thuringe à Élisabeth de Hongrie, il eût pu dire : « Que Dieu te bénisse, chère petite Élisabeth, épouse bien-aimée, mon doux trésor! Que le Seigneur très-fidèle garde ton âme et ton courage! qu'il bénisse aussi l'enfant que tu portes sous ton cœur! Adieu; souviens-toi toujours de notre vie commune, de notre tendre et saint amour; ne m'oublie jamais dans aucune de tes prières. Adieu. »

Car lorsqu'il mourut, le 2 novembre 1645, sa veuve, comme la duchesse de Thuringe, était enceinte de quatre mois et demi.

Jamais on ne vit une âme s'être plus donnée à une autre âme que celle de madame de Miramion ne s'était donnée à son mari; et comme si leurs deux existences n'en eussent fait véritablement qu'une seule, à l'instant même où il cessa d'exister, la vie parut aussi s'arrêter en elle. Elle s'affaissa sans dire une parole, sans jeter un cri, et tomba évanouie sur le corps de son mari. Elle resta plusieurs heures sans connaissance, et l'on crut un instant qu'elle allait en mourir.

Enfin elle revint à la vie; mais elle resta si faible, si immobile et si glacée, que si ce n'eût été le cœur qui battait encore, on aurait pu croire qu'elle était morte.

Étendue sur son lit, sans parole et sans larmes, elle semblait éternellement dormir, repoussant tout ce qu'on approchait de ses lèvres. Ces mots : « Buvez pour votre enfant, » murmurés par sa belle-mère, qui trouvait dans ce faible espoir la force de supporter sa propre douleur, ces mots seuls purent la décider à vivre. « Oui, il faut que j'attende qu'une autre vie soit séparée de la mienne, » répondit-elle; et depuis elle obéit machinalement à toutes les prescriptions.

III

La voilà donc, cette heureuse femme que nous avons vue dotée, dans une union chrétienne, du plus riche bonheur de la vie; la voilà veuve à seize ans; voilà l'épouse aimante et tant aimée condamnée désormais à l'épreuve souveraine de la solitude du cœur!

Et maintenant, qui lui donnera la force de supporter un tel coup? qui la consolera dans sa détresse? qui la soutiendra désormais à travers la vie?

Mais, nous le savons, son passé nous le dit : ce sera Celui que tous les affligés invoquent, aiment et sentent en eux! Celui qui n'abandonne ni les veuves ni les orphelins, Celui qui donna à une mère la force de suivre son fils au Golgotha!

Et du milieu de son abattement, au plus fort de cette crise douloureuse, dans laquelle la chair et le sang payaient à la nature un si cruel tribut de souffrance, madame de Miramion sentit son cœur, mort à toutes les joies de ce monde, renaître à Dieu, pénétré d'humilité et d'amour pour lui, et tout rempli de charité pour ceux qui souffrent. O joies du sacrifice, douceurs secrètes de la douleur, voies mystérieuses de la Providence, que vous êtes admirables!

N'avons-nous donc, en effet, dans la vie d'autre but que celui d'être heureux, et quand une fois le malheur nous a frappés, ne nous reste-t-il plus rien à faire qu'à pleurer?

Non, Dieu nous défend de trop souffrir d'un malheur supportable et de laisser éteindre, dès les premiers pas, l'intelligence et la force qu'il nous a données pour nous conduire pendant une plus longue route. Regardons plus loin et plus haut que notre personnalité, et si le bonheur devient impossible pour nous, songeons du moins que nous pourrons peut-être le procurer encore à d'autres.

Mais si la religion et l'amour maternel purent rattacher madame de Miramion à la vie, sa constitution, ébranlée par de si rudes secousses, eut bien de la peine à résister à tant d'épreuves. Plusieurs fois encore, elle fut malade à l'extrémité. Elle passa dans son lit tout le temps de sa grossesse, et on la saigna neuf fois malgré l'état où elle était. Après quarante-six heures de souffrances et à l'heure où les médecins désespéraient de pouvoir la sauver, elle fit un vœu à la sainte Vierge pour obtenir la grâce de voir son enfant baptisé; sa prière fut exaucée, et, le 7 mars 1646, elle mit au monde une fille.

La première fois qu'on lui apporta son enfant, et qu'en l'embrassant elle revit dans ses traits l'image de son mari, des larmes, des larmes secourables, trop longtemps refusées à sa douleur, s'échappèrent enfin par torrents de ses yeux. Cette enfant malheureusement avait beaucoup souffert, et naissait si languissante et si faible, que les soins les plus assidus pouvaient seuls la disputer à la mort. L'idée d'être utile à un être si cher ranima bientôt son courage et ses forces, et peu à peu elle reprit à la vie, à cause d'un tout petit enfant. Quelle merveille que notre cœur, et que de peu de chose il sait faire beaucoup !

Madame de Miramion passa les deux premières années de son veuvage dans la retraite la plus austère, toujours au pied des autels ou du berceau de sa fille.

« Ce fut alors qu'elle éprouva ce que les femmes, dit l'abbé de Choisy, regardent comme la plus sensible de toutes les afflictions. Elle était belle, elle eut la petite vérole[1] ; on craignit même pour sa vie :

---

[1] Cette maladie était alors très-dangereuse et très-redoutée, surtout par les femmes, dont elle mettait toujours la beauté en péril.

ses yeux furent en danger. Rien ne l'ébranla : la mort, la laideur, la perte de la vue, ne furent pas capables de la troubler, tant sa soumission à la volonté de Dieu faisait sa tranquillité. »

« Ne pleurez pas, disait-elle à sa belle-mère qui était près de son lit, est-ce qu'une beauté périssable et une vie inutile valent ces larmes ? »

Sa seule inquiétude était pour sa fille, qu'on avait éloignée d'elle, sa seule privation était de ne plus la voir.

« Elle guérit contre tout espoir ; ses yeux furent sauvés, et, son visage, n'ayant reçu aucune marque, sa beauté resta, mais l'éclat en fut ôté. Elle parut insensible à une perte qui, au sentiment de la plupart des femmes, est la plus grande de toutes. Au contraire, cet accident lui sembla une espèce de déclaration de la volonté de Dieu ; elle espéra que le monde, la trouvant moins aimable, ne la rechercherait plus avec tant d'empressement, et la laisserait exécuter les bons desseins qu'elle avait toujours formés pour sa perfection [1]. »

En la voyant si pieuse, tous ses parents, dont elle était très-tendrement aimée, craignaient qu'elle ne voulût se faire religieuse : ils désiraient vivement la conserver au milieu d'eux ; et son extrême jeunesse leur fit espérer que le moyen qu'ils avaient employé efficacement après la mort de son père leur réussi-

---

[1] L'abbé de Choisy.

rait une seconde fois. Ils laissèrent d'abord un libre cours à sa douleur; puis, croyant que le temps y avait apporté quelque adoucissement, ils la pressèrent de contracter un nouveau mariage.

Des partis brillants se présentèrent et lui étaient chaque jour proposés ; plusieurs de ceux qui la recherchaient regrettaient, même en la voyant si belle, qu'elle fût si riche, dans la crainte que la fortune ne fût un obstacle à leurs désirs ou ne fît suspecter la sincérité de leur amour.

Un jour, madame Cornuel, qui était célèbre par la vivacité de son esprit, ayant eu l'occasion de rencontrer madame de Miramion dans le salon de madame de Choisy, fut si frappée de l'admirable beauté de son visage, encore pâle et muet de douleur, qu'elle s'écria : « Si cette magnifique statue s'avisait de prouver qu'elle a de l'esprit, toute la cour serait en déroute.»

Mais ses résolutions, au point de vue d'un second mariage, n'étaient pas douteuses. Elle ne laissait échapper aucune occasion de les exprimer de manière à faire renoncer ceux qui la recherchaient au projet qu'ils avaient conçu.

Elle se reprochait souvent, devant sa famille, les passions qu'elle faisait naître involontairement et en témoignait son chagrin.

Cependant, vivement touchée de l'attachement et du désintéressement de ses parents, elle n'osait fermer sa porte aux prétendants qu'ils introduisaient près d'elle.

Son humilité lui faisait penser aussi qu'elle n'était pas encore digne de se consacrer à Dieu ; elle semblait hésiter, et suppliait qu'on lui donnât du temps pour décider.

En attendant, elle multipliait les prières et les actes de dévotion, dans l'espérance que Dieu parlerait à son cœur et lui révélerait sa volonté.

CHAPITRE III

ENLÈVEMENT DE MADAME DE MIRAMION

1648

I. Lettre du confesseur de Louis XVI. — La Fronde. — Un pèlerinage au mont Valérien. — II. Un enlèvement au dix-septième siècle.

> Dieu me fit de grandes grâces ; je ne perdis pas le jugement, et il me donna un courage qui ne pouvait venir que de lui seul. (MADAME DE MIRAMION.)

I

Deux années s'étaient écoulées depuis la mort de M. de Miramion, et sa veuve, toujours livrée à sa douleur et à ses regrets, toujours vêtue d'habits de deuil, malgré l'étiquette rigoureuse de cette époque[1], n'avait pas encore quitté la solitude dans laquelle elle se plaisait à vivre ; dérobant ainsi sa peine

---

[1] Les veuves portaient le deuil deux années et avec un bandeau sur le front : mais après l'expiration du deuil personne alors ne s'habillait de noir, cette couleur étant considérée comme trop funèbre.

à tous les yeux, pour en faire l'idole cachée de son cœur.

Sa fille, il est vrai, d'une santé très-délicate, avait passé un hiver déplorable. Une affection de poitrine avait mis sa vie en danger, et les soins assidus qu'elle lui prodigua purent seuls la ramener à la vie. Mais cette existence, si frêle encore, lui devint d'autant plus précieuse qu'elle l'avait, pour ainsi dire, obtenue de Dieu une seconde fois au prix de ses larmes et de ses prières. Et quand cette enfant, qui avait grandi dans ses bras, sur son cœur, l'appela ma mère, elle sentit que désormais sa vie était liée à cette autre existence, qui lui était déjà devenue plus chère que la sienne. Le poëte l'a dit :

> Nous n'existons vraiment que par ces petits êtres
> Qui dans tout notre cœur s'établissent en maîtres,
> Qui prennent notre vie et ne s'en doutent pas,
> Et n'ont qu'à vivre heureux pour ne pas être ingrats.

Cette tendresse, que chaque jour augmentait, la crainte qu'elle lui donnait sans cesse de perdre sa fille, tout ravivait dans son cœur le souvenir de son époux, et souvent des larmes amères coulaient encore de ses yeux. Elle se les reprochait ensuite et s'en accusait comme d'un manque de soumission ou d'une défaillance dans la foi.

Mais non, « les larmes en elles-mêmes ne sauraient être un sujet de reproche pour nous, puisque notre divin Sauveur lui-même n'a pas craint d'en répandre.

Il a fait plus : il leur a attaché une béatitude toute spéciale : Heureux, a-t-il dit, celui qui pleure! Le défaut seul de soumission et de résignation pourrait donc les rendre coupables. Hélas! si au milieu des sacrifices que Dieu exige de nous, notre cœur pouvait ne pas sentir vivement, où serait le sacrifice? et sur quoi pourrions-nous fonder nos mérites? Il est donc autant dans l'ordre de la grâce que dans l'ordre de la nature que la perte de ceux qui nous sont chers agisse sur notre sensibilité, qu'elle l'altère, qu'elle l'accable, parce que c'est au milieu de cet accablement que se montre, dans tout son éclat, le pouvoir de la foi sur nos cœurs; et c'est au milieu de ces crises d'abattement qu'ils éprouvent, qu'ils deviennent souvent le véritable contentement de Dieu. C'est dans cet état qu'ils sont l'objet de ses complaisances et qu'il fixe sur eux toute la tendresse de ses regards[1]. »

On était ainsi arrivé au printemps de l'année 1648, année toute orageuse qui vit commencer à Paris les troubles de la Fronde. Mais, à notre grand regret, le caractère et l'étendue de ce récit ne nous permettent d'entrer dans aucun détail sur cet étrange et piquant épisode de notre histoire. Nous rappellerons seulement en quelques mots les faits principaux qui se sont passés entre l'enfance de madame

---

[1] Lettre de l'abbé Edgeworth, confesseur de Louis XVI, à madame de Montagu.

de Miramion et l'époque à laquelle nous voici parvenus.

Car, quelque retirée que soit notre existence, et si en dehors qu'elle se trouve placée du mouvement des affaires publiques, nous subissons malgré nous l'influence des événements qui ont agité le siècle où nous avons vécu ; et il nous semble, que pour être bien comprise, la vie des personnes, même les plus étrangères à l'ambition et au tourbillon du monde, a besoin d'être placée au milieu des grands événements politiques qui se sont accomplis de leur temps.

Après la mort du roi Louis XIII, sa veuve, Anne d'Autriche, avait été déclarée par le parlement régente absolue du royaume pendant le temps de la minorité de son fils Louis XIV, qui était alors âgé de dix ans. Les premières années de la régence avaient été illustrées par les glorieuses victoires de Rocroy, de Fribourg et de Nordlingue, remportées comme en se jouant par le jeune prince de Condé. Jamais encore, tant et de si brillantes batailles n'avaient été gagnées en France avec plus de conduite et de courage. La cour triomphante se livrait aux plaisirs, et la reine, dont on vantait l'esprit, les grâces et la beauté, régnait heureuse au milieu des adulations de cette cour, la plus polie du monde. C'était enfin, comme l'a dit Saint-Évremond :

> Le temps de la bonne régence.
> Temps où la ville aussi bien que la cour
> Ne respiraient que les jeux et l'amour.

Mais à « cet âge d'or » qu'ont chanté tant de poëtes, à ces premières années toutes brillantes de gloire, d'esprit et de politesse, tout occupées de belle conversation et de belle galanterie, venaient de succéder les dissensions de la guerre civile. Anne d'Autriche, la bonne reine, ainsi qu'on l'appelait d'abord, avait fait du cardinal Mazarin le maître de la France aussi bien que le sien. Et comme depuis la mort du grand roi Henri IV les finances étaient mal administrées, on voulut essayer de les relever. Le surintendant Émeri inventa, dans ce but, des ressources ridicules et vexatoires, qui soulevèrent un murmure général et firent prendre aussitôt le cardinal en horreur. Le parlement fit de l'opposition aux nouveaux édits, ce qui lui attira la confiance du peuple. Car, en ce temps-là, les habitants de Paris, et tout ce qui tenait à la robe, voyaient encore dans le parlement un corps auguste, qui rendait la justice avec intégrité et n'aimait que le bien de l'État, marchant d'un pas égal entre le roi et le peuple. Aussi l'appelait-on le père du peuple. C'est ainsi que commença la ligue parlementaire qui sous le nom de Fronde devait bientôt devenir maîtresse absolue de Paris, et amener en France tous les excès de la guerre civile.

La famille de madame de Miramion, qui était toute de robe, prit naturellement parti pour la Fronde, et M. de Choisy, son grand-père, mécontent des résistances de la cour et effrayé du tumulte qui agitait Paris, partit avec toute sa famille pour aller habiter une maison de campagne qu'il possédait à Issy, dans cette vallée délicieuse de la Seine, dont madame de Sévigné disait : « Nous avons été hier à Issy, où les rossignols, l'épine blanche, les fontaines et le beau temps nous ont donné tous les plaisirs innocents qu'on peut avoir. »

Madame de Miramion, à qui le calme et le silence de la campagne convenaient mieux que le bruit et l'agitation de Paris, se plaisait beaucoup sous les frais ombrages d'Issy. Elle trouvait là un refuge, une consolation contre les inquiétudes du dehors et son chagrin intérieur. L'habitation de M. de Choisy, bien bâtie, vaste et commode, entourée de jardins et de bois, était par elle-même un charmant séjour que venaient égayer encore de nombreux visiteurs.

Mais là, comme partout, madame de Miramion vivait en dehors du monde, uniquement occupée de sa fille et de Dieu. Libre de son temps et maîtresse de sa fortune, elle quittait souvent le salon de M. de Choisy pour l'église, et la meilleure compagnie pour aller visiter les pauvres et soigner les malades. De plus, nous apprend l'abbé de Choisy, comme elle avait une grande répugnance pour les mauvaises odeurs et la malpropreté, elle se fit une loi, pour se vaincre et se mortifier, de rechercher particulièrement certains malades dégoûtants, dont les plaies font horreur à la nature, et pendant son séjour à Issy, quoique à peine âgée de dix-neuf ans, elle se força à panser elle-même tous les jours une petite fille si teigneuse, que personne n'osait y toucher. Elle la guérit à force de soins, et s'intéressa si vivement à elle, qu'après l'avoir mise en pension dans un couvent, elle paya plus tard sa dot et en fit une bonne religieuse.

II

Telles étaient les occupations pieuses dans lesquelles madame de Miramion avait passé déjà une partie de l'été, quand elle résolut d'accomplir un vœu qu'elle avait fait pendant la dernière maladie de sa fille, et d'aller en pèlerinage à la chapelle du mont Valérien. Quelques personnes l'avaient bien fait avertir indirectement qu'on voulait l'enlever, pour l'obliger ainsi à se remarier ; mais comme on ne lui nommait pas celui qui avait le projet de se porter à un tel excès d'audace, et que parmi tous ceux qui aspiraient à sa main, et qu'elle connaissait bien, pas un seul ne pouvait être soupçonné de songer à une action aussi coupable, elle n'ajouta aucune foi au propos qu'on lui tint à ce sujet et ne prit aucune précaution, ne pouvant s'imaginer qu'on enlevât les gens en plein jour sans leur consentement.

Le 7 août 1648, madame de Miramion, uniquement occupée de l'acte religieux qu'elle allait accomplir, partit d'Issy à sept heures du matin pour se rendre au mont Valérien. « Elle avait avec elle dans son carrosse sa belle-mère, un écuyer et deux demoiselles ; car c'était alors l'usage, pour les femmes de condition, de ne jamais sortir sans être accompagnées d'une vieille demoiselle et d'un écuyer d'un certain âge. » Derrière le carrosse se tenait un valet de pied, jeune, mais très-dévoué, et quatre valets à cheval qui gardaient les portières.

Cette escorte, qui paraîtrait formidable de nos jours, n'avait rien d'extraordinaire dans un temps où la haute noblesse s'entourait encore d'un grand nombre de pages et de gardes[1].

Il faisait chaud, et, pour mieux jouir de la vue magnifique que présentent les sinuosités de la Seine des hauteurs de Saint-Cloud, on avait relevé les petits mantelets, sorte de rideaux de cuir qui remplaçaient les glaces que nous avons aujourd'hui au-dessus des portières. Déjà on était arrivé à un quart de lieue du mont Valérien, quand tout à coup le carrosse fut arrêté par vingt hommes à cheval qui l'entourèrent.

Les quatre laquais d'escorte, en apercevant des cavaliers masqués et bien armés, se sauvèrent aussitôt de toute la vitesse de leurs chevaux ; le valet de pied seul resta immobile à son poste. Le cocher fut jeté

---

[1] Madame de Sévigné écrivait à sa fille plus de vingt après, le 22 février 1674 : « Il ne faut amener aucun page, c'est une marchandise de province qui n'est point bonne ici ; il ne faut point de suite, point d'officiers ; il ne faudrait que six laquais. »

à bas du siége, et l'un des cavaliers s'empara de sa place, tandis que deux d'entre eux, s'approchant des portières, voulurent en abaisser les mantelets pour empêcher les prisonnières de reconnaître la route et de se faire entendre. Mais madame de Miramion, qui s'était recommandée à Dieu en se voyant tombée dans un guet-apens, se leva toute droite, et saisissant un grand sac de velours brodé que portait sa suivante et où se trouvait son livre d'heures, elle en frappa à coups redoublés le visage et les mains de ses ravisseurs, en criant au secours de toutes ses forces. Ils tirèrent alors leurs épées et coupèrent les courroies qui retenaient les mantelets ; elle voulut leur arracher leurs armes et se mit les mains tout en sang ; mais sa belle-mère, plus heureuse, saisit l'épée d'un des ravisseurs et l'en blessa au bras grièvement. Pour les deux demoiselles, elles étaient à moitié mortes de peur et ne pouvaient que murmurer des prières, tandis que le vieil écuyer semblait changé en statue.

Pendant ce combat si inégal, l'escadron, après avoir repassé le pont de Saint-Cloud, était entré dans le bois de Boulogne, où attendaient six chevaux frais qu'on attela aussitôt au carrosse, et qui l'emportèrent avec une nouvelle rapidité.

Dès qu'elle se vit enlevée, madame de Miramion demanda à Dieu de lui conserver tout son jugement, de lui donner du courage et des forces pour se défendre, et surtout la grâce de ne le point offenser et de se tenir toujours en sa présence. Après cette courte prière, qu'elle dit du cœur plus que des lèvres, elle se mit encore à crier qu'elle était madame de Miramion, qu'on l'enlevait de force, suppliant les passants d'aller à Paris avertir sa famille.

Mais les nuages de poussière que soulevaient tant de chevaux la dérobaient bientôt aux yeux de ceux à qui elle s'adressait, et le vent, le bruit et la rapidité de la marche, étouffaient ensuite ses cris et emportaient ses paroles.

Le carrosse, qui roulait toujours à toute vitesse à travers la plaine Saint-Denis, entra bientôt dans la forêt de Livry. Là, les routes devinrent si étroites que les cavaliers furent obligés de se diviser en deux troupes, l'une galopant en avant, et l'autre suivant par derrière d'aussi près que possible.

En voyant les deux côtés libres, il vint à la pensée de madame de Miramion qu'en se jetant par la portière dans le plus épais du bois, elle pourrait peut-être s'y cacher et se sauver. L'exécution suivit de près la pensée ; elle se précipita dans les ronces et dans les épines, et courut à travers les broussailles sans songer qu'elle mettait ses habits en lambeaux et son visage tout en sang ; mais voyant qu'elle était aperçue et déjà poursuivie par ses ravisseurs, elle eut peur qu'ils ne la fissent monter à cheval pour l'enlever plus facilement, et alors elle se rejeta dans son carrosse avec autant d'agilité qu'elle en avait mis pour en sortir.

Dans la partie la plus solitaire de la forêt de Livry, on fit faire une halte. Tous les hommes de l'escorte prirent à la hâte quelques rafraîchissements, et on en fit prendre également à toutes les personnes qui se trouvaient dans le carrosse. Mais ce fut en vain qu'on pressa madame de Miramion d'imiter leur exemple; elle déclara qu'elle était résolue à n'accepter aucune nourriture tant qu'on ne lui aurait pas rendu la liberté.

Ceux qui la conduisaient changèrent alors de relais et firent mettre pied à terre de force à la belle-mère de madame de Miramion, à sa gouvernante et à son écuyer, disant tout haut qu'ils ne voulaient garder que mademoiselle Gabrielle, c'était le nom de la femme de chambre. Le carrosse repartit brusquement, et la jeune femme resta seule dedans avec la femme de chambre et le fidèle valet de pied monté derrière, que rien n'avait pu décider à la quitter. Ils trouvèrent ainsi quatre relais de six chevaux chacun. En passant dans les villages, madame de Miramion redoublait ses cris et ses plaintes et, comme elle était parvenue à couper les mantelets de son carrosse avec un petit couteau, elle jetait de l'argent à tous ceux qu'elle rencontrait. Mais les cavaliers disaient que c'était une pauvre folle qu'on allait enfermer par ordre de la cour; et, dans l'état où elle était, toute échevelée, sans mouchoir de cou, sans coiffe, ses habits déchirés, ses mains et son visage pleins de sang, ils n'avaient pas de peine à le persuader.

Enfin on arriva vers le soir au château de Launay, forteresse féodale située à trois lieues de Sens et qui appartenait au grand prieur de France, Hugues de Bussy-Rabutin, cet homme de mœurs dissolues que madame de Sévigné appelait « mon oncle le corsaire. » Ce château, qui avait été une ancienne commanderie des Templiers, présentait encore une masse imposante de fortifications, qu'entouraient de toute part des fossés aussi larges que profonds. Pour y pénétrer il fallait passer sur plusieurs ponts-levis, qu'on abattait l'un après l'autre, avec un grand bruit de chaînes de fer qu'on relevait aussitôt; « rien n'avait plus l'air d'une prison, » dit l'abbé de Choisy.

Le fracas de ces chaînes et de ces ponts, les sons lugubres et sourds que fit entendre le carrosse en roulant au-dessus des fossés et sous les voûtes obscures des tours qui conduisaient à la cour intérieure, le grand nombre des gentilshommes qu'elle y vit rassemblés, la nuit qui commençait à tomber, tout contribua à accroître encore la terreur dont madame de Miramion était déjà frappée.

Elle ignorait complétement le nom et les projets de ceux qui osaient ainsi se permettre envers elle tant de violence. La précaution qu'ils avaient prise de la séparer de sa belle-mère, le peu d'effet qu'avait produit sur eux ses supplications, ses larmes, ses prières et ses menaces, les lui faisaient considérer comme des hommes féroces, inexorables, capables de tout.

Aussi dès que le carrosse fut entré dans la cour et qu'elle en vit ôter les chevaux, madame de Miramion déclara-t-elle qu'elle n'en voulait pas descendre, et qu'elle était résolue d'y passer la nuit.

Un chevalier de Malte se présenta alors sans masque à la portière, et la supplia, dans les termes les plus respectueux, de vouloir bien descendre et entrer dans le château.

Madame de Miramion, sans quitter sa place, lui demanda d'une voix ferme, si c'était lui qui la faisait enlever. « Non, madame; lui répondit-il respectueusement, c'est M. le comte de Bussy-Rabutin, lieutenant général et mestre de camp de la cavalerie, qui nous avait tous assurés qu'il vous enlevait de votre plein consentement et seulement pour forcer votre famille à lui accorder votre main.

— *Ce qu'il vous a dit est faux*, s'écria-t-elle aussitôt, *et vous verrez si j'y consens.*

— Madame, reprit le chevalier, nous sommes ici deux cents gentilshommes, tous parents ou amis du comte de Bussy. Mais s'il nous a trompés, nous vous servirons, madame, contre lui-même et vous mettrons en liberté. Il faut seulement lui faire entendre raison; descendez donc sans crainte, sur ma parole, et vous reposez au château.

Le chevalier avait un air noble, honnête et doux, qui inspira confiance à madame de Miramion. Cependant elle ne voulut pas, comme il le lui proposait, monter dans les appartements qu'on lui avait préparés; mais elle consentit à entrer dans une salle basse et humide qui était ouverte sur la cour. On y fit du feu, et comme il n'y avait aucun siége, elle se fit apporter par son laquais, les coussins de son carrosse pour s'asseoir. Sur une table se trouvaient deux pistolets; elle s'en saisit aussitôt et, faisant remarquer qu'ils étaient chargés, elle les mit auprès d'elle pour se faire porter respect. Sa femme de chambre voulut la quitter pour un moment : *Non*, lui dit-elle avec autorité, *non, restez, vous ne me quitterez point*. On lui servit à manger; mais elle écarta les plats sans y toucher, refusant avec la même hauteur de prendre aucune nourriture et disant qu'elle voulait la mort ou la liberté.

Il vint alors plusieurs personnes considérables l'une après l'autre, tantôt pour la menacer de toutes sortes de violences, tantôt pour lui faire les offres les plus avantageuses, mais toujours pour l'engager à consentir à épouser le comte de Bussy.

Pour lui, il n'avait pas encore paru; voulant se dérober aux premières explosions d'une colère qu'il espérait vaincre, il se tenait à l'écart. Sa surprise était grande, disait-il, de la trouver si forte, si courageuse et si inébranlable dans ses résolutions, car on lui avait assuré plusieurs fois que l'esprit timide de la jeune veuve la ferait promptement consentir à tout; « mais, ajoutait-il, on m'avait dit que c'était un mouton, et c'est une lionne en furie que je trouve. »

Cependant, comme il présumait beaucoup de lui-même, il ne désespérait pas encore de la fléchir, et crut plus sage de faire préparer les voies d'accommodements par la personne la plus capable de la toucher.

Le chevalier de Malte qui avait parlé le premier à madame de Miramion se présenta de nouveau devant elle, l'assurant, par ce qu'il y a de plus sacré, que les projets du comte de Bussy n'avaient rien que d'honorable, et que si elle voulait consentir à l'épouser, elle trouverait toujours en lui le mari le plus tendre et le plus soumis. Il lui fit l'éloge de M. de Bussy, de son caractère, de son esprit, et n'oublia pas de faire valoir son rang, son crédit à la cour, ainsi que l'amitié que lui portait le prince de Condé. Il ajouta que Bussy, désespéré de l'erreur profonde dans laquelle l'avait fait tomber une personne tierce sur son véritable caractère, allait la mettre de suite en liberté, mais qu'auparavant il sollicitait d'elle la seule faveur de vouloir bien l'écouter un moment.

Aussitôt Bussy parut accompagné des personnes les plus notables de son escorte; mais, tout courtisan à bonnes fortunes, tout homme d'esprit et de courage qu'il était, il fut intimidé à la vue d'une femme d'honneur pleine de dignité et de courage, et ne put que tomber à genoux devant elle dès l'entrée de la salle, la conjurant à mains jointes de l'entendre et de lui pardonner.

Je jure, s'écria-t-elle en le voyant, *je jure devant le*

Dieu vivant, mon créateur et le vôtre, que je ne vous épouserai jamais. L'effort qu'elle fit en prononçant ces paroles acheva de lui ôter ce qui lui restait de forces, et elle tomba presque évanouie sur ses carreaux.

Un médecin, que M. de Bussy avait eu la précaution de faire venir de Sens au château, lui prit le pouls et, n'y sentant presque aucun battement, il déclara qu'elle était dans un danger imminent. Plus de quarante heures s'étaient, en effet, écoulées sans qu'elle eût pris aucune nourriture, et cette longue abstinence jointe à tant de cruelles émotions, avait épuisé complétement ses forces.

La peur des conséquences d'une mort dont on l'eût accusé en justice, les nouvelles qui lui arrivaient à tous moments de la ville de Sens lui apprenant que six cents hommes armés se mettaient en route pour venir assiéger le château de Launay, ainsi que la fermeté héroïque qu'avait montrée madame de Miramion, décidèrent enfin M. de Bussy à abandonner ses projets et à lui rendre la liberté. Il l'en assura lui-même, et avec serment, afin d'obtenir d'elle qu'elle prît quelque nourriture. *Quand les chevaux seront à mon carrosse et que je serai dedans, je mangerai,* répondit-elle d'une voix que l'espérance commençait à rendre plus assurée.

En effet, les chevaux furent mis, elle monta avec ses domestiques, et alors, sans se faire presser davantage, elle avala deux œufs frais, mais rien de plus, dans la crainte qu'on eût mêlé quelque narcotique aux autres aliments. Le carrosse sortit aussitôt du château, escorté par le chevalier de Malte qui avait inspiré le plus de confiance à madame de Miramion, et deux autres gentilshommes.

Ce chevalier, dont l'abbé de Choisy regrettait, a-t-il dit, de n'avoir pu savoir le nom, était Guy de Rabutin, frère du comte de Bussy (qui mourut au Temple, à Paris, chez son oncle le grand prieur, un an après cet événement). Il s'établit auprès de la portière du carrosse, et pendant toute la route employa son éloquence à excuser son frère auprès de madame de Miramion, lui affirmant qu'il avait été trompé le premier par le confesseur qui la dirigeait, et que ce moine leur avait assuré qu'elle ne serait pas fâchée qu'on l'enlevât pour échapper ainsi à un mariage que sa famille voulait lui faire contracter avec un homme de robe. Il ajoutait que Bussy était désespéré de sa méprise et des conséquences qu'elle pourrait avoir pour lui; que le père Clément seul était coupable, et il la suppliait de pardonner à Bussy, qui était innocent.

Ces explications, en faisant connaître à madame de Miramion la noire intrigue du père Clément, qu'elle avait eu, en effet, pour confesseur, calmèrent un peu son indignation contre Bussy. Mais elle ne lui pardonnait pas, parce qu'il se croyait puissant, d'avoir voulu la forcer à l'épouser pour devenir maître de sa grande fortune; aussi, malgré toutes les supplications du chevalier, garda-t-elle le silence et ne voulut-elle rien promettre.

L'escorte, craignant d'être arrêtée par la justice de Sens, fit halte en arrivant à cent pas des faubourgs de la ville. Le cocher et les postillons dételèrent, le chevalier et les gentilshommes saluèrent humblement madame de Miramion, et maîtres, valets et chevaux, tout disparut et s'enfuit à bride abattue vers le château de Launay.

Restée seule sur la route avec sa femme de chambre et son domestique, madame de Miramion descendit de voiture et gagna péniblement à pied le faubourg de Sens. Quand elle y arriva, il faisait nuit noire et les portes de la ville étaient fermées; mais comme elle était incapable de se tenir debout plus longtemps, elle se réfugia dans l'hôtellerie la plus voisine. Là, on lui dit que toute la ville était en armes par ordre de la reine régente, pour aller au secours de la veuve d'un conseiller au parlement, qu'un grand seigneur avait enlevée de force. *Hélas!* dit-elle, *c'est moi;* et, épuisée de fatigue, elle se mit au lit.

La nouvelle de son arrivée franchit bientôt les murs; un moment après, son frère, M. de Rubelle, et son cousin l'abbé de Marsilly, accouraient auprès d'elle. En les revoyant, sa joie fut si grande, qu'elle s'évanouit.

Dès qu'elle eut repris ses sens, sa première pensée fut pour madame de Miramion sa belle-mère, que

Bussy avait si inhumainement abandonnée avec le vieil écuyer et la gouvernante, au milieu de la forêt de Livry. L'abbé de Marsilly lui apprit alors qu'elle n'était pas restée oisive, qu'elle avait d'abord marché rapidement jusqu'au premier village, que là elle avait fait monter à cheval le vieil écuyer pour aller à Paris annoncer à sa famille l'événement incroyable qui avait eu lieu, et y demander du secours; qu'ensuite elle avait pris pour elle des chevaux de charrue qui l'avaient traînée à Paris, où elle avait appris dès son arrivée que, d'après son message, un bon nombre de cavaliers, ayant M. de Rubelle à leur tête, étaient déjà partis et s'étaient dirigés sur Sens.

En effet, ils étaient arrivés depuis une demi-heure environ dans cette ville, lorsque madame de Miramion vint s'y réfugier.

Après avoir donné les premiers soins à sa sœur, M. de Rubelle, tout à sa colère et brûlant du désir de se venger, partit avec le prévôt de Sens, à la tête d'une forte troupe d'hommes armés, pour aller assiéger le château de Launay et s'y saisir du comte de Bussy. Mais quand ils arrivèrent, Bussy et tous ses complices l'avaient quitté depuis longtemps.

A son retour à Sens, M. de Rubelle trouva sa sœur dangereusement malade. L'ébranlement que cet événement avait produit sur elle avait été trop violent pour qu'elle y résistât. A peine avait-elle été couchée, qu'une fièvre violente, accompagnée de délire, s'était emparée d'elle. Dès que l'accès fut diminué, son frère, inquiet de la voir malade dans une ville sans ressources, la fit transporter en litière jusqu'à Paris, afin d'y être plus à portée des secours. En y arrivant, le danger augmenta encore; les remèdes, les médecins fameux, tout parut inutile, et on lui administra les derniers sacrements, désespérant de la sauver.

Cependant elle échappa à la mort; mais elle ne revint à la santé qu'après une longue et pénible convalescence.

CHAPITRE IV

LE COMTE DE BUSSY-RABUTIN

1648

I. Son portrait fait par lui-même. — Madame de Sévigné. — II. Une entreprise imprudente de M. de Bussy. — III. Opinion de Saint-Évremond. — Chansons et réflexions sur cet événement.

> Le bon cœur est une qualité qui sera toujours préférée au bel esprit dans la société civile. (SAINT-ÉVREMOND.)

I

Celui qui venait de tenter un coup de main si audacieux, Roger de Rabutin, comte de Bussy, que son *Histoire des Gaules* et la longue disgrâce qu'elle lui attira, ses Lettres et ses Mémoires, mais surtout l'immortelle correspondance de sa spirituelle cousine madame de Sévigné, ont fait connaître depuis à tout le monde, n'était alors qu'un modeste seigneur de la cour d'Anne d'Autriche. Cependant il avait déjà combattu avec gloire à Rocroy, à Fribourg et à Nordlingue, sous les yeux du prince de Condé, et revenait à Saint-Germain lieutenant général, mestre de camp de la cavalerie ; léger d'argent, il est vrai, mais plein de confiance dans la haute fortune que sa naissance, son esprit et son courage ne pouvaient manquer de lui faire obtenir. Fier de la noblesse de sa maison, qui remontait au moins au douzième siècle, il en tirait assez de vanité déjà pour oser dire : « Je le cède à Montmorency pour les honneurs, mais non pour l'ancienneté[1]. » Il descendait, en effet, comme madame de Sévigné, de ce Christophe de Rabutin dont toutes les chambres, au château de Bourbilly, étaient tapissées de son écusson, et qui, « après avoir mis ses armes en mille endroits et en mille manières différentes, s'en était encore fait faire un habit[2]. » Tous ces vieux Rabutin, on le sait, étaient orgueilleux de leur naissance, braves et spirituels, avec quelque chose d'original et une pointe d'humeur caustique dont Bussy n'avait que trop hérité. Mais, destinée singulière! de toute cette race orgueilleuse de gens d'épée, la seule renommée qui ait vraiment survécu est celle d'une femme d'esprit qui a écrit des lettres à sa fille.

Roger de Rabutin, fils du baron Léonor de Bussy-Rabutin et de Diane de Cugnac, était entré, comme ses ancêtres, à l'âge de seize ans, dans la carrière militaire, et quatre ans après, son père, en renonçant au service, lui avait obtenu un régiment. Il avait ainsi fait quatre campagnes et était devenu

[1] Lettre à madame de Sévigné du 21 novembre 1666.
[2] Même lettre.

mestre de camp, quand ses parents, dont la fortune était en très-mauvais état, le poussèrent de toutes leurs forces à rechercher quelque riche héritière ; « lui proposant sans cesse pour exemple ceux qui par leur bonne mine, avaient fait de grands mariages. »

Sans prendre à la lettre tout ce que Bussy a dit à son avantage, il faut cependant reconnaître qu'il avait des qualités séduisantes qu'aucune modestie ne l'empêchait de faire valoir auprès des femmes. Il était vif, hardi, spirituel et plein de courage. Pour son extérieur, il nous l'a fait connaître dans un portrait où il n'a point, comme dans celui de madame de Sévigné, assombri par des ombres fâcheuses les plus brillantes couleurs. « Il avait les yeux grands et doux, la bouche bien faite, le nez grand tirant sur l'aquilin, le front avancé, le visage ouvert et la physionomie heureuse, les cheveux blonds, déliés et clairs. Il parlait bien, écrivait juste et agréablement. »

La première héritière pour laquelle son père le pressa de déployer tous ses agréments, fut naturellement sa cousine Marie de Rabutin-Chantal, qui était orpheline, et dont les cent mille écus de dot[1] « eussent fort bien accommodé sa fortune. » Mais l'abbé de Coulanges, oncle et tuteur de la jeune fille, avec son bon jugement, ne voulut pas remettre en de telles mains l'avenir de sa chère pupille,

[1] Qui valaient environ sept cent mille francs à cette époque, le marc d'argent valant vingt-six livres dix sous.

et crut mieux faire en la gardant pour le marquis de Sévigné.

Blessé de ce refus, Bussy a prétendu depuis qu'il avait été effrayé par certaines manières étourdies qu'il avait remarquées chez mademoiselle de Chantal, et qui la lui avaient fait trouver « la plus jolie fille du monde pour être la femme d'un autre. » Mais ces craintes délicates et un peu médisantes de Bussy sont d'autant plus suspectes pour nous, que nul, dans la suite, n'a plus longtemps et plus constamment aimé et loué madame de Sévigné que lui-même. Personne n'a jamais eu pour son esprit une admiration plus grande, ni pour sa vertu une estime plus profonde. Il est donc plus naturel d'attribuer ces paroles à un mouvement de dépit, qui le porta sans doute aussi à épouser dans la même année (1643) une autre de ses cousines, mademoiselle Gabrielle de Toulongeon, qui était comme madame de Sévigné, petite-fille de sainte Chantal.

De ce mariage, qui n'avait pas été très-heureux, il avait eu trois filles, lorsqu'à son retour du siége de Courtray, qu'il a raconté en vers et qui marque l'époque la plus brillante de sa vie militaire, il perdit sa femme, le 20 décembre 1646. « Elle m'aimait fort, a-t-il dit dans ses Mémoires, et j'en fus extrêmement affligé. »

Tout extrême qu'ait été la douleur de M. de Bussy, elle s'était promptement dissipée; car une année s'était à peine écoulée, que déjà il convoitait une nouvelle alliance pour rétablir sa fortune ébranlée. « J'aurais voulu, dit-il, de ces mariages de riches veuves qui s'entêtent d'un beau garçon, et qu'on m'eût pris avec mes droits, sans demander autre chose. » C'est au milieu de ces circonstances douloureuses, et de ces réflexions désintéressées, que vient se placer l'audacieux attentat que nous avons raconté dans le chapitre précédent, et qui a si justement contribué à ternir la mémoire du comte de Bussy.

Mais, ne voulant pas qu'on puisse le juger sans l'avoir entendu, nous allons lui laisser raconter à son tour ce qu'il a appelé « son entreprise imprudente. »

II

« Sur la fin de l'hiver 1647, dit-il dans ses *Mémoires*, un vieux bourgeois de Paris, nommé le Bocage, voisin de campagne de mon oncle le grand prieur de France, vint me proposer un mariage avec une veuve, qui avait, me dit-il, quatre cent mille écus de bien[1], et qu'il était fort ami d'un révérend père de la Merci, son confesseur, qui la gouvernait. Moi qui cherchais du bien, parce que je savais qu'il servait autant que le mérite à faire obtenir les grands

[1] Environ deux millions huit cent mille francs de cette époque.

honneurs, je crus facilement tout ce qu'on me disait là-dessus... Le Bocage me fit donc parler au confesseur, qui me promit son assistance, et qui après nous avoir fait voir deux fois, dans l'église de la Merci, la veuve et moi, mais sans nous approcher pour savoir si nous nous trouvions l'un l'autre à notre gré, me dit que je ne lui déplaisais pas; mais qu'elle n'osait rien faire en cette rencontre sans le consentement de ses parents, qui voulaient absolument qu'elle épousât un homme de robe; que cependant je le laissasse faire, qu'il ferait des tentatives auprès des principaux parents pour me faire agréer d'eux, et qu'en tout cas, il la persuaderait de disposer d'elle-même; et comme le temps de la campagne approchait, il me dit que je pouvais partir pour l'armée, et qu'il me donnerait avis de tout.

« Je partis donc, et me rendis à Péronne le 6 mai 1648... Le 24 du même mois, au siége de Courtray, je reçus une lettre du confesseur de madame de Miramion (qui était la veuve qu'on m'avait proposée), par laquelle il me mandait, sous des noms empruntés, que la dame n'avait pas la force de résister à ses parents, qui m'étaient contraires; mais qu'elle serait bien aise que je lui aidasse, par une violence apparente, à dire oui. Je compris qu'elle voulait que je l'enlevasse, et ce conseil me surprit beaucoup; néanmoins, me venant de la part d'un bon religieux, qui ne me paraissait avoir d'autre intérêt en cette affaire que l'avantage et la satisfaction des parties, je ne balançai pas à le suivre ; d'ailleurs, je me flattais un peu sur une chose que je souhaitais.

« Je communiquai mon dessein au prince de Condé, qui l'approuva, en voyant la lettre du père de la Merci, et il me promit de me donner à porter à la cour la nouvelle de la capitulation d'Ypres, afin que je pusse retourner à Paris, sans donner aucun soupçon de quelque dessein ; il m'offrit même Bellegarde, l'une de ses places fortes de Bourgogne, pour m'y retirer après l'enlèvement ; mais je le remerciai, ne croyant pas avoir besoin de mener la dame plus loin que Launay, qui était une des maisons du grand prieur de France, entre Sens et Bray-sur-Seine.

« Le 25 mai, je fis réponse au confesseur que je serais bientôt à Paris, où je ferais tout ce qu'il jugerait à propos.

« Le 27, la ville d'Ypres capitula, et le prince me fit partir pour en porter la nouvelle à la cour, où j'arrivai le 30 au matin.

« Aussitôt que je fus débarrassé des affaires de la cour, j'allai trouver le confesseur de madame de Miramion, qui me parut dans les mêmes sentiments qu'il m'avait témoignés par sa lettre touchant l'enlèvement. Je disposai donc quatre relais de carrosse, de Saint-Cloud, où je devais prendre mon Hélène, allant au mont Valérien, jusqu'à Launay.

« Je pris avec moi mon frère, Guy de Rabutin, de Gillier, gentilhomme de mes amis, qui avait fait deux campagnes volontaire auprès de moi, et trois gentilshommes à moi, le Lonzat de Fradel, mon parent, le Plessis et de Saint-Félix, deux braves hommes qui étaient à moi.

« Je rencontrai la veuve dans le carrosse de sa belle-mère, au-dessus du jardin de mademoiselle du Tillet, à Saint-Cloud. J'obligeai le cocher de repasser le pont, et d'entrer dans le bois de Boulogne, où était mon premier relais, et où je voulus faire changer de carrosse à la veuve, mais je n'en pus jamais venir à bout ; de sorte que je fis seulement dételer ses deux chevaux, et en mettre six à la place ; et ainsi nous autres tous, à cheval à droite et à gauche du carrosse, traversâmes la plaine de Saint-Denis, et nous entrâmes dans la forêt de Livry.

« Comme la dame criait fort, et que je crus que c'était la présence de sa belle-mère qui l'obligeait d'en user ainsi, je fis mettre pied à terre dans le bois à cette belle-mère, et je ne laissai qu'une demoiselle avec la veuve et un laquais sur le derrière ; mais la dame ne fit pas moins de bruit après cela, et je connus alors que je m'étais trompé.

« Je voulus la renvoyer ; mais mon frère m'en dissuada, disant qu'elle changerait peut-être, et qu'en tout cas, je la renverrais plus honorablement pour moi de Launay que de la campagne, d'où l'on dirait que l'on me l'aurait tirée des mains. Je le crus donc, et lorsque nous fûmes à Launay, voyant que la dame ne finissait pas ses lamentations, je lui dis que si je n'eusse pas cru qu'elle eût consenti à ce que je venais de faire, je ne l'aurais pas fait ; que je la suppliais de croire qu'elle était en état de faire tout ce qui lui plairait, et que pour rien au monde je ne la voudrais contraindre. Elle me dit que si je la mettais en liberté, elle en userait bien. Je lui répliquai que je croyais que si elle sortait de mes mains, elle n'y rentrerait jamais ; mais que je n'étais pas de condition ni d'humeur à forcer une femme ; que je l'assurais encore que c'était dans la croyance qu'elle ne serait pas fâchée que je l'enlevasse, que je l'avais fait ; que si elle me croyait assez honnête homme pour la mériter, elle n'avait qu'à dire, et que je vivrais de manière avec elle, qu'elle ne se repentirait pas de l'honneur qu'elle m'aurait fait ; que si elle s'en voulait retourner elle était la maîtresse, et que je la ferais conduire sur l'heure à Sens. Elle m'en pria, en me faisant entendre que je réussirais bien mieux par cette voie que par celle que j'avais prise. Je lui dis que je ne m'y attendais pas ; mais que je ne laisserais pas d'être son serviteur toute ma vie. Je donnai cent pistoles à la demoiselle pour la dépense de sa maîtresse, et je la fis escorter par trois de mes gens, depuis Launay jusqu'à Sens.

« Les gens du roi, avertis de l'arrivée de la dame dans leur ville, la vont trouver, et prennent sa déposition, qu'elle fit à ma décharge autant qu'elle put.

Cependant, lorsqu'elle fut à Paris, ses parents lui disant qu'il y allait de son honneur de me poursuivre, l'obligèrent à le faire, et, sur cela, j'envoyai un gentilhomme en poste trouver le prince de Condé à l'armée, auquel j'écrivis cette lettre :

« Monseigneur,

« Mon affaire n'a pas eu le succès que je m'en
« promettais : ce gentilhomme en dira le détail à
« Votre Altesse; cependant je l'assurerai qu'une des
« choses qui me donnent autant de chagrin de n'avoir
« pas réussi, c'est d'avoir manqué par là un établis-
« sement qui m'eût mis en état de mieux servir Votre
« Altesse que je ne pourrai le faire sans lui ; car,
« pour mon intérêt particulier, Monseigneur, je m'en
« consolerai bientôt quand je recevrai des marques
« de la continuation de vos bonnes grâces et de
« votre protection. J'en ai besoin aujourd'hui, Mon-
« seigneur : les parents de la dame me poursui-
« vent sous son nom; un mot de la part de Votre
« Altesse, au sieur Bonneau, son oncle, arrêtera
« tout. Je la supplie très-humblement de me l'ac-
« corder, afin que je sois plus tôt en liberté de me
« rendre auprès d'elle, et d'essayer de mériter la
« qualité de... etc... etc... etc... »

« Mon courrier arriva auprès du prince le 20 août 1648 : il était sur le champ de bataille de Lens, qu'il venait de gagner. Aussitôt qu'il eut lu ma lettre, et qu'il eut appris du courrier le détail de mon affaire, il écrivit à M. Bonneau, d'un air qui sentait non-seulement le prince du sang, mais encore le victorieux ; de sorte que cette lettre imposa silence à mes parties.

« Tous mes amis de l'armée, n'ayant pas le loisir de m'écrire, me firent compliment sur mon aventure.

« Le 8 septembre, je me rendis à Calais ; j'y trouvai le prince blessé d'une mousquetade aux reins, qu'il avait reçue au siége de Furnes. Comme j'entrai dans la chambre du prince, il se mit à chanter en riant :

> O la folle entreprise
> Du prince de Condé !

qui était une vieille chanson faite autrefois du prince son père, et ensuite me fit conter le fait de mon aventure.

« Le prince partit pour la cour, et je le suivis. Le roi, s'étant retiré à Saint-Germain, avait résolu de châtier Paris ; mais enfin les affaires s'accommodèrent.

« Dans ce temps-là, le prince pria de Champlâtreux, mon ami, fils du premier président Molé, d'accommoder mon affaire avec les parents de la dame de Miramion, laquelle demandait de grands dédommagements pour les frais qu'elle avait faits à me poursuivre ; et pendant que cela se traitait, je demeurais peu à Paris, pour ôter les ridicules soupçons à la dame, qu'on lui avait donnés, que je la voulusse encore enlever. J'allai donc faire un petit voyage chez moi... et j'y aurais demeuré bien davantage, si je n'avais reçu une lettre de ma mère, par laquelle elle me mandait à Paris que j'y retournasse en diligence, et que les fers étaient au feu pour l'accommodement de mon affaire ; cependant je ne la trouvai pas si avancée que je l'avais pensé.

« Je badinais ainsi avec mes amis, en attendant que mon accommodement se fît. Cependant l'année 1648 s'acheva sans qu'il fût fait ; et la veille des Rois de 1649, la cour partit la nuit du palais-Royal, et se retira à Saint-Germain.

« Pour moi, qui logeais au Temple (chez le grand prieur de France, son oncle), je ne sus rien de la sortie du roi que le lendemain, que l'on faisait bonne garde aux portes, et qu'il n'était presque pas possible de sortir. Cependant je trouvai le moyen de passer à la porte Saint-Martin, et bien m'en prit ; car si mes parties m'eussent découvert à Paris, elles m'eussent fait un méchant tour, n'ayant alors qu'un très-médiocre respect pour le prince. Je me rendis auprès de lui à Saint-Germain... il me commanda d'aller quérir en Bourgogne sa compagnie de chevau-légers.

« Je partis aussitôt, résolu de mettre le feu dans Rubelle, qui était un château près de Melun, appartenant à madame de Miramion, laquelle, contre toutes les paroles données au prince de Condé, avait recommencé ses poursuites contre moi, depuis ma sortie de Paris. Cependant, quand j'arrivai à Rubelle avec sa compagnie de chevau-légers, je changeai de résolution ; et, quoiqu'en me vengeant de ceux qui me persécutaient, j'eusse pu bien mériter du côté de la cour, auprès de laquelle on se rendait recommandable par le mal qu'on faisait aux officiers du parlement, je ne le voulus pas faire. Bien loin de cela, je mis dans le château un garde du prince, auquel je défendis de rien prendre au seigneur du château ni aux habitants du lieu, me chargeant de sa récompense. Ce procédé-là devait toucher le cœur de la dame, ou du moins l'empêcher de me poursuivre ; mais pas du tout... Quand la paix fut faite (entre la cour et le parlement), elle recommença de me persécuter, et ce fut Champlâtreux qui, par son crédit, sa vigueur, et par l'autorité du prince, me tira de cette affaire, pour laquelle il me fallut donner quatre mille livres, outre plus de mille qu'elle m'avait déjà coûtées.

« Je n'ai que faire de dire que *cette entreprise fut imprudente;* dès que je me suis résolu d'en faire le récit, je me suis attendu qu'elle serait condamnée ; mais cela ne m'a point fait de peur, car je crains plutôt de mentir que d'être blâmé[1]. »

[1] Mémoires du comte de Bussy-Rabutin.

Quoi qu'en dise M. le comte de Bussy, la vérité est qu'il ne craignait guère plus de mentir que d'être blâmé; et le long exil dans lequel il a passé sa vie, ainsi que le jugement unanime et défavorable qu'ont porté sur lui tous ses contemporains, en sont des témoignages trop évidents pour être contestés.

III

Parmi les opinions qui ont été émises sur son caractère, nous nous bornerons à citer celle de Saint-Évremond, parce qu'il dit l'avoir connu très-particulièrement.

« Que peut-on penser, a-t-il dit dans ses Œuvres, sur le chapitre de M. le comte de Bussy, que ce que tout le monde a déjà pensé? Il est homme de qualité; il a toujours eu beaucoup d'esprit; et je l'ai connu en état de pouvoir espérer une haute fortune, à laquelle sont parvenus beaucoup de gens qui lui étaient inférieurs.

« Mais il a préféré à son avancement le plaisir de faire un mauvais livre (son *Histoire des Gaules*), et de donner à rire au public. Il a voulu se faire un mérite de sa liberté. Il a affecté de parler franchement et à découvert de tout le monde, et n'a pas soutenu jusqu'au bout ce caractère.

« Après plus de vingt ans d'exil, il est revenu à la

cour, dans un état humilié, sans charge, sans emploi, sans considération.

« Quand on a renoncé à sa fortune par sa faute, et quand on a bien voulu faire tout ce qu'a fait M. de Bussy, de propos délibéré, on doit passer le reste de ses jours dans la retraite, et soutenir au moins avec quelque dignité le rôle fâcheux dont on s'est chargé mal à propos.

« Il était d'ailleurs médisant à l'excès. Ses meilleurs amis, et les personnes de la cour (le roi lui-même), ne furent pas exempts des traits perçants de sa médisance. Il n'aimait personne, et parvint enfin à n'être aimé de qui que ce soit. Aussi, peu de gens s'intéressèrent-ils à sa disgrâce, et on dit que moins encore se sont intéressés à son retour. Le bon cœur est une qualité qui sera toujours préférée au bel esprit dans la société civile. »

Voilà donc quel était le ravisseur de madame de Miramion ; et comment le mensonge acheté d'un moine indigne, et l'erreur douteuse d'un grand seigneur ambitieux avaient pu rapprocher, pour quelques instants, les deux personnes les moins faites pour se comprendre, et les plus éloignées l'une de l'autre par leurs habitudes comme par leurs mœurs.

Peu de temps après, fidèle à ses habitudes de légèreté et de galanterie, M. de Bussy, désireux d'oublier au plus vite une telle mésaventure, s'était hâté d'aller rejoindre son aimable cousine, qui était avec son mari, M. de Sévigné, à l'abbaye de Ferrières, chez Mgr de Neuchèze, évêque de Châlons, leur oncle commun. Là, il mettait déjà le temps à profit, et cherchait à s'insinuer dans les bonnes grâce de la jeune femme, quand il fut rappelé brusquement à Paris, pour répondre à la famille si cruellement offensée de madame de Miramion ; ce qui le contraria vivement. Mais, deux jours après son arrivée, son esprit et sa gaieté avaient repris le dessus, car il écrivait en riant à M. et à madame de Sévigné :

« Depuis que je vous ai quittés, mes chers, je ne mange presque plus. Vous qui présumez de votre mérite, vous ne manquerez pas de croire que le regret de votre absence me donne ce dégoût ; mais point du tout, ce sont les soupes de maître Crochet[2] qui me donnent du dégoût pour toutes les autres. »

Et c'est par ce billet qu'a commencé, avec madame de Sévigné, ce commerce de lettres auquel Bussy a dû de passer à la postérité.

Pendant son séjour à Paris, ses amis, tout en allant lui offrir leurs services et leurs compliments de condoléance, ne laissèrent pas, suivant l'usage français, de le chansonner un peu. Aussi partout, en l'apercevant, fredonnait-on tout bas :

> Pour aller à la potence,
> Il faut enlever quelqu'un,

[1] Le cuisinier de l'évêque de Châlons. (*Lettre de Bussy-Rabutin*, 15 novembre 1668).

> Ou souffleter d'importance
> Un conseiler du commun ;
> Il faut avoir, ce dit-on,
> Miramion ou Boislève
> Boislève ou Miramion [1].

Enfin, comme chez nous tout finit par des chansons, Bussy prit le parti de se chanter lui-même, et le 15 septembre 1649, se trouvant à Clermont en Beauvoisis avec son ami et son complice, de Gillier, il écrivit cette complainte à une dame :

> Deux pauvres chevaliers errants,
> Et par monts et par vaux courants,
> Tantôt pour enlever des dames,
> Maintenant pour tirer leurs lames,
> Prennent une heure de loisir
> Pour vous écrire le désir
> Qu'ils ont de retourner bien vite
> A Paris, dans le Temple [2], au gîte.

M. de Bussy, qui, comme l'a dit le duc de Saint-Simon, « était aussi connu par la vanité de son esprit que par la sécheresse de son cœur, » eut soin, on le comprend, de ne parler de son entreprise ridicule que d'une manière ambiguë et propre à se justifier. C'est là ce qui explique comment madame de Sévigné, et la plupart des auteurs de cette époque, ne

---

[1] Allusion au conseiller Boislève, souffleté par M. de Marigny. (Manuscrits Maurepas, t. XXII.)

[2] Bussy habitait au Temple, chez son oncle le grand prieur. (Maurepas.)

l'ont connue et n'en ont parlé que d'une manière incidente et très-inexacte. La beauté et les vertus de madame de Miramion étaient, du reste, ignorées du monde, et surtout de la cour, où elle n'avait jamais paru.

Cet enlèvement fit donc peu de bruit, et s'oublia promptement, au milieu des événements politiques qui agitaient la France. Les barricades avaient commencé le jour même où madame de Miramion revenait à Paris, dangereusement malade. Depuis, les troubles avaient grandi, et bientôt la cour, pour se soustraire aux murmures de la fronde parlementaire, aussi bien qu'aux cris et aux chansons du peuple, avait été obligée de s'enfuir à Saint-Germain. Toujours battues par les soldats de Condé, les troupes parisiennes s'en vengeaient à coups d'épigrammes, et s'en consolaient par la gaieté la plus dissolue. Partout c'était comme une fièvre de plaisirs et de liberté qui s'emparait des deux camps. Enfin, la licence était si effrénée, qu'une nuit les principaux officiers de la Fronde, ayant rencontré le saint sacrement qu'on portait dans les rues à un homme mourant, et soupçonné d'être Mazarin, reconduisirent les prêtres à coups de plat d'épée. Quel intérêt pouvait exciter le rapt d'une veuve, après de tels sacriléges?

D'ailleurs, il faut bien le dire, un enlèvement au dix-septième siècle, lorsqu'il avait pour but un mariage, était chose très-commune et nullement déshonorante. Le prince de Condé, déjà, avait prêté son concours à son ami le duc de Châtillon pour enlever mademoiselle de Montmorency-Boutteville et forcer ainsi les parents à marier les deux fugitifs; ce dont on riait alors.

Plus tard, quand Louis XIV fut maître absolu du royaume, un enlèvement n'était plus traité tout à fait aussi légèrement; car la fille du comte de Créance, après avoir vécu quatorze ans volontairement avec le marquis de Pomenars, put le faire poursuivre en justice pour crime de rapt. « Pomenars ne fait que de sortir de ma chambre, écrit madame de Sévigné[1]; nous avons parlé assez sérieusement de ses affaires, qui ne sont jamais de moins que la tête. Le comte de Créance veut à toute force qu'il l'ait coupée, Pomenars ne veut pas; voilà tout le procès. »

Mais, en 1648, au milieu des jours les plus licencieux de la Fronde, chacun n'était encore occupé que des espérances ou des craintes qu'autorisaient toutes les incertitudes de cette étrange guerre civile.

[1] Lettre à sa fille du 26 juillet 1671.

CHAPITRE V

MADAME DE MIRAMION PREND LA RÉSOLUTION DE RESTER VEUVE

1648-1649

I. Poursuites contre Bussy. — Le prince de Condé. — II. La baronne de Chantal. — Conseils de Vincent de Paul. — III. Demandes en mariage. — MM. Lecoigneux, Boucherat et de Caumartin. — IV. Mademoiselle Legras, institutrice des filles de la Charité.

> Je tâcherai de posséder mon âme en paix, afin qu'elle possède Dieu.
> (MADAME DE MIRAMION.)

I

Au retour de mon enlèvement, a dit madame de Miramion (dans un récit qu'elle a fait de sa vie pour son confesseur, et avec cette modestie et cette réserve qu'elle mettait toujours à parler d'elle), *je fus malade à la mort et reçus l'extrême-onction. Cependant Dieu permit ma guérison.*

Je poursuivis alors en justice M. de Bussy pendant deux ans, puis je lui pardonnai en vue de Dieu[1].

---

[1] Récit rapporté à l'Appendice, parmi les écrits de madame de Miramion.

Mais elle lui avait pardonné même avant de le poursuivre; car nous savons, et par M. de Bussy lui-même, qui l'a dit dans ses Mémoires, que si la justice informa, ce ne fut qu'à la requête de M. de Rubelle et contre la volonté de sa sœur.

Dans ses dépositions, elle ne voulut pas faire de serment, et se montra toujours aussi favorable au coupable qu'elle le put, sans trahir la vérité.

Plusieurs fois elle supplia sa famille de pardonner comme elle au comte. Mais on était d'autant moins disposé à céder à ses instances, que depuis cette tentative elle se montrait plus rebelle que jamais à toute proposition de mariage.

Cependant, dès que le prince de Condé eut écrit aux parents de madame de Miramion une lettre aussi polie que pressante, dans laquelle il demandait grâce pour Bussy, on eut égard aux sollicitations d'un héros qui, par la victoire de Lens[1], venait encore une fois de sauver la France, et les poursuites furent suspendues. Mais lorsque Condé et Bussy, tous deux du parti de la cour, firent la guerre au parlement et à la Fronde, les familles Bonneau et de Miramion, toutes deux parlementaires de race et de cœur, reprirent les hostilités et ne s'apaisèrent qu'en apprenant, par leur ami commun, M. Molé de Champlâtreux, la généreuse protection que Bussy venait d'accorder,

---

[1] Victoire pour laquelle un *Te Deum* fut chanté à Notre-Dame le 7 août 1648.

dans cette guerre de représailles, au château de Rubelle (terre considérable que possédait madame de Miramion auprès de Melun, et qu'on avait voulu incendier).

Cette noble conduite fit tomber aussitôt toute animosité et cesser contre lui les poursuites commencées, mais à une condition toutefois, condition que M. de Bussy, il est vrai, n'a pas cru devoir mentionner dans ses Mémoires : c'est qu'il promettait de ne jamais reparaître devant madame de Miramion. « Quelque humiliante que fût cette promesse, il la fit cependant, dit Choisy, et il y resta fidèle. »

Ainsi s'acheva cette audacieuse aventure; nous l'avons racontée avec détails parce qu'elle nous a paru reproduire fidèlement le caractère et les mœurs d'une époque qu'on se montre curieux de connaître aujourd'hui.

Sans doute, pour M. de Bussy, ce ne fut qu'un épisode de plus au milieu de sa vie galante; mais dans l'existence de celle qui venait d'en être victime, cet événement devait avoir une influence décisive.

Revenue à la vie, et non point à la santé, après la maladie si grave qu'elle venait d'éprouver, madame de Miramion fut condamnée, par une convalescence pénible, à garder longtemps la chambre. Mais, durant les longues heures de souffrances qui affaiblissaient son corps, son esprit, actif et toujours élevé vers Dieu, sut puiser dans la réflexion une fermeté et une constance de résolution qui lui avaient manqué jusque-là, et qui devaient rester désormais le trait distinctif de son caractère.

Souvent, lorsqu'un accident interrompt ainsi subitement le cours de notre destinée, notre âme, étonnée du coup qui la frappe, semble d'abord douter d'elle-même, et l'altération qu'elle éprouve réagit sur tout ce qui nous environne. Le monde nous apparaît sous un nouvel aspect; toutes nos illusions s'évanouissent.

Dans nos longues rêveries, nous soumettons alors à un nouvel examen nos idées, nos opinions et même nos affections. Nous interrogeons nos souvenirs, et le passé se montre sous un jour tout nouveau.

Il semble qu'après avoir terminé toute une existence, avant d'en recommencer une autre et de s'élancer vers un douteux avenir, on éprouve le besoin d'examiner autour de soi le sol sur lequel on se trouve transporté, et les écueils qu'il faudra surmonter dans cette nouvelle carrière où le sort nous précipite.

Cette nécessité réveille souvent en nous une puissance de réflexion, une force de résolution que nous n'avions pas connues; notre nature même semble changée. On a vu des personnes soumises à une telle influence acquérir tout à coup, comme par un don surnaturel, les qualités et les vertus nécessaires à leur nouvelle vie. Ces heureuses et étonnantes métamorphoses sont peut-être encore plus fréquentes et plus remarquables chez les femmes que chez les hommes. Quelque timide que soit une femme, il est rare qu'elle ne surprenne pas ceux qui la connaissent par une énergie et une présence d'esprit propres à la tirer des crises les plus difficiles, lorsqu'un sentiment profond l'anime, et surtout lorsque ce sentiment est l'amour maternel.

Telle fut l'influence qu'exerça sur l'esprit de madame de Miramion la cruelle épreuve qu'elle venait de traverser.

Elle s'interrogea longuement, et trouvant toujours vivante dans son cœur la flamme qu'y avait allumée l'amour conjugal, elle résolut d'en reporter désormais toute l'ardeur sur sa fille et vers Dieu.

Dieu seul, en effet, pouvait occuper et guérir cette âme, portée vers lui dès sa naissance et que les affections humaines avaient blessée déjà si cruellement. Nul autre sentiment, nul autre amour, elle le sentait, ne pouvait renaître en son cœur et y effacer l'image de M. de Miramion. Sa vie entière ne devait plus être qu'un souvenir de lui, et une espérance en Dieu.

« Considérant alors tout ce qui s'était passé comme un avertissement du ciel, » toutes ses hésitations, toutes ses faiblesses cessèrent, et la résolution de ne jamais se remarier, qu'elle n'avait point encore osé prendre, fut dès ce moment irrévocablement arrêtée dans son esprit.

A peine sa santé était-elle rétablie, qu'on fit courir le bruit autour d'elle que M. de Bussy, honteux de sa déconvenue, voulait essayer de l'enlever de nouveau. Madame de Miramion, saisissant ce prétexte, supplia sa famille de la laisser se retirer pour quelque temps au couvent de Sainte-Marie.

Rien n'était plus habituel alors, parmi les femmes du monde, que ces retraites spirituelles dans quelque maison religieuse; et le couvent des filles de la Visitation de Sainte-Marie, dans la rue Saint-Antoine, était particulièrement adopté par les dames de la cour pour y pratiquer ces exercices religieux.

C'était sous les cloîtres de ce monastère que naguère encore la vertueuse la Fayette était venue ensevelir à jamais cette beauté, cette jeunesse et cette pureté d'âme, qui avaient si profondément touché le cœur de Louis XIII. C'était à la grille de son modeste parloir que ce roi trop faible, mais malheureux, avait passé de longues heures près de l'humble religieuse, la suppliant de demander à Dieu la guérison d'un amour qu'il ne pouvait oublier.

La famille de madame de Miramion, au milieu des troubles que la Fronde excitait à Paris, craignant véritablement quelque nouvelle tentative de la part de Bussy, consentit sans peine à ce qu'elle se mit pendant quelques mois à l'abri derrière les hautes murailles de Sainte-Marie.

Après avoir embrassé sa fille, qu'elle confiait à la sollicitude dévouée de sa belle-mère, madame de Miramion courut s'enfermer avec joie dans cet asile dont la paix profonde et la sainte austérité devait répondre si pleinement à tous les besoins de son cœur.

Quelle âme fatiguée du monde, quel cœur plié sous la douleur n'a pas envié le silence et le calme pénétrant de ces saintes retraites, que les bruits et les soucis de la terre ne viennent plus troubler?

II

L'ordre de la Visitation, inspiré par saint François de Sales, et fondé à Annecy en 1610 par la baronne de Chantal (grand'mère de madame de Sévigné), n'avait été établi par elle à Paris que vers 1625; il y était donc relativement nouveau, et les pieuses filles qui le composaient étaient encore toutes remplies de l'esprit de leurs saints fondateurs, c'est-à-dire de ce zèle et de cette charité aimable qui gagnent tous les cœurs.

De plus, la maison qu'il occupait dans la rue Saint-Antoine avait reçu, peu d'années auparavant, la dernière visite de la révérende mère de Chantal; « et tout dans ses murs conservait encore comme la bonne odeur du passage et des vertus de cette sainte femme[1]. »

---

[1] Madame de Chantal, à la prière d'Anne d'Autriche, vint passer à Paris quelques semaines du mois de novembre 1641, et c'est en retournant à Annecy qu'elle tomba malade, et mourut à Moulins, le 13 décembre suivant. (*Vie de sainte Chantal*, par madame de Coligny.)

Comment une âme aussi naturellement éprise de piété que l'était celle de madame de Miramion n'eût-elle pas été touchée par tant de pieuses séductions?

Aussi, tout lui plut dans la vie religieuse, et bientôt elle en aima jusqu'aux austérités et aux humiliations. L'office divin, surtout, faisait ses délices. Il est vrai de dire qu'on lui avait enseigné le latin, pour cela seul que c'était la langue de l'Église, et qu'elle pouvait ainsi comprendre toutes les beautés de notre liturgie.

Chaque jour elle suivait avec une exactitude scrupuleuse tous les exercices de la communauté, et le temps qu'elle ne consacrait pas à la prière, elle le passait d'habitude à lire ou à méditer. L'Évangile et la Vie des saints étaient ses lectures familières. Mais parmi les vies édifiantes qu'elle aimait à se proposer pour modèles, aucun ne l'attirait à la vie religieuse plus irrésistiblement que celle de la révérende mère de Chantal. Elle y trouvait, avec sa propre existence, ses chagrins et ses aspirations, des analogies qui la touchaient et lui donnaient le désir de l'imiter en tout.

La vie de sainte Chantal offre, en effet, avec celle de madame de Miramion, quelques points de ressemblance qui permettent de croire qu'elle a servi d'exemple à celle-ci dans la voie qu'elle a suivie plus tard. A ce titre, nous en esquisserons rapidement ici quelques traits.

Françoise Frémiot, fille d'un président à mortier

de Dijon et sœur de l'archevêque de Bourges, fut, dès son enfance, un modèle de piété. Ayant perdu sa mère de bonne heure, elle reporta toute son affection sur son père, qui, après l'avoir élevée avec le plus grand soin, la maria à vingt ans à messire Christophe de Rabutin, baron de Chantal. Au moment où elle commençait à goûter dans cette union tout le bonheur que donnent une estime et une affection réciproques, M. de Chantal mourut subitement d'un coup de feu reçu à la chasse, de la main d'un ami maladroit.

En apprenant ce malheur, madame de Chantal, folle de douleur, courut à l'endroit où son mari venait de tomber expirant. Et comme, agenouillée près de lui, elle le pressait dans ses bras en s'écriant : « Seigneur ! prenez tout ce que j'ai au monde ; mais laissez-moi l'époux que vous m'avez donné ! » M. de Chantal, avec ce calme sublime et cette résignation virile que la foi seule peut inspirer en face de la mort, lui dit : « L'arrêt du ciel est juste, madame, il le faut aimer et mourir. — Non, non, il faut vivre ! » s'écria-t-il encore. « Ah ! madame, murmura-t-il, respectons l'ordre de la Providence ; » et il expira en pardonnant à celui qui l'avait tué.

Veuve à vingt-huit ans, madame de Chantal distribua sur l'heure ses plus riches habits aux pauvres, et s'ensevelit dans la retraite, voulant désormais consacrer sa vie à Dieu et à ses enfants. Quelques années après, elle eut le bonheur d'entendre prêcher à Dijon, et de voir ensuite chez M. Frémiot, son père, le célèbre évêque de Genève, François de Sales. Madame de Chantal, comme l'avaient éprouvé Henri IV, Richelieu, Vincent de Paul et tous ceux à qui il avait été donné d'entendre et de voir de près le saint prélat, fut profondément touchée de « cette exquise douceur que Dieu avait répandue en son âme, en son visage, ses yeux et ses paroles [1] », et qui faisait, a dit le baron de Cusy, qu'on ne pouvait le voir sans qu'il répandît la dévotion dans le cœur.

Bientôt elle obtint qu'il dirigeât sa conscience. Sous un maître si habile dans la piété, ses progrès devaient être rapides ; aussi, après avoir marié sa fille aînée et vu entrer en religion les deux autres, ne songeat-elle plus qu'à se donner elle-même tout entière à Dieu. Se jetant aux genoux de son père, elle le supplia de lui permettre de se faire religieuse, et lui demanda de se charger de son fils, qui avait quinze ans. Le vieillard, comprenant à quelle vocation irrésistible madame de Chantal obéissait, répondit en pleurant : « O mon Dieu ! il ne m'appartient pas de trouver à redire à ce que vous m'ordonnez ; mais il m'en coûtera la vie ! Cependant, Seigneur, je vous l'offre, cette chère enfant, recevez la et me consolez ! » puis il lui donna sa bénédiction. Elle allait partir, quand son

---

[1] *Lettres* de madame de Chantal, et *Vie* de cette sainte, par madame de Coligny, sa petite-fille

fils vint se coucher en travers de la porte, en criant : « Je suis trop faible, madame, pour vous retenir ; mais au moins sera-t-il dit que vous avez passé sur le corps de votre fils unique pour l'abandonner. » Madame de Chantal, attendrie, pleura longtemps, mais passa, disant : « Je quitte mon père et mon fils pour jamais; mais je trouverai Dieu partout. »

Depuis ce jour, en effet, trouver Dieu et le servir, fut l'unique vœu de cette sainte, qui, pour le glorifier même après sa mort, nous a légué l'ordre de la Visitation, dont l'utilité, la ferveur et la régularité n'ont pas cessé d'édifier le monde jusqu'à ce jour.

Entraînée par un si noble exemple, et séduite de plus en plus par cette paix du cloître qu'elle goûtait sans mélange à Sainte-Marie, madame de Miramion, comme elle nous l'apprend dans ses *Confessions*, « s'occupait à des pensées d'être religieuse, et songeait encore à se faire carmélite dans quelque province éloignée où elle fût inconnue. »

Mais, quand au lieu d'un fils de quinze ans, son imagination lui montrait, couchée devant sa porte, sa petite Marie, tendant vers elle ses mains débiles, tout son être tressaillait d'amour et se fondait en tendresse paternelle. Elle fermait alors ses bras sur sa poitrine, comme si elle eût voulu y retenir à jamais ce vivant souvenir de celui qu'elle avait tant aimé. Devant cette barrière si fragile, mais infranchissable, tous ses projets de retraite monastique s'évanouissaient comme un rêve, et elle sentait que son premier besoin, comme son premier devoir, était de se dévouer d'abord à cette enfant, dont elle avait à fortifier l'âme aussi bien que le corps, contre les difficultés de la vie.

Au milieu de ses perplexités, madame de Miramion demanda conseil au vénérable et saint abbé Vincent de Paul, qui, bien que âgé de soixante-treize ans, et accablé par tous les soins que demandaient les œuvres nombreuses qu'il avait créées, était encore directeur du couvent de Sainte-Marie. Ce digne serviteur de Dieu, dont on pouvait dire, comme de son ami M. de Bérulle, « que son seul aspect inspirait la vertu, » l'encouragea vivement dans la détermination qu'elle avait prise de sanctifier son veuvage par la piété. Mais il la dissuada d'entrer en religion, en indiquant à sa foi et à son dévouement un autre but, qui, tout en conciliant et ses devoirs religieux et les soins qu'elle devait à sa fille, pourrait rendre sa vie dans le monde aussi méritante devant Dieu, en même temps que plus utile aux yeux des hommes.

Ces sages conseils devinrent dès cet instant la règle de sa conduite; et digne élève de saint Vincent de Paul, elle ne retint de son inclination naturelle que le feu sublime de la charité chrétienne.

Elle avait toujours été d'une bienfaisance admirable; mais au contact de ce cœur qui était le foyer même de toute charité, ce sentiment grandit encore en elle, et devint dans la suite l'âme et comme la passion de toute sa vie.

La première satisfaction qu'elle résolut de se donner, dès qu'elle rentrerait dans le monde, fut de s'y dépouiller, comme l'avait fait sainte Chantal, de ses plus riches vêtements, d'abandonner ses meubles somptueux, ses carrosses et tout ce luxe inutile et d'apparat qui l'entraînait à de si grandes et si stériles dépenses. Mais ce n'était pas assez encore, elle voulait aussi se dépouiller elle-même, et devenir l'humble servante des pauvres.

Déjà trois mois s'étaient écoulés depuis son entrée à Sainte-Marie ; trois mois qui avaient passé calmes et rapides comme trois journées heureuses. C'était le terme qu'elle-même avait assigné d'avance à cette retraite. Aussi, quand ses frères et M. de Choisy, qui ne pouvaient vivre sans la voir, vinrent la supplier de revenir au milieu d'eux, obéit-elle sans résistance. Le besoin de revoir sa fille, et l'espoir de lui être utile, l'y portaient d'ailleurs d'elle-même.

Elle partit donc, vivement regrettée de toute la communauté, pour laquelle elle avait été, pendant trois mois, un sujet d'admiration autant que de respect. Chacun reçut d'elle une marque d'affection, et le prix de sa pension au couvent fut un témoignage magnifique de sa reconnaissance et de sa libéralité.

Mais, tout en quittant volontairement cette sainte demeure, que de fois encore ne tourna-t-elle pas ses regards attristés vers l'autel dont il lui fallait s'arracher ! Elle gardait dans son cœur sa vocation tout entière, et son seul espoir était de se faire, au milieu d'elle-même, une solitude intérieure et secrète, où le monde ne pourrait la troubler.

Dès qu'elle fut rentrée dans sa famille, son premier soin fut de s'occuper des intérêts de sa fille avec son tuteur, M. le président de Pontchartrain[1], cousin germain de M. de Miramion. « Celui-ci, reconnaissant bientôt, dit Choisy, toute la sagesse et toute la maturité de jugement de cette mère dévouée, ne crut point avoir besoin de se mêler beaucoup de ses affaires, et lui laissa le soin de remplir la plupart des fonctions de cette tutelle. »

III

Madame de Miramion avait alors près de vingt ans, et les quelques années qu'elle avait passées dans la retraite n'avaient fait qu'ajouter à sa beauté. Son visage, en prenant une légère plénitude, avait acquis une pureté de lignes plus grande; sa taille et toutes ses attitudes, avec plus d'assurance, avaient gagné plus de grâce et de dignité; enfin ses yeux, moins voilés de tristesse, laissaient mieux paraître l'exquise pureté de son âme. A ces avantages extérieurs Dieu avait ajouté tous les dons qui inspirent l'affection : un carac-

---

[1] Jean Phélipeaux, chevalier, seigneur de Pontchartrain, président de la chambre des comptes, fils de Paul P. de Pontchartrain et d'Anne de Beauharnais de Miramion.

tère aimable et toujours bienveillant, une bonté sans limite et par-dessus tout une sérénité inaltérable, qu'elle devait à l'élévation de ses pensées.

On ne pouvait la voir sans l'admirer, ni la connaître sans l'aimer et souhaiter son estime. Ses frères, sa famille, les personnes qui composaient l'intimité de l'hôtel de Choisy, tout le monde avait pour elle autant d'affection que de respect.

Ce fut le moment de sa vie où on la pressa le plus de se remarier. Parmi les nombreux gentilshommes qui sollicitaient sa main, M. de Rubelle lui présenta d'abord M. le président Lecoigneux, marquis de Plailly [1] ; et, en second lieu, M. le conseiller Boucherat, chevalier, seigneur de Compans, qui devait être plus tard chancelier et garde des sceaux de France [2] ; c'étaient l'un et l'autre des partis excellents et pleins d'avenir à la cour. « Mais elle ne voulut écouter aucune proposition [3]. »

La famille de Choisy, qui entretenait depuis longtemps d'autres espérances de mariage pour elle, ne voulut voir dans ces refus que de la répugnance pour les personnes, et se flatta de lui faire épouser M. de Caumartin, cousin germain de son mari. Ce seul espoir comblait de joie les deux familles, qui, également

---

[1] Jacques le Coigneux, marquis de Plailly, de Montmélian et de Morfontaine, président aux enquêtes.
[2] Louis Boucherat, conseiller au parlement, intendant en Bretagne, conseiller d'État, puis chancelier.
[3] Choisy.

riches et influentes, désiraient vivement cette seconde alliance entre elles.

M. de Caumartin[1] et M. de Miramion avaient été élevés ensemble sous les yeux de M. de Choisy, leur grand-père; et tous les deux, partageant les mêmes études et les mêmes jeux, avaient grandi au milieu des mêmes affections, sans jamais s'être séparés. Leurs goûts, leurs aptitudes, étaient les mêmes, et leur amitié l'un pour l'autre était toujours restée aussi vive que sincère. La mort prématurée de M. de Miramion fut leur première et suprême séparation. On vit alors éclater dans toute sa force le dévouement et l'affection de M. de Caumartin ; car jamais ami, jamais frère ne pleura plus sincèrement son frère et son ami.

Mais le temps avait passé, et M. de Caumartin, confident et témoin du bonheur de son cousin, n'avait pu le voir sans l'envier, et encore moins connaître madame de Miramion sans l'apprécier et sans l'aimer.

Son respect pour la mémoire de M. de Miramion, et la tristesse dans laquelle il voyait sa veuve plongée, avait seuls retenu jusque-là l'aveu qu'il brûlait de lui faire.

Enfin, un jour, encouragé par sa famille, et enhardi

---

[1] Louis-François Lefèvre, chevalier, seigneur de Caumartin, maître des requêtes et conseiller d'État, ami du cardinal de Retz et de madame de Sévigné, fils de Louis L. de Caumartin et de Madeleine de Choisy.

par l'air plus résigné que montrait madame de Miramion, il alla la trouver dans le jardin à l'heure où il savait qu'elle y était seule avec sa fille. L'enfant, dès qu'elle aperçut M. de Caumartin, lui tendit les bras, et, comme en la lui donnant à embrasser, la jeune mère le regardait avec une affectueuse confiance, il osa lui avouer ses sentiments, et la supplier au nom de cette enfant qu'il aimait déjà comme un père, de l'accepter comme époux.

Madame de Miramion voulut l'arrêter, lui apprendre la résolution qu'elle avait prise; mais, en entendant les paroles brûlantes qui s'échappaient malgré lui de ses lèvres, le souvenir de son mari se ranima dans son cœur, et, troublée, émue jusqu'aux larmes, elle demeura sans parole, n'ayant plus de force que pour saisir sa fille dans ses bras, et s'enfuir avec elle dans sa chambre, où elle éclata en sanglots.

Cependant elle avait pressenti depuis longtemps de quelle nature étaient les sentiments qu'elle avait inspirés à M. de Caumartin. Ses regards, ses caresses à sa fille, toutes lui avait révélés cent fois. Mais comme elle n'avait jamais laissé échapper une occasion de manifester devant lui son éloignement pour un second mariage, elle avait espéré qu'il renoncerait peu à peu à l'idée de l'épouser, et que ses sentiments, en devenant plus désintéressés, resteraient pour l'avenir ceux d'une fraternelle amitié.

M. de Caumartin, au contraire, qui était plus épris d'elle que jamais, en la voyant s'éloigner tout en pleurs, mais sans courroux, avait interprété son silence de la manière la plus favorable à ses désirs. Transporté de joie, il était allé confier ses espérances à M. de Choisy, et celui-ci, les partageant aussitôt, demanda à Rome les dispenses que leur parenté rendait nécessaires, afin que le mariage pût être célébré sans retard, dès que la belle veuve y aurait donné son consentement.

Sans doute, si la pensée d'un second mariage eût pu naître dans le cœur de madame de Miramion, c'est à M. de Caumartin qu'elle eût accordé sa main. Elle savait combien il était aimé de toute sa famille, et, de son côté, elle n'avait pu le connaître si longtemps sans apprécier ses rares qualités, et lui donner toute son estime.

M. de Caumartin avait, en effet, tout ce qu'il faut pour plaire, aussi bien que pour attacher. « C'était, a dit le duc de Saint-Simon, qui n'était pas un flatteur, un grand homme, beau, bien fait, fort capable dans son métier de robe et de finance ; qui savait tout en histoire, en généalogies, en anecdotes de cour ; avec une mémoire qui n'oubliait rien de ce qu'il avait vu ou lu. De plus, il était fort du grand monde, avec beaucoup d'esprit, obligeant et fort honnête homme. »

> Tout n'est pas Caumartin, Bignon ni d'Aguesseau,

a écrit Boileau dans ses vers. Madame de Miramion, en parlant de lui dans ses *Confessions*, avoue aussi

« qu'il lui fallut une grande force pour résister à ses sollicitations. »

Mais Celui qui l'avait choisie depuis longtemps pour son épouse ne pouvait permettre que ce cœur, digne de lui seul, fût partagé désormais avec aucune créature.

Sa résolution demeura donc inébranlable. Le courage d'affliger ceux qu'elle aimait lui manquait seul, et retenait encore sur ses lèvres le refus qui devait leur causer tant de peine.

« Dans sa faiblesse elle eut recours à Dieu, et le pria avec larmes de lui faire connaître sa volonté. »

C'est le propre des âmes pieuses, dans les conjonctures difficiles de la vie, de sentir le besoin de s'entretenir confidentiellement avec Dieu, d'écouter ses inspirations et de les suivre !

« La prière de madame de Miramion fut exaucée, et le jour de Noël 1648, comme elle était en prière devant le saint sacrement dans l'église Saint-Nicolas des Champs, elle crut entendre Dieu parler à son cœur, et lui dire intérieurement :

« Vous venez m'adorer, enfant ; mon abaissement n'est-il pas une marque de ma toute-puissance ? Ne puis-je pas vous soutenir dans tous les états où je veux que vous soyez ? Pourquoi donc tardez-vous tant à vous donner tout à moi, moi qui me donne tout à vous ! »

« Cette voix lui saisit si fort le cœur, qu'elle demeura tout absorbée en Dieu pendant plus de deux heures, et ne revint à elle que lorsqu'on vint l'avertir qu'on allait fermer l'église.

« Huit jours après, le 6 janvier 1649, jour des Rois, comme elle était encore dans la même église, devant le saint sacrement, et dans l'indécision de ce qu'elle devait faire, elle demanda à Dieu ce qu'elle pouvait lui donner en souvenir de ce jour, où les rois lui avaient offert ce qu'ils avaient de plus précieux; » et bientôt, se sentant tout émue, elle crut entendre :

« C'est ton cœur que je veux, et qu'il soit à moi sans partage. »

« Elle eut en même temps comme une perception vive et pressante de ce que Dieu voulait d'elle, et demeura ensuite plusieurs heures presque en extase. » Plus tard, son confesseur l'ayant interrogée à ce sujet : *On sent bien*, lui répondit-elle, *quand c'est Dieu qui parle, par l'impression que cela fait sur le cœur.*

Obéir à la voix qui l'appelait, et s'avancer rapidement dans la voie de la perfection chrétienne, devint dès lors l'unique désir de madame de Miramion. Dans ce but, « elle prit pour directeur M. l'abbé du Festel, prêtre habitué de Saint-Nicolas des Champs, homme sévère, et dont les doctrines n'étaient pas suspectes. »

D'après ses conseils, elle ouvrit son cœur à sa belle-mère, qui avait toujours été pleine de bonté pour elle, et après lui avoir fait connaître l'engagement qu'elle avait pris avec elle-même, elle la chargea d'apprendre à M. de Caumartin et à sa famille l'unique cause de son refus[1].

Madame de Miramion, qui pleurait toujours la mort de son fils, devait pardonner plus que personne à sa belle-fille de ne pouvoir oublier un tel époux. Cependant elle crut devoir combattre d'abord une résolution précipitée ; mais la trouvant toujours aussi résolue, elle lui promit de faire connaître elle-même sa pieuse détermination.

Comprenant ensuite tout ce que la position d'une si jeune femme devait avoir d'embarrassant vis-à-vis de M. de Caumartin, surtout après l'aveu qu'il lui avait fait, et demeurant dans la même maison, sa belle-mère lui proposa de se retirer de nouveau dans un couvent. Elle espérait que pendant son absence, M. de Caumartin et ses parents s'habitueraient à l'idée de son éternel veuvage, et la reverraient ensuite avec moins de peine.

[1] M. de Caumartin regretta longtemps cette décision et ne consentit à se marier que cinq ans après. Il épousa Marie-Urbaine de Sainte-Marthe, qui mourut en 1654, en lui donnant un fils. Il resta veuf pendant dix ans, et Fléchier, précepteur de son fils, fit une élégie sur sa résistance à l'amour, Enfin, en 1664, il épousa en secondes noces Catherine Françoise de Verthamon.

IV

Madame de Miramion accepta cette offre avec reconnaissance, et le 19 janvier 1649 elle entra, sur la recommandation de l'abbé du Festel, dans la communauté des Sœurs grises.

Cette maison, établie en 1642, par M. Vincent, auprès de Saint-Lazare, avait été fondée et était encore dirigée par Louise de Marillac, veuve de M. Legras (secrétaire de la reine Marie de Médicis), pieuse femme, qui a coopéré avec le plus grand zèle à toutes les œuvres créées par Vincent de Paul.

Mademoiselle Legras, ainsi qu'on l'appelait (parce qu'il n'y avait encore que les personnes nobles qui portassent le nom de dames, et que les autres, même mariées, conservaient celui de demoiselles), avait commencé par recueillir dans sa propre maison, dans la paroisse de Saint-Nicolas du Chardonnet[1], quelques filles pieuses, qui, sous la direction et l'inspiration de l'abbé Vincent, se vouèrent avec elle au service des pauvres, et se formèrent peu à peu en une petite communauté, sous le nom de Filles de Charité, servantes des pauvres. Mais on les appelait plus com-

---

[1] Mademoiselle Legras prononça la formule de sa consécration le 25 mars 1634. Elle était nièce du chancelier de Marillac.

munément Sœurs grises, en raison de la couleur de leur vêtement.

Avant de les constituer ainsi en communauté, M. Vincent avait beaucoup hésité, longuement réfléchi, et souvent prié Dieu de l'aider; car il s'agissait de créer là une chose toute nouvelle alors dans l'Église.

Jusqu'à ce jour, les femmes réunies en congrégation avaient été défendues contre les distractions, les regards et les séductions du monde par les murs de leurs monastères, et par leur retraite même; mais n'était-ce pas une nouveauté étrange, et en quelque sorte téméraire, que de vouloir former une communauté de pauvres jeunes filles qui n'auraient d'autres vœux que leur conscience, d'autres voiles que leur modestie, et d'autres clôtures que les rues où devaient les appeler sans cesse leurs charitables offices?

En présence de toutes les difficultés que présentait l'exécution d'un tel projet, de tous les dangers, des scandales même qu'il était bien permis de craindre, quel homme, s'il n'eût été inspiré par Dieu, n'eût pas hésité?

Aujourd'hui que cette institution est heureusement réalisée, consolant et édifiant le monde chrétien tout entier par les miracles incessants de sa charité; aujourd'hui que le nom de saint Vincent de Paul est béni de tous, dans chacune des saintes filles qui continuent son œuvre, cette création paraît toute simple;

mais qu'elle était loin d'avoir le même caractère aux yeux de ses contemporains !

Peu d'années cependant suffirent pour montrer tout le bien que pouvait faire cette œuvre modeste ; et bientôt elle eut de si nombreux prosélytes, que, la maison de mademoiselle Legras étant devenue insuffisante, l'abbé Vincent eut la satisfaction d'établir cette communauté dans de plus vastes bâtiments auprès de Saint-Lazare.

C'est à ce moment qu'on avait commencé à y admettre quelques dames pour faire des retraites spirituelles ; et madame la présidente Goussault, mademoiselle Lamy, fille d'un administrateur de l'hôpital général, et madame de Miramion, furent les premières à en profiter. « Mademoiselle Legras les reçut à bras ouverts, » dit l'abbé de Choisy. Mais le patronage bienveillant, les soins et les libéralités constantes de ces dames pour les Filles de Charité, contribuèrent aussi beaucoup au succès de cette institution ; il est donc juste de les en considérer comme les premières bienfaitrices.

Depuis lors, la Providence, qui dans ses admirables desseins avait sans doute marqué l'heure de cette nouvelle création, n'a plus cessé de la couvrir d'une protection spéciale, la faisant plus forte que les révolutions et les attaques, afin de l'opposer encore de nos jours, apologie vivante de l'Évangile, aux détracteurs de la foi.

Pendant que madame de Miramion suivait, avec

toute la ferveur dont elle était capable, cette première retraite chez mademoiselle Legras, que voulut prêcher lui-même M. Vincent, elle reçut de Dieu comme un nouvel avertissement.

« Dans la nuit du 18 au 19 janvier 1649, a-t-elle
« écrit plus tard sur l'ordre de son confesseur, en-
« tre deux et trois heures du matin, étant en retraite
« chez mademoiselle Legras, et couchée, il me sembla
« qu'on me donnait un coup assez fort sur l'épaule. Je
« m'éveillai en disant : « Je m'en vais, » croyant que
« c'était une sœur qui était venue m'éveiller pour
« descendre à la chapelle. En ouvrant les yeux, je
« vis une grande lumière dans mon lit, comme au-
« rait fait le soleil ; je fus fort surprise, croyant
« qu'il était fort tard ; j'entendis une voix qui me dit
« du fond du cœur : « Ne t'étonne pas, c'est moi qui
« suis ton Seigneur et ton Maître. » Je me jetai à ge-
« noux sur le lit. « Ne cherche plus ma volonté, et
« n'en sois plus en peine ; je t'assure que je te veux tout
« entière, sans partage, ton cœur n'est pas trop grand
« pour moi. Je veux que tu sois toute à moi, que tu
« ne t'occupes que pour moi ; je serai ton époux,
« et toi mon épouse ; engage-toi à l'être. Renonce
« aux faux plaisirs ; tu auras des peines, sois fidèle
« à les dire, et elles ne te feront point de mal ; j'ai-
« merai ton humiliation, je serai au milieu de ton
« cœur : ne diffère plus, le temps est venu, c'est m[a]
« volonté.

« J'adorai Dieu et sa miséricorde, et le remerciai
« de m'avoir tirée de l'état pénible où j'étais, en me
« faisant connaître sa volonté. Il me prit alors une
« grande défiance de moi-même ; mais il me sembla
« que Dieu me dit : « Ne suis-je pas assez puissant ? »
« Je fus consolée et fortifiée, je me sentis toute
« prête à faire vœu de chasteté ; mais il me sembla
« qu'on me répondait : « Attends, dis à Celui qui te
« conduit ce que je t'ai dit, et obéis-lui ; mais dis
« tout ce qui s'est passé. » Je promis de le dire ;
« aussitôt la lumière se passa, ce dont je fus fort
« surprise, parce que je croyais qu'il était grand
« jour ; et comme j'étais toute pleine de cette pen-
« sée, je me levai pour remercier Dieu et faire mon
« oraison, trois heures sonnèrent ; cette oraison ne
« fut qu'une action de grâces ; je me recouchai, mais
« je ne pus dormir. Le lendemain, j'étais dans un
« grand froid pour Dieu, ayant peine à me résou-
« dre à croire ce qui s'était passé la nuit. J'avais peine
« à me résoudre à le dire. Je ne laissai pas cependant
« de le déclarer à mon directeur, qui ne douta pas que
« ce ne fût Dieu. Il me fit écrire ce qui s'était passé,
« consulta à ce sujet M. Vincent, et il fut conclu
« que je ferais vœu de chasteté ; ce que je fis le
« 2 février suivant. Depuis je n'ai jamais douté
« de ma vocation ; j'ai eu des peines, mais jamais
« de doute sur la volonté de Dieu ; et ce qui s'est
« passé dans cette nuit a toujours été présent à mon
« esprit. »

« Un si grand pas, dit l'abbé de Choisy, l'attacha tout entière au service de Dieu ; et depuis ce moment, jusqu'au dernier de sa vie, elle avança toujours dans la vertu. »

CHAPITRE VI

COMMENT MADAME DE MIRAMION SANCTIFIE SON VEUVAGE

1649-1653

I. Sa vie dans le monde. — II. Elle crée l'orphelinat de la Sainte-Enfance. — Association des dames de Charité. — III. L'hôpital des Enfants trouvés. — IV. Fourneaux économiques. — V. L'ameublement au dix-septième siècle.

> Chérir la vie cachée et de n'être connue que de Dieu seul.
> (MADAME DE MIRAMION.)

I

« La vraie veuve, a dit saint François de Sales[1], est en l'Église une petite violette de mars, qui répand une suavité nonpareille par l'odeur de sa dévotion, et se tient presque toujours cachée sous les larges feuilles de son abjection.

« Elle vient dans les lieux frais et non cultivés, ne voulant pas être pressée de la conversation des mondains; afin de mieux conserver la fraîcheur de son cœur contre toutes les chaleurs que lui pourrait

[1] *Introduction à la vie dévote*, chap. III.

apporter le désir des biens, des honneurs ou même des amours. »

Telle devait être madame de Miramion dans son veuvage, ainsi devait désormais s'écouler toute sa vie; toujours solitaire, toujours cachée aux yeux du monde et ne lui révélant sa présence que par le parfum de ses vertus, de son rang, de ses richesses ; ne conservant pour toute parure que la simplicité, et pour tout ornement que la modestie, renonçant à tous les divertissements et à tous les jeux[1], même les plus innocents, pour ne suivre que les lois austères de la pénitence chrétienne.

Que le monde voit peu de ces veuves, selon les préceptes de saint Paul, qui, « vraiment veuves et désolées, mettent leur espérance en Dieu et passent les nuits et les jours dans la prière ! » Combien cet état est oublié parmi nous! Madame de Miramion, cependant, devait le pratiquer dans toute sa sévérité, se détachant chaque jour davantage du monde, tout en continuant d'en faire partie, et consacrant toute l'activité de sa vie à la charité, et tout l'élan de son âme à la prière, afin de ne plus vivre qu'en Dieu et pour Dieu.

Pour observer rigoureusement la règle de vie qu'elle s'était tracée pendant qu'elle était encore à Sainte-Marie, et dont elle ne devait plus se départir

---

[1] On jouait alors beaucoup dans tous les salons, et les pertes de jeu, même au reversi, étaient souvent de deux à trois mille louis.

ensuite, elle commença, dès son retour dans le monde, par distribuer à son entourage ses habits les plus riches et ses meubles les plus précieux. Puis, quoiqu'elle eût déjà renoncé aux étoffes de couleur, aux dentelles et aux bijoux, elle adopta, sans s'inquiéter de ce qu'on en dirait, des vêtements encore plus modestes et plus sombres.

Ce renoncement à toute parure et à tout divertissement, chez une personne si jeune, était alors d'autant plus méritoire et paraissait d'autant plus extraordinaire, que jamais il n'y avait eu plus d'élan vers les plaisirs, ni plus de somptuosité et de richesse déployées dans les meubles et dans les habits.

On mettait partout des galons, des franges ou des dentelles d'or et d'argent, et la mode, qui voulait dans le costume des femmes une profusion de bijoux, de dentelles et d'étoffes chatoyantes, n'admettait aussi pour celui des hommes que la soie, le satin et le velours, rehaussés de broderies d'or, de rubans et de points de Venise ou de Flandre.

Pour avoir une idée aujourd'hui des splendeurs et de la richesse de ces costumes, faits de ces étoffes admirables (qui n'ont pas été imitées depuis), il suffit encore de lire madame de Sévigné, quand elle dit :

« M. de Langlée a donné à madame de Montespan une robe d'or sur or, rebrodé d'or, rebordé d'or, et par-dessus un or frisé, rebroché d'un or mêlé avec un certain or qui fait la plus divine étoffe qui ait été imaginée ; ce sont les fées qui ont fait cet ouvrage en secret. Ah! la belle chose! ah! quelle étoffe! vient-elle du ciel? il n'y en a point de pareille sur la terre. »

On comprend tout ce que madame de Miramion, au milieu d'une société si éprise de pompe et d'éclat, dut avoir à supporter de blâmes et de railleries au sujet de la simplicité monastique de son costume et de la sévérité de sa conduite. Mais, quoiqu'elle y fût très-sensible, ainsi qu'elle l'a avoué dans le récit de sa vie, elle les endura avec patience, et ne changea rien aux résolutions qu'elle avait prises.

Ses parents, qui avaient longtemps craint de la voir se faire religieuse et qui n'avaient qu'un désir, celui de la conserver au milieu d'eux, lui laissèrent une entière liberté. Le premier usage qu'elle en fit fut d'exercer continuellement la charité. Comme elle avait un fonds d'activité inépuisable, qui recherchait sans cesse de l'occupation, et que « sa grâce particulière la portait surtout au secours du prochain, elle s'y abandonna d'abord avec toute l'ardeur de son tempérament. »

« Elle passait les matins chez les pauvres honteux de sa paroisse, pansait les blessés et même les teigneux. Souvent, les après-dînées, elle allait à l'Hôtel-Dieu visiter les malades, les consoler, les assister, y prenant d'autant plus de plaisir qu'elle y avait plus de répugnance; naturellement délicate, propre et attachée à sa personne, elle se faisait un mérite devant Dieu de rompre sa volonté, de mortifier son goût, de faire taire toutes ses inclinations. »

Ses soirées étaient consacrées à son grand-père, M. de Choisy, qui était devenu veuf pendant le séjour qu'elle avait fait chez mademoiselle Legras, et dont l'âge avancé demandait beaucoup de soins. En ajoutant à ces charitables occupations les heures qu'elle donnait à sa fille et celles qu'elle consacrait à la prière, on aura l'emploi régulier de chacune des journées de cette laborieuse existence.

II

Sensible à toutes les infortunes, madame de Miramion avait toujours eu la plus tendre commisération pour les enfants orphelins. Privée de ses parents dès sa jeunesse, elle savait par elle-même quel vide irréparable laisse après elle une telle perte. Mais, depuis la naissance de sa fille, cette sympathique pitié s'était encore accrue de toute la tendresse qu'elle portait à cette enfant privée de son père avant de naître.

Sous l'influence de ce sentiment, elle adopta d'abord quelques petites filles dont elle payait l'entretien; puis, s'intéressant de plus en plus à l'avenir de ces enfants, la pensée lui vint de les réunir et de les faire élever sous ses yeux, afin de les arracher à jamais à la misère et aux vices.

Elle loua dans ce but une maison auprès de Saint-Nicolas des Champs, dans laquelle elle recueillit vingt petites filles n'ayant ni père ni mère, et y établit des maîtresses qui, sous sa direction, les élevèrent dans le respect de la religion, et leur apprirent à travailler, afin de les mettre en état de gagner leur vie.

« Souvent elle se dérobait de sa maison pour aller manger avec ces jeunes enfants et les instruire elle-même. » Dans ces occasions elle emmenait sa fille et lui donnait quelques récompenses à distribuer, voulant ainsi l'associer en tout ce qu'elle pouvait à cette œuvre, dans l'espoir qu'elle mériterait un jour aux yeux de Dieu en faveur de cette enfant. Dans cette pensée, elle donna à cet établissement le nom de maison de la Sainte-Enfance, et pourvut à son entretien jusqu'au mariage de sa fille.

Les jours où elle n'allait pas à l'Hôtel-Dieu, madame de Miramion, pour qui tous les affligés étaient des frères que Dieu visite et éprouve, ne craignait pas de visiter les prisons de Paris. Là, toujours accompagnée d'une demoiselle âgée et d'un fidèle serviteur (sans lesquels elle sortait rarement), elle distribuait aux pauvres captifs, en même temps que de douces paroles et de pieuses exhortations, de l'argent, du linge, des vêtements, et même des vivres; car en ces temps calamiteux les prisons étaient loin de ressembler à ce qu'elles sont devenues de nos jours. C'étaient pour la plupart d'anciennes forteresses, aux murailles épaisses et presque sans ouvertures, aux chambres humides et basses, dans lesquelles toutes les privations et toutes les souffrances physiques venaient s'ajouter aux douleurs morales. Le froid, la faim, le manque d'air et de lumière, étaient les moindres maux de ces réduits malsains où se trouvaient entassés pêle-mêle tous les vices et tous les crimes qu'engendrent les désordres d'une guerre civile.

Mais, dans le temps même où l'esprit de révolte et les troubles de la Fronde produisaient dans les mœurs la licence la plus effrénée, Dieu permit que, dans le même moment, des hommes vénérables, tels que le père de Bérulle, l'évêque de Belley et l'abbé Vincent de Paul, allassent sans cesse par le monde, répandant partout autour d'eux l'amour de la vertu. A leur voix, on vit les personnes du plus haut rang suivre une vie exemplaire, les fondations utiles se multiplier, et la charité créer par la main des femmes ses institutions les plus admirables.

Parmi ces institutions, si nombreuses cependant, que fit naître partout la foi vive de ce temps, la plus remarquable peut-être par le bien qu'elle a fait, et surtout par celui que son exemple a inspiré depuis, fut l'association des dames de Charité.

Cette œuvre créée par Vincent de Paul, avec le concours infatigable de mademoiselle Legras[1], dans la modeste paroisse de Saint-Nicolas du Chardonnet, se répandit et se propagea aussitôt dans toutes les

[1] Vers 1635, avec la présidente Goussault, première fondatrice.

paroisses de Paris, pour aller ensuite, comme le grain de sénevé, germer et fleurir sur toute l'étendue de la France.

Noble légion, recrutée par la charité dans toutes les classes et dans tous les partis! glorieuse association de femmes exemplaires, qui, toutes de fortunes et de rangs inégaux, ont été toutes égales en vertu, et toutes sœurs en zèle comme en dévouement pour le service des pauvres.

Madame de Miramion devint bientôt l'une des dames de Charité les plus zélées de la paroisse Saint-Nicolas des Champs, visitant assidûment les malades de l'Hôtel-Dieu, veillant et pourvoyant avec sa générosité ordinaire à tous les besoins d'une sorte de dispensaire ou maison spéciale qu'on avait louée auprès de cet hôpital pour y réunir et y préparer à l'avance les secours que les dames devaient ensuite distribuer aux pauvres.

Chaque année, M. Vincent, qui était toujours l'âme de ces congrégations charitables, réunissait autour de lui, en assemblées générales, toutes les dames de Charité des diverses paroisses de Paris; et, après leur avoir fait quelque exhortation touchante sur les devoirs généraux de l'œuvre, il leur exposait un bien particulier à faire, une œuvre nouvelle à créer ou une pensée généreuse que son grand cœur venait de lui inspirer, et qu'il leur demandait de l'aider à réaliser.

C'est ainsi que, dès la naissance de ces associations, il avait fait concourir les dames de Charité de la paroisse de Saint-Nicolas à la fondation du premier hôpital qui ait été établi pour les galériens malades [1], et dont la construction à Marseille, grâce à ses sollicitations, avait été presque aussitôt payée par le cardinal de Richelieu [2], par la duchesse d'Aiguillon, sa nièce, et le vénérable évêque de cette ville, Mgr Gault [3], dont la mémoire est encore en honneur en Provence.

Plus tard, il avait associé ces dames à une autre création qui devait être plus intéressante pour elles, et devenir pour lui l'œuvre de prédilection de toute sa vie.

III

« Ayant vu, dit Choisy, que des enfants exposés et abandonnés dans les rues de Paris, par des mères

[1] Hôpital transféré depuis à Toulon, où il existe encore.
[2] Général des galères.
[3] D'une famille originaire de Touraine et encore représentée en Anjou, qui a donné à la ville de Tours deux maires : Eustache Gault en 1596, et Jean-Baptiste Gault en 1606, et à la ville de Marseille deux évêques : Jean-Baptiste Gault, petit-fils du précédent, mort en odeur de sainteté le 23 mai 1643 (à qui on a attribué plusieurs miracles constatés juridiquement par le légat d'Avignon et dont les évêques de France, réunis en assemblée générale en 1646, demandèrent la canonisation au pape Innocent X); et Eustache Gault, frère du précédent, qui fut évêque de Marseille après lui en 1643.

pauvres ou criminelles, n'étaient secourus de personne, ce grand serviteur de Dieu avait cherché les moyens d'y remédier; on les avait portés, jusque-là, dans une maison qu'on appelait de la Couche, où une veuve les recevait et s'en chargeait; mais comme le nombre en était grand et que les charités étaient médiocres, elle n'y pouvait suffire. La plupart mouraient de misère, et souvent les servantes de la veuve, pour se délivrer de l'importunité de leurs cris, leur faisaient prendre pour les endormir, un breuvage qui leur donnait la mort, ou on les vendait au premier venu, sans se soucier de les faire baptiser.

« De si grandes horreurs dans une ville comme Paris touchèrent le cœur de M. Vincent; » il en parla aux dames de Charité de Saint-Nicolas du Chardonnet, et son langage ému leur inspira un si grand sentiment de compassion pour ces pauvres petits êtres, que ces dames louèrent aussitôt une maison près la porte Saint-Victor, dans laquelle mademoiselle Legras, aidée de quelques Sœurs grises, recueillirent et nourrirent, soit avec du lait de chèvre, soit avec des nourrices, d'abord douze enfants, et ensuite un beaucoup plus grand nombre.

Ce petit établissement, grâce à quelques rentes que la parole persuasive de M. Vincent sut obtenir de la reine Anne d'Autriche, s'était soutenu d'une manière satisfaisante jusqu'à la fin de l'année 1648; mais, à cette époque, « il pensa tomber, la dépense montant à plus de quarante mille francs par an, et le revenu n'allant pas à vingt. » En présence d'un tel péril, M. Vincent réunit toutes les dames de Charité de Paris.

C'est à ce moment que madame de Miramion, qui était veuve depuis trois ans, commença à faire partie de ces congrégations; et cette réunion importante fut sans doute la première à laquelle elle assista.

« Il mit d'abord en délibération si la compagnie devait cesser ou continuer à prendre soin de la nourriture de ces enfants; il proposa les raisons pour et contre, et leur fit voir qu'elles en avaient fait vivre plus de six cents, qui, en apprenant à parler, avaient appris à connaître et à servir Dieu. » Puis, élevant la voix, suivant que le rapporte son historiographe M. Abelly, évêque de Rodez, il termina son exhortation par cette péroraison touchante, et restée célèbre dans les annales de la charité :

« Or sus, mesdames, la compassion et la charité vous ont fait adopter ces petites créatures pour vos enfants ; vous avez été leurs mères selon la grâce, depuis que leurs mères selon la nature les ont abandonnées ; voyez maintenant si vous voulez aussi les abandonner. Cessez d'être leurs mères, pour devenir à présent leurs juges ; leur vie et leur mort sont entre vos mains. Je m'en vais prendre les voix et les suffrages ; il est temps de prononcer leur arrêt, et de savoir si vous ne voulez plus avoir de miséricorde pour eux. Ils vivront si vous continuez d'en prendre un charitable soin ; et, au contraire, ils mourront et périront infailliblement si vous les abandonnez : l'expérience ne vous permet pas d'en douter. »

« Ces dames ne lui répondirent d'abord que par leurs larmes, et lui protestèrent ensuite qu'il fallait soutenir l'Œuvre à quelque prix que ce fût, dût-on s'imposer de nouveaux sacrifices, et vendre même ses bijoux. Madame la chancelière d'Aligre donna vingt mille livres, et M. le président de Bercy autant. On ne sait pas ce que madame de Miramion donna ; elle cachait ses bonnes œuvres autant qu'elle pouvait ; mais la somme dut être considérable, si l'on en juge par la tendresse qu'elle avait pour ces pauvres enfants abandonnés, et la grande fortune dont elle jouissait alors, ses biens n'étant pas encore passés dans les mains des pauvres. »

On acheta une maison dans le faubourg Saint-Antoine, qu'une déclaration postérieure de Louis XIV érigea en hôpital des Enfants trouvés, et on y ajouta peu après une succursale en face de l'Hôtel-Dieu, que les libéralités du roi vinrent doter. La direction de ces établissements fut réunie depuis à l'administration générale des hospices ; mais « madame de Miramion assistait à toutes les assemblées qui se faisaient dans l'intérêt des enfants trouvés ; et jamais les administrateurs ne prenaient de résolution importante sans l'avoir consultée auparavant, avec d'autant plus de raison, que lorsqu'il se trouvait quelque difficulté, elle était la première à la lever, par son esprit ou par sa bourse. »

Telle a été l'humble origine du magnifique hôpital des Enfants trouvés, qui, transporté de nos jours rue d'Enfer, reçoit encore un nombre considérable d'enfants, qu'élèvent avec le même soin les dignes filles de Vincent de Paul.

Ainsi le zèle de ce saint prêtre et la charité persévérante de quelques pieuses femmes ont pu créer et soutenir cette Œuvre, que les gouvernements adoptèrent plus tard, en prenant les biens qui la dotaient, mais devant la grandeur de laquelle ils s'effrayeront et reculeront quelquefois.

Recueillons maintenant ici, pour l'honneur de l'humanité et de la religion, les noms de quelques-unes de ces femmes chrétiennes, qui, tout en vivant dans le monde, où les retenaient leur rang et leur grande fortune, se vouèrent en même temps au soulagement des malheureux, et donnèrent ainsi les premières en France l'exemple et la pensée de toutes ces associations charitables qui se sont formées depuis. Parmi elles doivent être citées d'abord :

Mesdames

Legras (Louise de Marillac, veuve de M.)
La présidente Goussault.
De Ville-Savin (veuve de Phélippeaux,[1] seigneur).

---

[1] Elle était parente de madame de Miramion et habitait un des beaux hôtels de la place Royale, où elle recevait la meilleure compagnie. Mais comme elle était très-complimenteuse, on l'appelait « la servante très-humble du genre humain. »

De Bailleul.

Du Mecq.

De Sainctot (née Dalibray, veuve de M.[1]).

De Pollalion (Marie de Lumagne), institutrice et fondatrice des filles de la Providence, des Nouvelles Catholiques et de l'hôpital de la Santé.

De Beaufort.

Fouquet, mère (Marie de Maupeou, veuve de François Fouquet, vicomte de Vaux[2]).

Nicolas Fouquet (Madeleine de Castille, veuve du surintendant).

La princesse de Conti (Anne Martinozzi).

Marie de Gonzague.

De Lestang (Mademoiselle Marie Delpech), institutrice des filles de Saint-Joseph.

Lamy.

De Traversay (Anne Peteau, veuve de L. Régnault, seigneur), fondatrice des filles de la Conception et de la Croix.

La duchesse de Nemours.

    id.   du Perche.

    id.   d'Aiguillon (nièce du cardinal de Richelieu).

La duchesse de Lesdiguières.

---

[1] A qui Voiture a dédié sa traduction du *Roland furieux*

[2] Lorsqu'elle apprit l'arrestation de son fils le surintendant, elle se jeta à genoux et s'écria dans sa piété : « C'est à présent, mon Dieu, que j'espère le salut de mon fils. » Elle a laissé un recueil de recettes médicales très-utiles.

La duchesse de Noailles (Louise Boyer).

La marquise de Maignelay (Marie de Gondy).

La chancelière Élisabeth d'Aligre.

La présidente de Lamoignon et ses filles :

Madeleine de Lamoignon,

Et la présidente de Nesmond, née de Lamoignon.

De Miramion (Marie Bonneau de Rubelle, veuve de M.).

De Farinvillers (Catherine Pepin, veuve de François de Pingré, seigneur).

De Sénecé (née de la Rochefoucauld, veuve de H. de Beaufremont, marquis).

De Bragelonne.

De Soucarière.

La présidente de Herse.

La comtesse de Loménie de Brienne.

La baronne de Neuvillette (mademoiselle Robineau).

De Villeneuve (Marie Lhuillier).

Tronson (Claude de Sève).

Leschassier (née Miron) et sa fille.

De la Rochejaquelein.

De Bouteville.

De Treuille.

De l'Esturgeon.

Malheureusement plus de cent noms encore ont échappé à toutes nos investigations.

Plus tard lorsqu'on voulait donner des louanges à

celui dont l'âme et la parole avaient fait naître toutes ces œuvres bienfaisantes, quand on lui parlait du bien que faisaient ces associations de pieuses femmes, secourant tant de misères et purifiant tant d'âmes, celui-là répondait « qu'il n'était pour rien dans cette institution ».

Dieu est, en effet, l'unique auteur de tout bien véritable, et c'est Dieu qui lui a inspiré les paroles qui ont touché les cœurs. Il en est toujours ainsi ; les hommes sont entre les mains de Dieu, heureux et grands, quand ils méritent d'être les instruments de ses miséricordes ! Ils sèment le grain de sénevé, Dieu le fait germer et croître. Mais pour obtenir la bénédiction féconde du ciel, il faut que la semence soit bonne, il faut que la pensée du bien soit pure, désintéressée, et plus cette pensée est généreuse, plus elle attire de grâces, plus elle donne de fruits.

IV

Entraînée par l'ardeur et la générosité de son caractère, donnant toujours et à pleines mains, madame de Miramion aurait épuisé ses forces, sa santé et sa fortune dès ses premiers pas dans la carrière de la charité, si la sage prévoyance de son directeur n'était venue l'arrêter à temps sur cette pente rapide.

Mais l'abbé du Festel, qui à l'expérience de l'âge joignait toute la sollicitude d'un père pour l'âme d'élite que Dieu lui avait confiée, voyant avec quel attachement imprudent elle se dévouait aux pauvres, jugea nécessaire de l'arrêter brusquement dans cette voie dangereuse, et l'engagea à s'enfermer une année dans la retraite, pour ne s'occuper que de sa propre perfection.

« Il faut commencer par vous-même, lui disait-il, avant que de songer aux autres ; la dissipation, même dans les bonnes œuvres, est dangereuse à une si jeune personne. La solitude vous est nécessaire ; parlez à Dieu dans le secret de votre cœur, exposez-lui vos besoins, accoutumez-vous à sa divine présence. Moïse demeura quarante jours sur la montagne avant que de parler au peuple ; que la prière, l'oraison, les bonnes lectures remplissent vos journées ; vous aurez besoin de grâces dans les tentations continuelles du monde, faites-en provision avant que de vous y exposer. »

Elle suivit un conseil si sage, et demeura une année entière dans une solitude presque complète, ne songeant qu'à prier Dieu et à méditer, ne s'occupant qu'à remplir tous ses devoirs envers sa fille et près de ses parents, dont la santé affaiblie par l'âge était devenue de plus en plus chancelante.

C'est pendant cette retraite, que madame de Miramion écrivit de sa main, afin de s'en mieux souvenir dans la suite, les résolutions pieuses qu'elle prenait alors et que nous allons faire connaître telles que sa fille nous les a transmises :

« Agir dans toutes les choses temporelles, unie à
« l'esprit de Jésus-Christ.

« Pour ma fille, avoir soin de la faire prier Dieu
« moi-même matin et soir.

« La faire travailler quelquefois, et quoique fort
« jeune, lui mettre de bonnes maximes dans l'esprit ;
« qu'elle obéisse simplement.

« Contribuer à son divertissement ; tâcher de l'éle-
« ver comme chose précieuse à Dieu, la lui offrant tous
« les jours.

« Tenir ferme pour la lecture et pour la prière.

« Avoir un entretien familier avec mes gens, mais
« en particulier.

« Parler de l'oraison avec mes filles (de l'orphelinat
« de la Sainte-Enfance), leur recommander souvent la
« paix et l'union, les reprendre avec amour, douceur
« et charité.

« Parler quelquefois des vertus chrétiennes à mes
« frères, en leur particulier et avec tendresse et dou-
« ceur. S'il y a quelque chose à reprendre en eux, le
« leur dire en esprit de charité, d'humilité et de con-
« fusion en moi-même.

« Songer à mettre mes affaires temporelles en
« bon état, écrire tout, compter avec le tuteur hono-
« raire de ma fille, payer tout à mesure, retrancher
« quelque petite chose dans mon ménage, être fort
« économe.

« J'épargnerai autant que je pourrai sur moi et

« sur ma fille, et donnerai le reste de mon revenu aux
« pauvres.

« Donner, du bien de ma fille, trois mille livres par
« an aux pauvres[1]; exhorter mes frères à leur donner
« aussi.

« Connaître Dieu par esprit de foi, me soumettant
« à tout ce qu'il désire de moi.

« Me supporter moi-même dans mes défauts, et
« encore plus mon prochain ; le reprendre doucement
« et avec charité, ne lui point faire de peine quand je
« pourrai l'éviter.

« Me faire obéir en priant plutôt qu'en commandant,
« recevoir les services qu'on me rend comme une
« charité qu'on me fait.

« Travailler à l'anéantissement de mon amour-
« propre par l'humiliation ; entrer profondément et
« souvent dans la connaissance de mon néant : à rien,
« rien n'est dû.

« Ne point chercher sa consolation et son goût, agir
« par foi et chercher Dieu seul, attendre tout de Dieu,
« comme si je ne pouvais rien, et travailler comme si
« je pouvais tout.

« Recevoir les contradictions, les mépris et les peines
« de bon cœur, embrassant les humiliations à deux
« mains, comme un trésor.

« Fuir toutes les louanges, applaudissements, res-
« pects et trop grande amitié des créatures.

---

[1] Madame de Miramion ayant la garde-noble, c'est-à-dire la jouissance des biens de sa fille, pouvait en disposer à son gré.

« Étouffer promptement les discours qui sont à mon
« avantage, ou à celui de ceux qui m'appartiennent,
« et n'en donner jamais occasion.

« Voir les personnes qui ont dit ou fait quelque
« chose contre moi, d'un aussi bon œil qu'aupa-
« ravant, et agir avec elles comme si cela n'était pas
« arrivé. »

Il était difficile qu'en pratiquant de pareilles résolutions, madame de Miramion ne fît pas de grands progrès dans la perfection chrétienne.

Bien persuadée, en outre, que les mortifications de la chair sont nécessaires pour dompter nos passions et faire véritablement pénitence, elle commença les austérités qu'elle a pratiquées ensuite toute sa vie.

Ne couchant que sur deux petits ais de bois, attachés ensemble avec des ficelles, et qui se repliaient l'un sur l'autre, le jour elle les cachait soigneusement dans un cabinet secret, laissant faire son lit comme à l'ordinaire, afin qu'on ne s'en aperçût pas.

Elle jeûnait au pain et à l'eau tous les vendredis, et portait un jour par semaine une lourde chaîne de fer large de quatre doigts.

A la fin de cette année de retraite si rigoureusement observée, c'est-à-dire en 1651, son confesseur lui permit de joindre peu à peu à la vie intérieure la vie active et le soulagement du prochain [1].

[1] Choisy.

On la nomma alors trésorière des pauvres de Saint-Nicolas des Champs, et comme c'était au fort des guerres intestines qui désolaient la France, son zèle infatigable pour la charité trouva grandement à s'exercer.

Le sanglant et inutile combat de la porte Saint-Antoine avait eu lieu : combat fratricide, dans lequel Louis XIV, âgé de quinze ans, avait pu voir Turenne s'emparer pour lui de sa capitale révoltée, que défendaient Condé, devenu factieux, et mademoiselle de Montpensier, tirant le canon de la Bastille sur les troupes royales ; victoire chèrement achetée des deux côtés, et après laquelle Condé, fondant en larmes, avait pu dire avec vérité : « J'ai perdu tous mes amis. »

Enfin, le malheur, cette rude école des âmes, en atteignant toutes les classes de la société, calma tous les esprits ; et, en faisant rentrer le parlement dans l'obéissance du roi, ramena bientôt la tranquillité dans Paris.

Mais la guerre avait amené dans la ville un nombre considérable de personnes qui, ne se trouvant plus en sûreté dans leurs châteaux ou dans les faubourgs, étaient venues se mettre sous la protection des remparts de Paris. Les paysans, en amenant avec eux leurs bestiaux, avaient encore augmenté l'entassement de la population et l'insalubrité de l'air, et bientôt des maladies contagieuses s'y développèrent avec une rare intensité. La petite vérole surtout, maladie presque toujours mortelle alors, faisait d'affreux ravages, quand, pour comble de maux, la dévastation des campagnes, la défiance et la peur produisirent la famine. « Le pain valut jusqu'à vingt-quatre sous la livre. »

Madame de Miramion, dont l'activité bienfaisante semblait s'accroître en proportion des maux qu'elle voyait à combattre, se dévoua tout entière au soulagement de tant de misères. Elle soigna les malades jour et nuit, au delà même de ses forces, imaginant des moyens, des inventions nouvelles pour nourrir ces multitudes affamées[1], et arrivant enfin, à force de persévérance et de volonté « à faire distribuer aux pauvres plus de deux mille potages par jour. »

Mais comme c'était un plaisir sensible pour elle que de les distribuer elle-même, elle s'en privait souvent par esprit de pénitence. *Il me semble*, disait-elle, *quand je sers les pauvres, que je n'y ai pas grand mérite, parce que je suis payée dans le moment même, et ne dois plus attendre aucune récompense de ce qui me donne tant de plaisir.*

Elle avait, en effet, à assister et à secourir les pauvres, une satisfaction si grande, qu'elle y dépensa cette année, sans s'en être aperçue, tout son revenu et toutes ses épargnes. Quand elle n'eut plus rien à donner, et qu'elle vit que la misère et la faim

---

[1] C'étaient de vastes chaudières, dont les fourneaux économiques et les distributions de soupes, de notre temps, sont une imitation.

augmentaient encore, elle vendit un collier de perles magnifiques, que la difficulté des temps l'obligea à donner pour vingt-quatre mille francs, ce qui était de beaucoup au-dessous de sa valeur. Mais, grâce à ce sacrifice, les pauvres eurent encore des soupes. *Dieu m'a bien inspirée*, disait-elle à ce sujet à son confesseur, *je me suis défaite là d'une occasion de vanité, et en même temps j'ai trouvé le moyen d'assister bien des misérables.*

L'année suivante fut encore une de ces années stériles, où, suivant le langage du Prophète, le ciel fut d'airain et la terre de feu. La famine augmenta, on vit des mères mourir sans secours sous les yeux de leurs enfants, et des enfants entre les bras de leurs mères, faute de pain. Madame de Miramion donna tout ce qui lui restait de superflu, vendit tout ce qu'elle possédait d'objets précieux, et peu à peu sa vaisselle d'argent eut le même sort que son collier.

Dans les provinces, les dissensions qui déchiraient la France étaient plus grandes encore qu'à Paris. Balzac retiré à la campagne, écrivait, le 10 mai 1652, à son ami Conrart, qui était resté dans la capitale pendant cette terrible lutte :

« Si Dieu n'a pitié de nous, et ne nous envoie
« bientôt sa fille bien-aimée, qui est madame la
« paix, je suis absolument résolu à fuir des objets
« qui me blessent le cœur par les yeux. Quand je
« serais plus caduc et plus malade que je ne suis,

« je sortirais du royaume, au hasard de mourir sur
« la mer, si je m'embarque à la Rochelle, ou de
« mourir dans une hôtellerie, si je fais mon voyage
« par terre. »

Ces troubles faisaient naître dans les campagnes mille désordres et mille maux. Madame de Miramion, qui s'appliquait encore plus aux besoins de l'âme qu'à ceux du corps, fit faire alors à ses frais des missions dans plusieurs villages. Elle alla elle-même aux environs de Paris instruire et exhorter les enfants et les femmes, et ne revint qu'après y avoir établi des Sœurs grises, qui, tout en soignant les malades, tenaient aussi des écoles.

V

« Au milieu de tant de bonnes œuvres, madame de Miramion, cependant, n'était pas tout à fait morte au monde, dit son sévère biographe ; elle était encore d'une propreté[1] recherchée, et elle aimait les beaux meubles. »

Peut-être, malgré ses privations et ses austérités, avait-elle conservé l'habitude de cette propreté minutieuse et de ce soin de sa personne que donne l'éducation première dans les classes élevées. Mais sainte Thérèse elle-même s'est accusée d'avoir aimé trop

[1] Propreté était alors employé pour élégance.

longtemps ces soins et cette recherche dans la parure. « Je m'occupais de la blancheur de mes mains, a-t-elle dit dans le récit de sa vie, et du soin de mes cheveux; je n'épargnais ni les parfums, ni aucune de ces frivoles industries de la vanité, pour lesquelles j'étais fort ingénieuse. Je n'avais aucune mauvaise intention; mais pendant plusieurs années je gardai ce goût d'une propreté excessive[1]. »

Quant à son penchant pour les beaux meubles et toutes les belles choses, il tenait aussi à son éducation, mais surtout à la finesse de son goût et à la délicatesse de son discernement. Les arts venaient de renaître en France, et jamais, depuis Henri II, on n'avait fait de si riches ameublements, ni de si magnifiques tentures. Jamais les appartements n'avaient été distribués et décorés avec autant de symétrie, de noblesse et d'élégance. La grandeur était en quelque sorte dans l'air dès le commencement du dix-septième siècle. L'hôtel magnifique de madame de Rambouillet et la célèbre chambre bleue de cette précieuse marquise avaient été les premiers modèles de ce goût du beau, du noble et du grand, qui devait s'étendre ensuite non-seulement à toute la France, mais encore à toute l'Europe.

Madame de Miramion, ayant eu besoin vers ce temps de faire réparer l'appartement qu'elle occupait à l'hôtel de Choisy, « fit faire pour sa chambre un lit et tout

---

[1] *Vie de sainte Thérèse*, traduite par le P. Marcel Bouix, 1859.

un ameublement en velours, couleur isabelle, noir et blanc, qu'elle prit quelque complaisance à faire tendre avec goût. »

Les femmes de ce temps recevaient leurs visites, couchées tout habillées sur leur lit; et ce meuble, dont les précieuses, particulièrement, faisaient presque un trône, en l'élevant sur une estrade dans une alcôve dorée, et sous un riche baldaquin, était alors chez tout le monde l'ornement principal de la chambre à coucher.

« Madame de Miramion ayant un jour reçu dans la sienne une personne très-pieuse, et pour qui elle avait beaucoup de respect, cette personne (qui sans doute n'était autre que son confesseur) la pria de la conduire dans sa véritable chambre. *Mais je n'en ai pas d'autre*, répondit-elle. « Je ne croyais pas, Madame, dit froidement le visiteur, que la chambre d'une veuve chrétienne dût être si magnifique. »

Dès le lendemain, elle y fit mettre un lit de drap gris, sans ornements; et, sans parler en rien de ce qui s'était passé, elle assura sa famille que celui-là était plus à son gré. Elle fit disparaître ainsi peu à peu tous les objets précieux et recherchés qu'elle avait conservés, et qu'elle aimait beaucoup. Les cheveux faisaient alors une des principales beautés des femmes; les siens étaient magnifiques, autant par leur abondance que par leur couleur; elle les fit couper, sous le prétexte que leur poids lui occasionnait des maux de tête.

Déjà elle avait renoncé aux habits de couleurs éclatantes, aux dentelles et aux bijoux ; elle fit plus, elle quitta les vêtements de soie de sa condition, pour ne plus porter que des étoffes communes de laine grises ou noires; mais elles avaient encore bonne grâce sur elle.

En 1653, M. de Miramion, son beau-père, mourut; sa belle-mère, dont la santé était restée mauvaise depuis la perte de son fils, ne survécut que de quelques jours à son mari. Madame de Miramion, pour qui ils avaient été pleins de bonté, leur prodigua les soins les plus tendres, les assista jusqu'au dernier moment, et les pleura comme si elle eût perdu de nouveau ses propres parents.

A quelques mois de là, M. de Choisy, qui avait survécu à tous ses enfants, s'éteignit à son tour dans ses bras, comblé de jours, de prospérités et de témoignages d'estime. « Il aimait madame de Miramion autant et plus que ses enfants; son esprit, sa douceur, sa complaisance l'avaient gagné, et, pour l'amour d'elle, il laissa (en témoignage de la reconnaissance qu'il avait pour ses bons soins) plus de cent mille écus, hors part, à mademoiselle de Miramion, son arrière-petite-fille[1]. »

[1] Choisy.

CHAPITRE VII

MADEMOISELLE DE MIRAMION

1653-1660

I. Son éducation à Sainte-Marie. — Maladie de madame de Miramion. — Voyage à Bourbon. — Les duchesses de Montmorency et de Longueville. — II. Adieux à l'hôtel de Choisy. — Mort de M. de Tracy et de la duchesse de Roquelaure. — III. Mariage de mademoiselle de Miramion. — Fondation de la salle des prêtres à l'Hôtel-Dieu de Paris.

> Dieu vous a donnée à moi, ma fille : de quoi me plaindrais-je ?
> (LAMENNAIS)

I

Marie-Marguerite de Beauharnais de Miramion venait d'avoir huit ans ; c'était une jolie enfant, douce et facile à élever ; mais, comme si la douleur de sa mère eût, même avant sa naissance, pénétré jusqu'à elle, elle était délicate, pâle et sérieuse. Elle ne se plaignait jamais, mais elle ne souriait pas ; elle était calme, et le calme à cet âge fait songer à la souffrance. Il semblait que toutes les larmes versées sur ce berceau eussent refroidi cette petite âme.

Sa santé était très-faible, elle avait presque tous les ans une maladie mortelle ; sa mère, tout en faisant tous les remèdes possibles, l'offrait à Dieu. *Seigneur*, disait-elle avec la foi d'Abraham, *je vous en fais le sacrifice ; si elle ne doit pas vivre et mourir chrétiennement, ôtez-la-moi, Seigneur : son salut m'est plus cher que sa vie.*

Dieu, touché du sacrifice que lui avait fait madame de Miramion, lui conserva sa fille. Depuis l'instant de sa naissance, cette enfant avait été la plus tendre affection de son cœur et le premier objet de ses devoirs. Jamais, ni les préoccupations de son active charité, ni la longueur de ses exercices religieux ne l'avaient un seul instant détournée des soins journaliers qu'elle donnait elle-même à sa santé et à son éducation. Mais, convaincue que la première et la meilleure éducation possible, c'est la religion, « elle la portait par-dessus toutes choses vers la piété, lui faisant faire tous les matins un quart d'heure, et plus tard une demi-heure de prières et de réflexions sur les devoirs du christianisme, proportionnant toujours cette sainte pratique à son âge et à son peu de santé. Elle lui apprit son catéchisme, non de routine comme on le fait d'ordinaire, mais avec des explications à sa portée, et l'accoutuma à entendre la messe en s'appliquant à en suivre les mystères. Puis lui parlant des prêtres : « *Vous ne sauriez trop respecter, lui disait-elle, les sacrificateurs d'un sacrifice si redoutable ; ils font paraître un Dieu sur nos autels, et com-*

mandent, pour ainsi dire, à l'auteur de la nature, » et elle la préparait ainsi de son mieux à l'accomplissement du plus grand acte de notre religion, la première communion ; ce premier devoir important de la vie, que l'âge et la raison précoce de mademoiselle de Miramion permettaient déjà de lui faire dignement accomplir.

Cependant, à l'approche de cette imposante cérémonie, madame de Miramion, tourmentée par cette défiance de soi-même qui est le partage de la véritable piété, crut de son devoir de se séparer de sa fille pour la remettre entre des mains plus vertueuses et plus habiles. Elle la confia à la mère Eugénie[1], supérieure des filles de la Visitation, qu'elle avait appris à aimer et à vénérer pendant son séjour à Sainte-Marie. « Mais, en même temps, elle donna dix mille écus à ce monastère, à la condition qu'elle et sa fille en seraient reconnues bienfaitrices, pour avoir ainsi la liberté d'y entrer et d'en sortir quand il lui plairait. »

Cette faveur était d'autant plus recherchée, que le sage directeur de la Visitation, saint Vincent de Paul, craignant les distractions du dehors, tenait les portes

---

[1] Louise-Eugénie de Fontaines, née en 1608, célèbre par sa capacité et ses vertus, fut dirigée d'abord par saint François de Sales et ensuite par saint Vincent de Paul, qui l'estimait particulièrement. Anne d'Autriche lui témoignait beaucoup de confiance et la visitait souvent. Les personnes les plus distinguées recherchaient ses conseils et son estime. Elle mourut le 29 septembre 1694.

de ce couvent très-sévèrement fermées. Il en refusait l'entrée aux dames de la plus haute condition, et même à des princesses, qui la lui demandaient pour satisfaire soit leur curiosité, soit une dévotion mal entendue. De cette règle n'étaient exceptées que les seules bienfaitrices, dont il avait la liste exacte. Et ce titre, il ne le laissait pas acquérir par de seules générosités, il fallait y joindre une foi pure et une vertu solide.

Malgré cette facilité de voir sa fille, et la douceur qu'elle trouvait à en user chaque jour, madame de Miramion eut un grand chagrin de cette première séparation. La raison cependant lui en faisait un devoir ; car il était d'usage alors que toutes les jeunes filles de bonnes familles allassent passer quelques années dans un couvent. Madame de Sévigné elle-même, ce premier modèle des mères tendres, mit sa fille à Sainte-Marie, et bien des années après, pensant encore à la douleur que lui avait causée cette séparation, elle lui écrivait :

« Ma chère fille, j'admire comment j'eus le cou-
« rage de vous mettre au couvent ; la pensée de
« vous voir souvent et de vous en retirer me fit ré-
« soudre à cette barbarie, qui était trouvée alors une
« bonne conduite et une chose nécessaire à votre
« éducation. »

La santé de madame de Miramion, qui avait été

affaiblie déjà par les pertes cruelles et successives qu'elle venait d'éprouver, s'altéra complétement dans l'isolement où la laissa tout à coup le départ de sa fille. Une maladie grave se déclara et mit sa vie en danger.

Envisageant la mort sans frayeur, et ne songeant qu'au salut de sa fille, qui allait rester orpheline, elle écrivit pour celle-ci la lettre suivante :

« Ma chère fille,

« Je prie Dieu qu'il vous donne sa sainte bénédiction. Pour dernières paroles, j'ai à vous dire : Aimez Dieu de tout votre cœur et le servez fidèlement, aimez les pauvres et les assistez; marchez dans les voies de l'Évangile, ce doit être votre règle, gardez-la inviolablement ; renoncez à toutes les vanités du monde, Dieu ne se trouve point là; confiez-vous en lui, il aura soin de vous. Ne faites rien sans les avis de M. du Festel et de la mère Eugénie, ils vont droit et vous aiment. Votre oncle de Rubelle aura soin de vos intérêts; vos oncles vous aiment, ayez confiance en eux et les respectez.

« Adieu, ma chère et plus que très-chère fille, je vous laisse Dieu pour père; vous êtes bien, je vous y abandonne, choisissez plutôt la mort que de l'offenser. Priez Dieu, et faites-le prier pour moi; encore une fois adieu pour quelque temps, puisque nous nous reverrons devant Dieu.

« Votre mère et meilleure amie,

« Marie Bonneau de Miramion. »

Cependant madame de Miramion guérit; « Dieu lui conserva la vie pour le bien des pauvres. » Mais elle resta dans un état de langueur qu'on ne pouvait expliquer, quand les médecins s'aperçurent qu'elle avait une grosseur au sein, et déclarèrent que c'était un cancer. L'annonce de cet horrible mal, dont elle connaissait les ravages et toutes les conséquences, n'ébranla pas un instant son courage. « Elle résolut même de n'y appliquer aucun remède extérieur et de s'abandonner à la volonté de Dieu. L'exemple d'une de ses amies qui s'était mise entre les mains des empiriques la fortifia dans ce dessein; car elle la vit, peu de temps après, mourir entre ses bras dans des douleurs effroyables et une puanteur que la seule charité chrétienne pouvait rendre supportable. »

« Elle avait des battements de cœur très-fréquents et des malaises si grands, que souvent elle en perdait connaissance. On l'obligeait alors à prendre quelque médecine ou à se faire saigner, mais sans jamais toucher au mal lui-même, et sans obtenir qu'elle se relâchât de ses jeûnes, de ses prières, ni d'aucun de ses nombreux emplois de charité[1]. »

[1] Choisy.

Ses frères, voyant, à sa faiblesse et à sa maigreur croissante, combien elle souffrait sans se plaindre, consultèrent sur son état les meilleurs médecins, et, d'après leurs avis, ils la forcèrent à prendre les eaux de Bourbon-l'Archambault.

Elle y alla dans son carrosse, emmenant avec elle, ainsi que l'exigeaient alors la longueur et la difficulté d'un tel voyage, six chevaux, deux cochers, deux valets de chambre à cheval qui faisaient escorte et deux femmes. Elle marchait depuis la pointe du jour jusqu'à la nuit close, et souvent à pied, de peur de verser dans les ornières; ne se reposant que quelques heures, à la dînée, sur les coussins du carrosse, pour reprendre sa route et ne s'arrêter ensuite que la nuit, dans quelque hôtellerie, à Fontainebleau, à la Charité, à Nevers et à Moulins.

Dans cette dernière ville, madame de Miramion passa quelques jours au couvent de la Visitation, où elle eut l'honneur de voir madame la duchesse de Longueville. Cette princesse, frappée sans relâche de coups inattendus et terribles, abandonnée successivement par toutes ses espérances, allait, à trente-cinq ans, quitter le monde et se donner à Dieu.

Sa tante, l'illustre veuve du duc de Montmorency, décapité à Toulouse, qui était alors supérieure des filles de la Visitation de Moulins, devait recevoir ses vœux.

La paix et l'austérité de cette maison, au milieu des fatigues d'un pénible voyage, charmèrent madame de Miramion, et bien des fois, dans la suite, le souvenir de ce séjour pieux et tranquille vint se présenter à son esprit, et y faire naître le désir d'être religieuse en province. Chaque matin, c'était une joie pour elle que d'aller prier longuement dans la chambre modeste où était venue mourir la fondatrice de l'ordre, sainte Chantal ; et le soir, elle se plaisait encore à oublier les heures dans la chapelle du monastère, au pied du noble mausolée que la duchesse de Montmorency venait de faire élever à la mémoire de son époux. La vue de ce monument magnifique, inspiré par l'amour conjugal, en ravivant ses regrets, faisait couler doucement ses larmes.

Un jour, madame de Grignan vint à son tour admirer ce tombeau, et comme elle soupirait aussi en le contemplant, son amie, madame de Guénégaud, qui s'ennuyait à Moulins, se méprenant sur le sentiment qui faisait naître ses soupirs, lui dit : « Soupirez, soupirez, madame, j'ai accoutumé Moulins aux soupirs qu'on apporte de Paris. »

Enfin, après dix jours de voyage et beaucoup de souffrances provoquées par le mauvais état des chemins, madame de Miramion arriva à Bourbon. Mais le premier besoin de sa vie était la charité ; aussi, à peine était-elle reposée, que déjà elle avait repris toutes ses habitudes de piété et de bienfaisance, visitant les pauvres et soignant les malades de l'hôpital. Bourbon, que madame de Montespan et les grandes dames de la cour de Louis XIV devaient enrichir et mettre à la mode vingt ans plus tard, n'était encore qu'une petite ville peu connue et très-pauvre. Le pays, par lui-même, s'il en faut juger par ce qu'en a dit madame de Sévigné, n'était fait pour attirer personne. « Il est vilain et étouffé, écrit-elle à sa fille, et tout ce qu'on peut dire en gros de ce lieu est que :

> C'est un vallon affreux
> Qui n'eut jamais du ciel un regard amoureux. »

Mais cette tristesse et cette pauvreté étaient autant de titres à l'affection de madame de Miramion, qui, pendant son court séjour, « donna des calices d'argent à plusieurs églises qui n'en avaient que d'étain, et fit raccommoder sous ses yeux tous les ornements de la paroisse; de plus, n'osant, de peur d'être distraite, s'appliquer à l'oraison en prenant les eaux, elle se fit une règle de se tenir presque continuellement comme en présence de Dieu, lui offrant ses souffrances, et lui faisant le sacrifice d'une vie qu'elle s'attendait à perdre bientôt. »

Dieu la soutint, au contraire, et la fortifia, pour ainsi dire, au milieu de ses infirmités; « car son cancer ne s'étant jamais ouvert, elle put, pendant les longues années qu'il a duré, continuer toutes ses pratiques religieuses sans jamais être empêchée de rien [1]. »

---

[1] Choisy.

Son mal devint dès lors comme sa pénitence habituelle; elle souffrait presque gaiement, et beaucoup de ceux qui l'ont connue n'ont jamais soupçonné quelles cruelles douleurs elle avait eu à supporter.

II

A son retour de Bourbon, elle fut obligée de changer de logement. L'hôtel de Choisy étant échu en partage à M. de Caumartin, elle dut quitter cette demeure patriarcale, où l'heureux hyménée l'avait conduite à seize ans, toute souriante d'espoir, où le bonheur le plus pur l'avait bercée six mois, et dans laquelle l'amitié et le dévouement l'avaient toujours retenue depuis. Elle s'éloigna, mais non sans larmes, de ces lieux qui, s'ils lui parlaient tristement de tous ceux qu'elle avait aimés, lui rappelaient du moins qu'elle avait eu, elle aussi, sa part des bonheurs de ce monde.

Ne songeant plus qu'à se rapprocher de sa fille et à s'appliquer à son éducation, elle acheta une maison dans la rue Saint-Antoine, près de Sainte-Marie.

Au moment où elle se disposait à aller l'habiter, ses frères vinrent lui faire une proposition qui la combla de joie.

Pendant son voyage à Bourbon, l'aîné, M. de Rubelle, conseiller au parlement, s'était marié et les trois autres qui avaient toujours vécu avec lui comme avec un père, lui laissant l'administration de toute leur fortune, comprirent que le moment était venu de le laisser à sa nouvelle famille, et de le décharger de la responsabilité de leurs intérêts. Mais, habitués à vivre ensemble dans la plus affectueuse intimité, ils ne pouvaient se résoudre, en quittant M. de Rubelle, à se séparer encore les uns des autres. Dans cet embarras, ils allèrent trouver leur sœur et lui demandèrent de venir habiter tous les trois avec elle. Madame de Miramion, à qui rien ne pouvait être plus agréable, y consentit de grand cœur, et « jamais, a dit son biographe, jamais famille ne vécut dans une plus douce union que celle-là. »

Malheureusement la guerre, ce fléau des familles encore plus que des nations, ne les laissa pas jouir longtemps du plaisir de vivre réunis. Dès le printemps de 1655, M. de Tracy, qui était mestre de camp dans la cavalerie, et M. de Purnon, guidon de l'une des compagnies de son frère, furent obligés d'aller rejoindre les armées de Flandre et de Luxembourg dans lesquelles ils servaient.

Au moment de leur départ, madame de Miramion, voyant quelle dépense énorme nécessitait leur train de campagne, et redoutant pour eux les périls du champ de bataille, leur proposa de se faire don l'un à l'autre d'une grande partie de leur fortune afin que, si l'un des deux venait à mourir, le survivant pût soutenir plus honorablement son rang dans l'armée.

« Elle dressa elle-même l'acte qui la déshéritait, et le signa, ainsi que ses deux frères, MM. de Rubelle et de Bellefond. »

Hélas! ses appréhensions ne devaient être que trop tôt justifiées; dès l'entrée en campagne, M. de Tracy tomba mortellement blessé en chargeant l'ennemi devant Landrecies. Les seuls détails qui nous soient parvenus sur cette mort sont ceux que donne dans ses Mémoires le comte de Bussy, l'ancien ravisseur de madame de Miramion, qui, à titre de mestre de camp de la cavalerie légère, rapporte ainsi cet événement :

« Dans la nuit du 2 au 3 juillet 1655, les travaux du siége de Landrecies furent très-avancés, et les deux mines des deux attaques s'étant trouvées en état sur les quatre heures du soir de la journée du 3, elles jouèrent, et l'on fit deux trouées. On y perdit quelques soldats ; et de Tracy, mestre de camp d'un régiment de cavalerie, ayant suivi le maréchal de Turenne à la tranchée, voulut faire le volontaire et donner avec les gens détachés. Il y fut tué d'un coup de mousquet au travers du corps, ce qui fut grand dommage, car c'était un garçon de grande espérance, qui avait beaucoup de cœur et beaucoup d'esprit[1]. »

Le testament qu'avait fait M. de Tracy en faveur de

---

[1] *Mémoires de Bussy*, édit. Lalanne: vol I*, p. 411. Charpentier.—Le grade de mestre de camp est représenté aujourd'hui par celui de colonel.

son frère « fut exécuté malgré la résistance de M. de Purnon, qui n'en voulait pas faire usage; mais par le fait, il n'en profita pas beaucoup, les dépenses de la guerre ayant fort diminué la succession[1]. »

Madame de Miramion eut un chagrin profond de la mort de ce frère. Il était doué des plus aimables qualités ; elle l'avait presque élevé, et il avait toujours eu pour elle une tendresse filiale. La religion et son affection pour sa fille purent seules, avec le temps, adoucir cette douleur.

Dans le courant de l'année 1657, madame la duchesse de Roquelaure, cette charmante mademoiselle de Daillon du Lude, que madame de Miramion avait autrefois rencontrée aux eaux de Forges, devint gravement malade, mais sans qu'on pût donner aucun nom, ni trouver aucune cause au mal étrange qui la consumait. Peu de jours auparavant, elle était dans tout l'éclat de la jeunesse et de la beauté, et madame de Sévigné, cet écho fidèle de la société du dix-septième siècle, écrivait à son cousin de Bussy :

« Madame de Roquelaure est revenue tellement belle, qu'elle défit hier le Louvre à plate couture. »

Toute la cour ne parlait encore que de l'admiration qu'avait causée sa piquante beauté, quand on apprit que déjà elle était expirante. La santé de la duchesse de Roquelaure avait, en effet, décliné rapidement, et

---

[1] Choisy.

sentant elle-même que son mal était inexorable, elle fit appeler madame de Miramion, se rappelant avec bonheur les jours d'innocentes joies qu'elles avaient passés ensemble, et trouvant encore quelque consolation à l'idée de mourir dans les bras d'une si vertueuse amie.

Madame de Miramion, que la différence de leur existence avait tenue éloignée longtemps de la brillante duchesse de Roquelaure, accourut dès qu'elle la sut malade, et ne la quitta plus, lui prodiguant ses soins et ses encouragements jusqu'à la dernière heure. Elle l'ensevelit elle-même, et ne rentra chez elle qu'après l'avoir vu rendre à la terre.

Madame de Roquelaure n'avait que vingt-trois ans, et succombait, disait-on, aux tourments d'une affection malheureuse. Elle fut généralement regrettée; on chérissait sa douceur, sa bonté et ses grâces, autant qu'on admirait sa beauté. La cour entière fut attristée de sa mort, et sentit qu'elle avait perdu un de ses principaux ornements.

III

Mademoiselle de Miramion grandissait, et sa mère, toujours préoccupée de sa santé autant que de son éducation, la faisait sortir de Sainte-Marie trois fois par semaine. Elle la conduisait ordinairement à la campagne ces jours-là, pour la faire changer d'air. Mais elle profitait en même temps de ces promenades pour lui apprendre à faire le catéchisme aux petits enfants, et leur parler de Dieu, lui donnant ensuite ses aumônes à distribuer aux pauvres, afin de lui montrer comment il faut secourir l'âme en même temps que le corps.

Malgré toute sa tendresse pour elle, elle ne la ménageait pas cependant sur les obligations communes à tous les chrétiens, et lui faisait toujours commencer le carême, quoi que les médecins pussent dire. *Elle le rompra si elle est malade*, leur répondait-elle gaiement; *mais au moins, tant que je le pourrai, ma fille sera chrétienne.*

Elle faisait plus encore; elle la conduisait quelquefois dans les hôpitaux, ne craignant plus d'affronter toutes les maladies, quand il s'agissait de la gloire de Dieu et de servir le prochain. *Ma fille*, lui disait-elle, *le chemin des hôpitaux est le chemin du ciel.*

Dès l'âge de huit ans, elle avait commencé à lui donner une somme de quatre cents francs pour ses menus plaisirs, et l'obligeait à écrire ce qu'elle faisait de cet argent et à s'en rendre compte à elle-même, afin que lorsqu'elle aurait une plus grande dépense à faire, elle fût accoutumée déjà à avoir de l'ordre.

Un jour, voulant lui laisser faire l'application des conseils qu'elle lui avait si souvent donnés, elle lui apporta deux jupes de soie. *Choisissez, ma fille*, lui dit-elle, *si vous prenez la moins belle, il vous restera* quatre pistoles pour donner aux pauvres; voulant ainsi l'accoutumer à faire d'elle-même quelques bonnes œuvres.

Dès l'âge de douze ans, elle l'avait traitée comme une sœur, ne lui faisant pas une réprimande qu'elle ne lui en dît la raison, et ne l'accompagnât de preuves d'amitié et de tendresse. *Je veux absolument*, lui disait-elle aussi, *que vous me disiez toujours tout ce que vous pensez; si mes raisons sont meilleures que les vôtres, vous vous y rendrez; mais si les vôtres sont meilleures que les miennes, je m'y rendrai aussi.*

Une affection si douce et si sage ne pouvait manquer de faire naître un sentiment réciproque ; aussi mademoiselle de Miramion eut-elle toujours pour sa mère l'obéissance, le respect et toute la tendresse de la fille la plus dévouée.

Cette mère chrétienne, qui avait épié, pour ainsi dire, la première pensée de sa fille pour la tourner vers le ciel, ne voulait pas cependant l'enfermer exclusivement dans la dévotion, et elle la préparait, au contraire, à l'existence mondaine que sa naissance l'appelait à connaître un jour. Elle lui inspirait la crainte du monde, et non l'aversion, lui enseignant à y vivre sans s'y livrer, à s'en défier sans le fuir, et à en être l'ornement aussi bien que l'exemple.

Lorsqu'elle eut quatorze ans, elle la retira du couvent et lui fit apprendre à danser, non pas tant pour briller dans ces grandes assemblées où elle estimait que la vertu n'était pas en sûreté, que pour lui donner bonne grâce dans ses mouvements. Enfin, faisant violence à tous ses goûts et à toutes ses habitudes, elle crut devoir la conduire elle-même à un grand bal que donnait sa tante, madame la comtesse de Choisy, en l'honneur de mademoiselle de Montpensier, « voulant lui montrer la première les dangers et la frivolité de ces divertissements, auxquels elle devait être appelée plus tard par sa position. »

Mais au retour de ce bal, songeant aux entraînements que peut offrir le monde aux yeux éblouis de la jeunesse, elle lui disait : *Craignez, ma chère enfant, craignez que le mauvais exemple ne vous entraîne; ne vous contentez pas seulement d'éviter le mal, mais faites encore le bien. Surtout soyez charitable, aimez les pauvres, et que la modestie soit votre principale parure. Ne donnez jamais dans les excès, suivez les modes sans les outrer; imitez les plus sages, sans condamner les autres.*

On parlait beaucoup à cette époque des carrousels magnifiques qu'on commençait à organiser pour amuser le roi, et surtout des représentations merveilleuses de l'Opéra, que le cardinal Mazarin avait fait venir d'Italie. Mais madame de Miramion, qui se souvenait de l'impression que le théâtre avait autrefois produite sur elle, ne voulut point y conduire sa fille. Elle pensait, comme la marquise de Sablé, que tous les grands divertissements sont dangereux pour la vie chrétienne; mais qu'entre tous ceux que le monde a inventés, il n'y en a point qui soient plus à craindre que la comédie, parce que c'est une représentation si naturelle et si délicate des passions, qu'elle les émeut, et peut les faire naître dans notre cœur.

Quand le carême vint suspendre les danses, les ballets, les mascarades et tous les plaisirs que multipliait déjà le jeune monarque autour de lui, on imagina alors des moyens de les prolonger, en alliant des divertissements aux pompes mêmes de la religion. C'est ainsi que commencèrent ce qu'on appelait les concerts de dévotion, que nous avons appelés depuis spirituels. Ils étaient exécutés dans les couvents, à l'heure des vêpres, par les plus célèbres musiciens et les plus fameux chanteurs, en présence du roi et de toute la cour. Madame de Miramion, qui n'avait pas à faire contre les concerts les mêmes objections que pour la comédie, y conduisait quelquefois sa fille. Elles assistèrent ainsi à l'un des plus célèbres qui furent donnés au monastère de Charonne, celui dont Loret a dit, avec sa naïveté ordinaire :

> Le père Senault y prêcha,
> Et son éloquence toucha
> De même qu'à l'accoutumée :
> Bref, chacun eut l'âme charmée,
> En ce saint lieu de grand renom,
> Tant du concert que du sermon [1].

Mais, ce que n'a pas dit la *Gazette*, c'est le murmure flatteur que fit naître l'apparition de ces deux dames.

[1] *Gazette* de Loret, t. II, p. 27.

Sans être aussi belle que l'avait été sa mère, mademoiselle de Miramion était cependant une jolie personne. Brune, petite, et peut-être un peu trop délicate, mais bien faite et pleine de bonne grâce et de modestie dans son maintien, elle avait de grands yeux noirs, vifs et brillants, qui, avec des cheveux châtain foncé et un teint d'une extrême blancheur, donnaient beaucoup de piquant à sa physionomie. Son nez était long, sa bouche petite ; et tous ses traits, parfaitement réguliers, donnaient à l'ensemble une grande finesse d'expression. Un portrait d'elle à cette époque, et que les héritiers de M. Bonneau de Purnon, son oncle, conservent encore au château de Marsay en Poitou, la représente, du moins, telle que nous venons de la décrire. Elle est assise et tient sur ses genoux un petit chien qu'elle caresse ; son habit de cour est en riche étoffe de soie blanche, orné d'une écharpe verte posée en sautoir. Elle porte des perles magnifiques dans les cheveux, au cou et aux oreilles ; mais le corsage, ainsi qu'il convenait à son âge et aux principes sévères de madame de Miramion, laisse à peine entrevoir la poitrine, et encore n'est-ce qu'à travers une haute dentelle.

« Dans sa jeunesse, dit Bussy, la jeune Marie avait bien eu la pensée de se faire religieuse ; mais la mère Eugénie, après avoir examiné sa vocation (sans aucune préoccupation des intérêts de son couvent), l'en avait détournée, et lui avait conseillé la première d'entrer dans le monde, et même de se marier jeune, lui faisant seulement promettre d'y vivre toujours en bonne chrétienne, ce qu'elle lui avait promis par écrit. »

Dès qu'elle avait paru dans les salons du Luxembourg, où l'esprit libre et piquant de la comtesse de Choisy attirait toujours la meilleure et la plus aimable compagnie, tout le monde avait voulu faire fête à « cette jeune merveille, » que sa fortune et sa beauté rendaient l'un des partis les plus désirables de la ville.

Chaque jour, les plus grands noms et les plus brillants seigneurs de la cour se mettaient sur les rangs pour obtenir sa main. « Madame de Miramion, pleine de confiance dans la raison et le jugement précoce de sa fille, lui nommait tous les partis qui se présentaient, et les discutait avec elle, ne voulant en rien lui imposer sa volonté ou son goût personnel. Mais ni la vanité, ni le faste de l'épée ne les possédaient. » Et madame de Miramion, prétextant l'extrême jeunesse de sa fille, ajournait sans cesse les propositions les plus flatteuses.

Elle aurait voulu marier mademoiselle de Miramion suivant sa condition et sa fortune. Mais elle avait le désir surtout de l'établir dans une famille vertueuse, où les bons exemples, héréditaires et domestiques, la confirmassent dans des habitudes chrétiennes.

Embarrassées de faire un choix au milieu de tant de sollicitations pressantes, la mère et la fille faisaient beaucoup de prières et d'aumônes, pour demander à Dieu de les inspirer dans une occasion si importante, quand M. le premier président de Lamoignon[1] vint demander mademoiselle de Miramion en mariage pour son neveu, M. le conseiller de Nesmond.

La haute position de M. de Lamoignon, et la considération dont jouissait à si juste titre cet éminent magistrat, donnèrent aussitôt la plus grande valeur à cette demande. De plus, ses deux sœurs, madame la présidente de Nesmond et mademoiselle de Lamoignon[2], étaient depuis plus de dix ans les amies les plus intimes de madame de Miramion. Cette amitié et l'estime profonde sur laquelle elle reposait, la décidèrent bien vite en faveur de cette alliance.

Aucun mariage, en effet, ne pouvait avoir plus de garanties de bonheur, et en même temps plus de convenances de famille et de fortune. M. le président Théodore de Nesmond[3], chevalier, seigneur de Saint-Dizan, père du prétendant, était ce parlementaire

[1] Guillaume de Lamoignon, marquis de Basville, premier président au parlement de Paris, se délassait de ses travaux dans l'accomplissement d'œuvres pieuses et charitables : sa santé et sa vie étaient au public et non pas à lui, disait-il.

[2] Toutes les deux, d'une haute piété, faisaient partie des assemblées de charité formées par Vincent de Paul. Leur mère, sous la direction de saint François de Sales, avait fondé une association pour la délivrance des prisonniers pour dettes.

[3] D'une famille illustre dans la magistrature, frère du vénérable évêque de Bayeux, dont la mémoire est encore en honneur dans ce diocèse, et père de Henry de Nesmond, archevêque de Toulouse.

frondeur, ce magistrat courageux, qui n'avait pas craint, quelques années plus tôt, d'aller à Compiègne, à la tête d'une députation du parlement, demander au roi l'éloignement du puissant cardinal Mazarin. Et quand Louis XIV, rouge de colère, l'avait interrompu au milieu de sa harangue, en lui arrachant le papier qu'il tenait à la main, le consciencieux président, avant de consentir à se retirer, n'en avait pas moins continué de réclamer et de remontrer à cet enfant couronné qu'il agissait contre tous les usages.

M. de Nesmond avait trois fils; l'aîné, déjà reçu en survivance de son père à la charge de président à mortier, était celui qui aspirait à la main de mademoiselle de Miramion. Un rapport secret du temps le qualifie ainsi : «D'humeur prompte comme son père, d'assez bon esprit, estudiant à se former, bienfaisant, non intéressé, aimé dans sa chambre (au palais), faisant justice, et fort gouverné du curé de Saint-Nicolas.» Mais comme à ces divers mérites il ajoutait encore d'être bien fait de sa personne, et d'un caractère aimable, il n'eut pas de peine à obtenir de la jeune fille l'agrément et le consentement qu'il avait déjà reçu de toute sa famille.

« Le 22 juin 1660, dit d'Hozier, dans l'*Armorial de France*, mademoiselle Marie-Marguerite de Beauharnais de Miramion épousa, à Paris, messire Guillaume de Nesmond, chevalier, seigneur de Saint-Dizan, conseiller du roi, maître des requêtes. »

Madame de Miramion donna en mariage à sa fille

tous ses bijoux de famille, tous les biens de son père, qui étaient considérables, et de plus la garde-noble (ou revenu) de ces biens, qu'elle avait accumulée depuis quatorze ans, et dont le produit s'élevait à une somme énorme.

Deux familles si charitables et si pieuses ne pouvaient avoir de joie véritable sans songer à y associer les pauvres; mademoiselle de Miramion, s'inspirait des sentiments de sa mère, refusa les riches présents que voulait lui faire M. de Nesmond, et lui proposa, au lieu d'acheter de nouvelles pierreries, de donner mille louis (vingt-quatre mille francs) aux pauvres de Paris; ce qui fut accepté avec plaisir par toute la famille, et exécuté sur-le-champ.

Peu de jours après la *Gazette* du temps annonçait cette nouvelle en ces termes :

MUSE HISTORIQUE, DU 26 JUIN 1660

Mardi, de Saint-Jean l'antiveille,
Miramion, jeune merveille,
Et de biens ayant un grand fonds,
Épousa monsieur de Nesmond ;
Nesmond, le maître des requêtes,
Et fils d'une des bonnes têtes
Et d'aussi grand entendement
Qu'il en soit dans le parlement ;
Et dont la bonne renommée
Par tout l'univers est semée,
Ledit Nesmond, amoureux
Autant profus et généreux
Que plein d'esprit et de sagesse,
Fit un présent à sa maîtresse,

En titre de futur époux
Outre les bagues et bijoux,
Gants parfumés et babioles,
De quatre ou cinq mille pistoles
Dont à l'hôpital général
Cette belle au cœur libéral,
En bonnes actions fertile,
En envoya, ce dit-on, mille.

Madame de Miramion, de son côté, voulut, à cette occasion, fonder une œuvre pieuse et durable. Plusieurs fois déjà, en allant à l'Hôtel-Dieu, où tout ce qui frappait ses yeux lui servait d'édification et de mortification, elle avait remarqué que des prêtres étaient confondus dans les salles avec des gens grossiers et méprisables. La grandeur de leur caractère, qu'elle voyait des yeux de sa foi, lui parut exposée ainsi au mépris public; et elle avait conçu dès lors le projet de créer un jour une salle particulière pour les prêtres malades. C'est cette pensée généreuse qu'elle résolut de mettre aussitôt à exécution. Mais comme cette œuvre était difficile et très-coûteuse à réaliser, elle alla consulter M. le premier président de Lamoignon, qui l'aida très-efficacement dans cette entreprise. D'après ses avis, elle ne donna d'abord que la somme nécessaire à la fondation de deux lits, et fit ensuite une quête dans sa famille et chez ses amis. Comme personne ne la refusait, elle recueillit bientôt de quoi fonder dix autres lits, avec un domestique chargé de faire le service de la salle; et cette fondation, dont elle eut toute l'initiative, a subsisté depuis cette époque jusqu'à la révolution.

Aussitôt après le mariage de sa fille, madame de Miramion eut le chagrin de la voir quitter sa maison pour aller habiter chez les parents de son mari. Cette nouvelle séparation fut pour elle pleine d'amertume. Elle éprouva tout ce que souffre une mère en voyant l'enfant pour laquelle elle a vécu jusque-là, la quitter pour suivre un époux, hier étranger pour elle, aujourd'hui seul arbitre de son bonheur. Mais dissimulant sa tristesse de peur d'augmenter celle de madame de Nesmond, elle la conduisit elle-même dans sa nouvelle famille, et, en la quittant, elle lui dit :

Votre premier soin, ma chère enfant, après Dieu, doit être votre mari. La douceur, la complaisance, vous attireront sa tendresse. Je souhaite que vous m'aimiez, ma chère fille, mais vous devez l'aimer davantage, le devoir et la religion vous obligent à lui donner la préférence. Il vous pressera par amitié, peut-être par besoin politique, de vous livrer au monde, en vous jetant dans le tourbillon des plaisirs ; résistez courageusement, il vous en estimera davantage, et ne vous en aimera pas moins. C'est la fausse excuse de la plupart des femmes, qui ne sont ajustées, disent-elles, et ne vont au spectacle que par complaisance pour leurs maris.

Elle lui rendit ensuite compte de la gestion de sa tutelle, et souhaita que la jeune femme prît soin de ses biens elle-même. Madame de Nesmond n'avait pas encore quinze ans accomplis ; mais son intelligence dépassait son âge, et l'éducation chez elle avait secondé la nature ; la famille de Nesmond, en étant persuadée, y consentit. Madame de Miramion vint alors elle-même faire établir des tablettes dans le cabinet de sa fille, lui rangea ses papiers, lui dressa un livre de compte, sur lequel elle inscrivit les pauvres comme premier article de dépense.

« Enfin, en quelques années, elle la mit à même, par ses conseils, d'administrer seule sa fortune et sa maison avec une convenance qui l'établit dans le monde sur un pied d'estime et de considération qu'elle y a conservé toute sa vie [1]. »

[1] Choisy.

CHAPITRE VIII

MADAME DE MIRAMION SUPÉRIEURE PERPÉTUELLE DES FILLES DE SAINTE-GENEVIÈVE

1660-1662

I. Mademoiselle de Bellefond, prieure des Carmélites. — Madame Scarron. — II. Les premiers évêques de la Chine. — La duchesse d'Aiguillon. — III. Madame de Miramion ouvre un asile au repentir. — IV. Elle fonde la communauté de la Sainte-Famille et l'unit aux filles de Sainte-Geneviève. — V. Création des refuges de la Pitié et de Sainte-Pélagie.

> Qui trouvera une femme forte ? Son prix passe tout ce qui vient des pays les plus éloignés. (Prov., III.)

I

Après avoir marié sa fille suivant ses désirs, après avoir assuré son bonheur par tous les moyens que la tendresse maternelle peut inspirer, madame de Miramion, libre de tous soins domestiques, « crut ne devoir plus songer qu'à elle-même et à son propre perfectionnement ».

S'abandonnant alors à cet immense amour de Dieu qui l'avait toujours portée vers la solitude, le recueillement et la pénitence, elle revint à la pensée qu'elle avait eue déjà d'entrer en religion et de se faire carmélite.

Cette sainte maison du Carmel, dont la riche chapelle et les cérémonies imposantes l'avaient séduite dès sa jeunesse, l'attirait aujourd'hui par ses austérités, ses vertus et les amitiés précieuses qu'elle y avait conservées.

M. Cousin, dans son attrayante histoire de madame de Longueville, nous a fait connaître ce qu'était au dix-septième siècle ce monastère des Carmélites de la rue Saint-Jacques; et cette échappée de vue sur ce couvent célèbre, par où l'œil plonge sur la vie religieuse à cette époque, met en lumière un des caractères particuliers de ce temps, c'est-à-dire le lien qui, par la communauté du sentiment religieux, unissait la société mondaine à la société du cloître. Beaucoup de filles de grandes maisons qui, sous l'empire de la la foi vive de ce siècle, préféraient la pauvreté volontaire à tout l'éclat de la cour, formaient naturellement ce lien.

La reine, les princesses et toutes les femmes d'une grande piété, étaient en relations continuelles avec le Carmel, et venaient y chercher sans cesse des conseils ou des consolations.

Parmi les pieuses amies que madame de Miramion comptait aux Carmélites, la première était leur vénérable prieure, la mère Agnès de Jésus Maria (mademoiselle de Bellefond), l'amie de madame de Mainte non, celle dont l'esprit a été si vanté par Bossuet et madame de Sévigné. Mais pour apprécier tout ce qu'il y avait de force, d'élévation et de délicatesse en elle, il fallait des circonstances heureusement rares, comme la longue lutte de mademoiselle d'Épernon contre sa famille, ou le désir d'arracher à la cour mademoiselle de la Vallière pour la purifier dans les pénitences du Carmel. C'est alors que l'humble servante de Dieu trouvait ces accents persuasifs et touchants qui revivent dans plusieurs lettres de Bossuet. Mais d'ordinaire elle ne laissait voir qu'une nature distinguée, une bonté parfaite et une grande justesse de raisonnement.

Pleine de confiance et de respect pour les avis d'une si digne amie, c'est à elle que madame de Miramion alla confier la première le projet de retraite qu'elle se plaisait à former. La mère Agnès, loin de l'approuver, l'en détourna autant qu'elle put, mais l'engagea cependant à ne s'en rapporter entièrement qu'à la décision de son directeur et aux sages avis de M. Vincent. « On ne s'égarait pas, dit Bossuet, en suivant ses conseils, car ils étaient précédés par ses exemples. »

Suivant cette recommandation, madame de Miramion alla consulter d'abord MM. du Festel et Vincent, et ensuite la mère Eugénie et le premier président de Lamoignon. Tous la dissuadèrent de donner aucune suite à ce projet, l'assurant qu'elle ferait plus de bien en restant dans le monde, « et que son esprit vif, pénétrant, capable d'affaires, ne devait pas être enfermé dans l'obscurité d'un cloître ».

En présence d'une telle unanimité d'opinion, venant d'amis si éclairés et si respectables, madame de Miramion dut renoncer à prendre le voile. Mais tout en se résignant par obéissance à rester dans le monde, elle résolut du moins d'y vivre dans toute l'austérité du cloître. En effet, ayant appris, quelques jours après, que vingt-huit religieuses de Picardie, dont le couvent avait été ruiné et détruit par la guerre, languissaient sans ressources sur le pavé de Paris, elle les recueillit chez elle et pourvut à tous leurs besoins ; « leur servant elle-même le repas du soir, faisant avec elles la prière et des lectures pieuses, transformant enfin sa maison en un véritable monastère, jusqu'à ce qu'elle eut trouvé le moyen de les replacer dans d'autres couvents ou de les faire rentrer dans leurs familles : ce qui dura plus de six mois. »

C'est à cette époque, et à l'occasion de ces pauvres religieuses, dont elle s'occupait sans cesse, que madame de Miramion entra en relation avec madame Scarron, cette belle veuve qui, sous le nom de marquise de Maintenon, devait occuper plus tard une si grande place à la cour de Louis XIV.

Madame Scarron [1], qui venait de perdre son mari et

---

[1] Françoise d'Aubigné, née à Niort en 1636, fille de Constant d'Aubigné, baron de Surimeau, et de Jeanne de Cardillac, mariée, en 1648, à Paul Scarron, homme de lettres, célèbre par son esprit et ses infirmités ; veuve en 1660, marquise de Main-

se trouvait à vingt-quatre ans veuve, sans famille et sans fortune, s'était retirée au couvent des Hospitalières, près de la place Royale, où la maréchale d'Aumont, sa parente, avait une chambre meublée qu'elle lui prêtait. C'est là qu'elle habitait, paisible et retirée, occupée de lectures graves et de bonnes œuvres, quand madame de Miramion la vit pour la première fois, et fut charmée de sa grâce et de sa beauté. La reine mère, ayant appris bientôt dans quel dénûment et cependant avec quelle dignité vivait ainsi la petite-fille d'Agrippa d'Aubigné, l'ami fidèle d'Henri IV, continua à madame Scarron la pension qu'elle faisait à son mari, et même l'augmenta d'un quart, ce qui la mit à même de se loger chez elle[1], mais en donnant ce quart aux pauvres, « car à toutes les époques de sa vie, l'économie fit sa richesse [2]. »

Madame Scarron était alors admirablement belle; mais comme, malheureusement pour elle, ce n'est qu'à un âge déjà trop mûr que son élévation l'a exposée à nos regards, nous ne la connaissons que vieille et devenue madame de Maintenon. Nous nous la figurons toujours dans sa robe feuille morte et dans ses coiffes noires... Son portrait même le plus connu, celui où elle fut peinte par Mignard en sainte Françoise Romaine, alors qu'elle avait soixante ans, a une

tenon en 1690, mariée secrètement au roi en 1684 et morte à Saint-Cyr en 1719.

[1] Rue des Tournelles, auprès de Ninon de l'enclos.
[2] Mademoiselle d'Aumale.

expression noble et digne, mais en même temps chagrine et triste, qui contribue à la fixer sous ces traits dans notre imagination. Il faudrait (comme madame de Miramion) l'avoir connue jeune. Heureux ceux dont l'image arrive à la postérité sous l'emblème de la grâce et de la beauté! la postérité en est pour eux plus indulgente.

Quelques lettres de ses premières années et quelques souvenirs de ses contemporains ne nous la laissent qu'entrevoir telle qu'elle était à cette époque; il est vrai qu'ils nous la montrent comme une personne charmante, pleine de grâce, d'esprit et d'enjouement, aussi bien que de sagesse, de réserve et de raison.

Une figure ovale, les cheveux châtains, un teint d'une grande blancheur, des sourcils noirs avec de longs cils, des yeux bruns et presque noirs fendus en amande, à la fois brillants et doux, des traits réguliers et fins, un port de tête élégant et noble, et de très-belles épaules en faisaient une personne d'une rare distinction et d'une beauté toute particulière. C'est ainsi que la représentent les portraits de Mignard[1] et de Petitot[2], ainsi que la vit madame de Mira-

[1] Un portrait en pied de madame Scarron à vingt-quatre ans, peint par Mignard, et provenant de la maison que possédai madame de Maintenon à Fontainebleau, se trouve aujourd'hui héréditairement entre les mains de l'auteur. Niort, ville natale de madame de Maintenon, possède également un portrait d'elle tout semblable à ce dernier.

[2] M. le duc de Noailles, dans son *Histoire de madame de Maintenon*, a donné un portrait d'elle gravé d'après une miniature de Petitot, et ce portrait ressemble exactement à celui de Mignard.

mion au couvent des Hospitalières, lorsqu'elle noua avec elle ces premiers rapports de charité que l'estime et la considération entretinrent, et que l'élévation et la piété de madame de Maintenon ne firent que rendre encore plus fréquents dans la suite.

II

Jamais époque en France, depuis le règne de saint Louis, ne fut plus célèbre dans les annales de la religion que cette première moitié du dix-septième siècle. Jamais on ne vit naître à la fois tant d'institutions charitables et tant d'œuvres de piété. Madame de Miramion s'intéressait à toutes. Cependant il en était une parmi elles qui lui paraissait plus importante que toutes les autres, parce qu'elle ne soulageait pas seulement la souffrance physique, mais qu'elle s'adressait surtout à l'âme pour la consoler et la mener à Dieu. En un mot, c'était l'œuvre de la Propagation de la foi qui faisait son admiration et qu'elle aurait voulu étendre et soutenir sur toute la surface de la terre, et particulièrement dans les Indes et en Chine.

Depuis plus d'un siècle déjà, on prêchait la religion de Jésus-Christ dans les royaumes les plus reculés de l'Orient. Elle avait fait surtout de grands progrès en Chine et au Japon, où le sang des martyrs l'avait cimentée. Les pères de la Compagnie de Jésus y avaient eu beaucoup de part, et il semblait que saint François Xavier leur eût mérité les grâces particulières qu'ils avaient mises en œuvre. Il s'était fait déjà beaucoup de conversions; mais, comme la religion chrétienne était encore souvent persécutée, les prêtres européens, qui étaient aisément reconnus, étaient emprisonnés, martyrisés ou chassés, et les nouveaux chrétiens, abandonnés à eux-mêmes, retombaient dans l'idolâtrie. Le seul moyen de remédier à un si grand mal eût été d'avoir des évêques sur les lieux qui pussent faire des prêtres parmi les néophytes du pays.

Le père Alexandre de Rhodes, jésuite célèbre par son dévouement à la religion, après avoir exercé longtemps son ministère dans le Tonquin, était venu en 1653 en faire la proposition au pape; mais elle n'avait pas été favorablement écoutée.

Quelques années après, plusieurs ecclésiastiques français d'un grand mérite, et à la tête desquels se trouvait M. l'abbé Pallu[1] (ce jeune théologien, neveu de madame Bonneau, avec lequel madame de Miramion et ses frères avaient été élevés), allèrent à Rome offrir au pape de partir eux-mêmes comme simples missionnaires pour les Indes et la Chine, et le saint-père fut si touché de leur dévouement, que, non-seu-

---

[1] Il était fils d'un conseiller au présidial de Tours, et d'une famille extrêmement pieuse. Trois de ses frères étaient jésuites, et trois de ses sœurs étaient religieuses; lui-même était alors chanoine de l'église Saint-Martin de Tours.

lement il leur accorda l'autorisation qu'ils demandaient, mais encore voulut conférer à trois d'entre eux le titre d'évêques et vicaires apostoliques. De plus, il choisit M. l'abbé Pallu pour être élevé en sa présence et à ses frais à la dignité épiscopale, et le fit préconiser en grande pompe à Rome, sous le titre d'évêque d'Héliopolis, par Son Éminence le cardinal Antonio, chef de la congrégation de la Propagation de la foi. Les deux autres vicaires apostoliques nommés pour accompagner M. d'Héliopolis en Chine, étaient M. l'abbé de la Mothe-Lambert[1], qui fut sacré à Paris sous le titre d'évêque de Bérithe, et M. l'abbé Cotolandi[2], évêque de Métellopolis, qui reçut la mitre à Aix en Provence et vint ensuite à Paris se réunir à ses deux amis.

Madame de Miramion, pleine d'admiration pour ces futurs martyrs de la foi, voulut faire tous les frais du sacre de M. de la Mothe-Lambert, dont elle connaissait beaucoup la famille. Cette cérémonie, qu'elle fit célébrer dans l'église de la Visitation, fut magnifique et attira toute la magistrature de Paris.

Pensant ensuite que le silence et la solitude de la campagne conviendraient mieux que le tumulte de Paris aux nouveaux évêques pour concerter avec leurs

---

[1] Pierre de la Mothe-Lambert était conseiller à la cour des aides de Rouen, lorsqu'il se démit de sa charge pour entrer dans les ordres. Il mourut en Chine, vicaire apostolique.

[2] Ignace Cotolandi, curé de Sainte-Madeleine d'Aix, d'un zèle rare et d'une austère piété.

missionnaires les moyens d'assurer le succès d'une si grande entreprise, elle mit à leur disposition le château de la Couarde, qu'elle possédait à dix lieues de la ville.

La grande fortune, et surtout le zèle si connu de madame de Miramion, permettaient d'accepter son offre. Les trois prélats allèrent donc s'établir à la Couarde, accompagnés de vingt autres ecclésiastiques, et passèrent chez elle près de dix-huit mois, pendant lesquels elle pourvut à tous leurs besoins, voulant qu'ils n'eussent à s'occuper uniquement que des affaires de la religion.

Ce fut du château de madame de Miramion, et comblés de ses bontés et de ses vœux, que partirent, en 1660, ces dignes messagers de la parole de Dieu, qui, renonçant aux joies de la famille et aux douceurs de la patrie, allaient courageusement affronter la mort et tous les genres de supplices, pour convertir au Dieu de vérité, de charité et de paix quelques pauvres barbares.

Les débuts de ce voyage furent des plus malheureux ; le vaisseau qu'on avait frété à grands frais en Hollande pour conduire les missionnaires aux Indes, sombra dès sa sortie du port, mais avant qu'ils y fussent embarqués.

Les espérances qu'avait conçues madame de Miramion, les sommes considérables qu'elle avait péniblement recueillies pour l'exécution de cette entreprise, tout se trouvait anéanti à la fois ; et maintenant il lui fallait recommencer d'autres démarches, implorer de nouveaux secours. Une âme ordinaire en eût été ébranlée. « Mais l'âme chrétienne, appuyée sur l'esprit de foi, s'encourage au milieu même des difficultés, parce qu'elle sait que Dieu supporte, aime et secourt les malheureux qui espèrent en lui[1]. »

Affligée, mais non point abattue, madame de Miramion alla trouver madame la duchesse d'Aiguillon, avec laquelle elle était en grands rapports de charité, et qui avait déjà puissamment contribué au succès de cette œuvre, soit par sa haute influence dans la société, soit par les ressources inépuisables de sa bienfaisance.

La duchesse d'Aiguillon[2], nièce du cardinal de Richelieu, avait fait longtemps, par sa beauté, ses grâces et son esprit, l'ornement et le charme principal des brillantes réceptions du Palais-Cardinal et du château de Ruel. Mais, depuis la mort de son oncle, elle vivait fort retirée au palais du Petit-Luxembourg, où sa douceur et son amabilité attiraient cependant autour d'elle tous les hommes de lettres, les savants et les gens du monde, qui, depuis l'absence de madame de Montausier, ne se réunissaient plus à l'hôtel de Rambouillet.

« Là, désabusée des vanités et des folies trom-

[1] Saint François de Sales.
[2] Marie de Vignerod, fille d'une sœur de Richelieu, veuve d'Antoine de Beauvoir-du-Roure, de Combalet, créée duchesse d'Aiguillon en 1638, morte en 1675.

peuses du monde, elle passait sa vie à distribuer ses richesses sans se mettre en peine d'en jouir. » Aussi est-ce sans flatterie que Fléchier[1] a pu dire, en parlant de sa bienfaisance : « Parcourrai-je les sommes incroyables qu'elle a distribuées en divers temps, les fondations qu'elle a faites en divers lieux ? Je lasserais votre imagination et votre mémoire, si j'entreprenais d'exprimer tous les travaux et toutes les formes de cette ingénieuse et infatigable charité. Je me contente de vous dire que le zèle de la foi y eut toujours la meilleure part, et que la conversion des cœurs fut le motif et le fruit ordinaire de ses aumônes. »

Lorsqu'on lui apprit le naufrage qui engloutissait le vaisseau et toutes les espérances qu'elle avait conçues pour le salut de tant d'âmes égarées, madame d'Aiguillon s'écria :

« Je reconnais, Seigneur, ce que vous avez dit dans votre Évangile, qu'après avoir travaillé selon nos forces, nous sommes encore des serviteurs inutiles. Vous savez mieux que nous en quoi consiste votre gloire; toute la nôtre est d'être soumis à vos volontés. C'était votre œuvre; vous l'accomplissez quand le temps et les moments que vous avez marqués pour cela seront arrivés. Nous avons essayé d'envoyer par mer des ouvriers à votre vigne; vous nous avez fermé ce chemin, vous pouvez nous en ouvrir d'autres; et lors même que nous adorons la

---

[1] Oraison funèbre de la duchesse d'Aiguillon.

sévérité de vos jugements, nous espérons en votre miséricorde. »

En effet, s'encourageant et se fortifiant l'une l'autre, madame d'Aiguillon et madame de Miramion redoublèrent de zèle pour trouver et fournir aux pauvres missionnaires de nouveaux moyens de transport. Et Dieu, après avoir éprouvé leur foi, récompensa leur soumission par des succès qui dépassèrent leur attente.

Quelques mois après, l'expédition évangélique entreprenait par terre son immense voyage, et, malgré beaucoup d'obstacles, elle atteignait le but. Malheureusement, M. Cotolandi, évêque de Métellopolis, dont la santé était délicate, mourut des suites de cette pénible route, en arrivant sur les côtes du Bengale. Mais MM. d'Héliopolis et de Bérithe arrivèrent en bonne santé jusqu'à Siam. Bientôt même, à l'aide des secours de toute nature que leur envoyaient constamment ces dames, ils purent établir dans cette ville un séminaire qui y devint florissant, et servit plus tard d'entrepôt à toutes les autres missions.

« Madame de Miramion les servait en toutes manières, fournissant les médicaments, les livres, les objets de dévotion, et faisant faire chez elle les ballots et les expéditions ; quand l'amitié et la parenté n'eussent pas fait sa liaison avec M. d'Héliopolis, elle eût été portée à l'obliger de la même manière, rien qu'en vue de la plus grande gloire de Dieu[1]. »

[1] Choisy.

Ainsi ce que le Saint-Esprit a dit de la femme forte s'est accompli pour elle : son prix a été appelé de loin, et sa valeur a été connue jusqu'aux extrémités de la terre. Car son zèle l'a transportée en esprit au delà des mers pour la conversion des infidèles; et si elle n'a pu y aller elle-même, elle y a envoyé du moins ses bonnes œuvres.

Tant qu'il y aura des missionnaires en Chine, et que des hérétiques y seront convertis à la religion catholique, ils devront donc la considérer comme leur première bienfaitrice et leur mère spirituelle; car elle a été pendant toute sa vie, par son initiative et par ses libéralités, le soutien principal de l'œuvre de la Propagation de la foi.

III

Mais, tout en portant son imagination et ses espérances au delà de tant de mers, tout en préparant des voies nouvelles à ces hommes apostoliques qui allaient acquérir au loin de nouveaux héritages à Jésus-Christ, madame de Miramion n'oubliait pas sa patrie. Elle voyait avec douleur combien d'âmes, autour d'elle, étaient perdues par la corruption des mœurs, et songeait souvent à ramener à Dieu ces cœurs égarés, en leur ouvrant la voie du repentir.

La longue minorité du roi et les troubles inséparables d'une guerre civile n'avaient que trop laissé grandir le désordre et la licence. Aussi, malgré la paix, voyait-on le vice et la débauche se montrer souvent jusque dans les rues, sans qu'on osât s'y opposer. Le guet, au milieu de rixes bruyantes, avait bien essayé de jeter en prison quelques-unes des femmes les plus scandaleuses; mais ces scènes de violence n'avaient amené aucun résultat satisfaisant.

En présence de tant de dissolution, madame de Miramion, dont le don particulier était une charité sans bornes, qui s'attachait surtout au salut des âmes, résolut de créer un asile où les femmes tombées et repentantes, où les cœurs coupables et blessés, pussent être accueillis par la douceur et l'indulgence chrétiennes, relevés et soutenus par la miséricorde de Dieu.

Le Seigneur n'a-t-il pas dit : « Que celui de vous qui est sans péché lui jette la première pierre? »

Ce projet était nouveau et paraissait difficile dans l'éxécution; elle voulut en faire néanmoins l'essai à ses frais.

Elle loua une maison dans le faubourg Saint-Antoine, et y fit conduire, avec la permission des magistrats, sept ou huit des filles qu'on voulait enfermer pour servir d'exemple aux autres. La surveillance en fut confiée à deux femmes prudentes, qui étaient capables de soutenir les premiers efforts de ces natures violentes, et de les gagner ensuite par la douceur. Chaque jour elle allait elle-même les instruire et leur parler de Dieu, comme elle en savait parler. Mais sa sagesse lui laissait choisir les moments les plus favorables pour les toucher et leur faire horreur du vice ; car on peut dire aussi de madame de Miramion « qu'il y avait une loi de douceur qui conduisait sa langue, et un esprit de prudence et de discernement qui réglait toutes ses paroles[1]. »

Au lieu de leur donner l'uniforme grossier des hôpitaux, elle les fit habiller proprement suivant leur condition. Leur nourriture était saine et abondante. Elle ne laissait punir que les insolentes et les insubordonnées, et d'ordinaire, les aimer, prier avec elles et pour elles, étaient ses plus grands moyens de persuasion ; sachant bien que l'affection est la plus grande force à employer, celle qui réussit toujours quand toutes les autres ont échoué. Plusieurs rentrèrent ainsi en elles-mêmes, et montrèrent un repentir aussi sincère que durable. Pour celles-là, elle était remplie d'égards ; car si l'innocence est digne de respect, le repentir l'est aussi. Elle leur fournissait les moyens de s'établir honnêtement et les aidait à se maintenir dans la bonne voie. Les incorrigibles étaient remises à l'autorité, qui les remplaçait par d'autres. Cette maison rendit ainsi les plus grands services à la moralité publique. Toute modeste qu'elle ait été, elle a donc eu le mérite d'être la pierre d'attente, courageusement posée, de tous les établissements que le

---

[1] Proverbes, III.

temps et la nécessité ont fait élever depuis, dans le même but.

Un jour, une de ses amies lui ayant dit qu'elle prenait bien de la peine pour obliger des gens sans reconnaissance, elle lui répondit : *Ah ! ma bonne, j'ai reçu bien plus de grâce de Dieu que ces gens-là n'ont reçu de services de moi, et c'est une grande miséricorde qu'il me fait en me donnant ces petites occasions de satisfaire à sa justice.*

D'ailleurs la crainte de faire des ingrats ou le déplaisir d'en avoir trouvé ne l'ont jamais empêchée de faire tout le bien qu'elle a pu : la suite de sa vie en est un témoignage éclatant.

IV

Saint Paul a dit : « Si quelqu'un ne travaille pas, il ne doit pas manger. » Il semble que madame de Miramion ait eu ce précepte continuellement présent à la mémoire, tant sa vie a été constamment occupée, tant sa charité s'est maintenue dans une perpétuelle activité. Comme la femme forte dont parle l'Écriture, « elle n'a pas mangé son pain dans l'oisiveté. » Nous l'avons vue d'abord ouvrir sa main à l'indigent et tendre ses bras vers les pauvres. Nous allons la trouver maintenant « considérant un champ et l'achetant, plantant une vigne du fruit de ses mains ».

Il y avait plusieurs années déjà que, songeant à

remédier à l'ignorance qu'elle voyait régner dans les campagnes, elle avait voulu fonder une petite communauté, dont l'œuvre, en souvenir du bien que lui avait fait sa première gouvernante, eût été d'instruire l'enfance et de secourir les pauvres. Mais l'éducation de sa fille, son mariage, et d'autres préoccupations, l'avaient empêchée jusque-là de réaliser cette pensée.

Enfin, au commencement de l'année 1661, elle exécuta une partie de son projet, malgré tous les obstacles qui s'y opposèrent. Il lui fallut pour cela quitter ses frères, qu'elle aimait beaucoup, et ce fut pour elle un grand sacrifice. Mais dès qu'il s'agissait de servir Dieu, rien ne pouvait l'arrêter. Elle leur laissa sa maison de la rue Saint-Antoine, et s'en alla vivre dans une habitation plus modeste de la même rue, avec quelques pieuses filles qu'elle établit en communauté, sous le nom de la *Sainte-Famille* (voulant honorer la vie laborieuse et charitable de Jésus-Christ).

Dès que madame de Miramion fut logée avec ses filles, elle commença à manger en commun, à apprendre avec elles à saigner, à panser les plaies, à faire toutes les drogues et onguents qui sont d'un usage journalier. Et elle leur donna l'exemple de l'application aux règlements, qu'elle avait fait dresser par M. du Festel et approuver par M. Vincent, très-peu de jours avant la mort de ce saint homme [1].

[1] Vincent de Paul, né en 1576, était mort le 27 septembre 1660, et ses funérailles avaient été faites en grande pompe dans l'église

A peine cette petite communauté était-elle établie, que M. l'abbé du Festel, qui était très-âgé, vint à mourir. Madame de Miramion le regretta sincèrement ; il avait été quatorze ans son directeur et l'avait toujours sagement conseillée et utilement aidée. Elle prit alors pour confesseur l'abbé Ferret, curé de Saint-Nicolas du Chardonnet, docteur en théologie, grand vicaire de Paris, supérieur des grandes Carmélites, et déjà choisi par elle comme supérieur de sa communauté.

L'abbé Ferret, l'un des hommes les plus considérables et les plus estimés du clergé métropolitain, était en même temps supérieur d'une autre petite communauté qui avait été fondée dans sa paroisse, trente ans auparavant, par mademoiselle de Blosset, sous le nom de Filles de Sainte-Geneviève (en raison du lieu qu'elles habitaient au pied de la montagne sur laquelle reposent les reliques de la sainte bergère[1]).

de Saint-Lazare le 28 à midi, « en présence du prince de Conti, du nonce du pape, Piccolomini, de six évêques, des présidents de Nesmond et de Mesmes, et d'un grand nombre d'ecclésiastiques. Là étaient aussi la princesse de Conti, la duchesse d'Aiguillon, et une foule de dames de qualité, de celles, particulièrement, que M. Vincent avait, depuis tant de temps, assemblées les mercredis, pour l'assistance des malades de l'Hôtel-Dieu, » dit Bossuet, témoin oculaire de la cérémonie; parmi celles-là étaient aussi madame de Miramion et ses pieuses amies. Le 16 juin 1737, le pape Clément XII publia la bulle de canonisation de Vincent de Paul.

[1] On lit dans la *Vie de saint Vincent de Paul* que les filles de

Cette communauté avait été instituée à peu près dans le même but que celle de la Sainte-Famille, c'est-à-dire pour l'instruction et le soulagement des pauvres; mais les revenus de ce couvent étaient si minimes, que c'est à peine s'il pouvait suffire à le faire vivre. M. Ferret, connaissant la bonté et le désintéressement de madame de Miramion, lui peignit la détresse de cette pauvre maison, et la supplia de s'intéresser à son sort. Son cœur n'était pas difficile à toucher, il l'attendrit jusqu'aux larmes, et lui proposa alors de réunir sa communauté naissante à celle des filles de Sainte-Geneviève, en l'assurant que c'était le seul moyen de fonder un établissement utile et durable.

Madame de Miramion, qui ne pensait jamais qu'au bien qu'elle pouvait faire, sans envier le vaniteux honneur d'être fondatrice d'un ordre nouveau, accepta cette proposition, et confondit ses filles avec celles de ce petit monastère, sous le nom général de Filles de Sainte-Geneviève.

La maison dans laquelle elle avait établi la Sainte-Famille, rue Saint-Antoine, était trop petite pour contenir deux communautés. Obligée de la quitter,

---

Sainte-Geneviève, avant de se constituer en communauté, étaient allées consulter M. Vincent, qu'elles regardaient comme un saint et un homme plein de lumière et de prudence, et qu'il leur avait dit : « Dieu veut se servir de vous pour donner une nouvelle compagnie à son Église, Notre-Seigneur en tirera sa gloire, et il en reviendra au prochain beaucoup d'avantages; » paroles prophétiques que le temps et la Providence confirmèrent.

elle voulut du moins se rapprocher de sa fille, et s'empressa d'acheter deux maisons contiguës qui se trouvaient à vendre dans le voisinage de madame de Nesmond, près de l'église de Saint-Nicolas du Chardonnet[1].

Ces maisons, qui occupaient un espace considérable sur le quai de la Tournelle, n'étaient séparées de l'hôtel qu'habitait la famille de Nesmond, que par un corps de bâtiment appartenant à l'évêque de Bayeux, frère du président de Nesmond qui le vendit quelques années plus tard à madame de Miramion.

L'hôtel de Nesmond, bâti en retraite au fond d'une cour et flanqué de deux ailes, s'élevait à l'angle de la rue des Bernardins et du quai de la Tournelle, en face le pont de l'Archevêché[2]. Et, chose rare, après deux siècles, la maison qui occupe aujourd'hui cet emplacement porte encore en lettres d'or sur marbre noir, au-dessus de la porte cochère, la dénomination d'hôtel de

---

[1] Elle acheta ces maisons d'un sieur Desgranges, au prix de cinquante mille livres.

[2] « La première maison remarquable qu'on trouve sur le quai de la Tournelle en sortant de la rue des Bernardins, est l'hôtel de Nesmond. Il y a peu d'hôtels dans Paris qui aient aussi souvent changé de nom que celui-ci. Anciennement on le nommait l'hôtel de Tyron, puis de Bar, de Montpensier, du Pin, et enfin de Nesmond, quand MM. de Nesmond, qui ont rempli les premières charges du parlement, en devinrent propriétaires et lui donnèrent leur nom. Cette famille s'étant éteinte au commencement de ce siècle, son hôtel a été vendu à feu Bondy, fameux danseur de l'Opéra. » (Extrait de la *Description de Paris*, de Piganiol de la Force.)

Nesmond, qu'il avait autrefois. Peut-être est-ce en souvenir de l'origine et de l'influence que le malicieux duc de Saint-Simon, dans ses *Mémoires*, a attribuées à cette inscription.

« Madame la présidente de Nesmond[1], dit-il, fut la première femme de son état qui ait fait écrire sur sa porte : Hôtel de Nesmond ; on en rit, on s'en scandalisa ; mais l'écriteau resta, et est devenu l'exemple et le père de tous ceux qui, de toute espèce, ont à peu près inondé Paris. »

C'est là, près de sa fille et de ses meilleures amies (Mademoiselle de Lamoignon et la présidente de Nesmond), que madame de Miramion vint établir et fonder à nouveau cette communauté des Filles de Sainte-Geneviève[2], dont elle fut élue supérieure perpétuelle, et que le peuple dans sa reconnaissance pour elle appela du nom de Miramionnes.

D'après les constitutions de l'ordre dressées par MM. Ferret et Vincent de Paul, ces religieuses devaient principalement tenir gratuitement des écoles de filles, et former des maîtresses pour les campagnes, assister les pauvres et les malades, saigner, panser les plaies et distribuer gratuitement des remèdes.

Leur costume consistait en une robe de laine noire, une guimpe de toile blanche, avec la cornette sem-

---

[1] La fille de madame de Miramion, qu'il n'aimait pas parce qu'elle était dévote et bien vue de madame de Maintenon, qu'il détestait.

[2] Voyez les lettres patentes reproduites à l'Appendice.

blable, recouverte d'une coiffe noire, les cheveux non coupés.

Leurs obligations religieuses étaient de dire chaque jour en commun un petit office de la Vierge, de faire une heure d'oraison à deux heures du matin et à deux heures de l'après-midi, de s'assembler une fois par semaine pour s'accuser de leurs fautes devant leur supérieure, enfin de faire une retraite de huit jours chaque année.

Ce fut en observant elle-même sévèrement la règle de ces constitutions, que madame de Miramion contribua solidement à l'établir. Son humilité, sa bonté, encourageaient tout le monde, et pas une religieuse n'eût osé se plaindre après avoir vu sa supérieure, dont la vie avait été entourée de tant de douceurs, se servir elle-même, se lever sans feu l'hiver, et n'accepter aucune distinction.

Après avoir payé tous les frais d'acquisition et d'appropriation de ce nouvel établissement, elle donna, en outre, à la communauté, à titre de fondation pour l'entretien de douze religieuses, une somme de soixante-dix mille francs, à la seule condition qu'à mérite égal les filles nobles y seraient admises de préférence aux autres. Mais elle spécifia que, dans le cas où la communauté voudrait un jour changer ses constitutions et se cloîtrer, cette fondation passerait tout entière à l'hôpital général de Paris.

Malheureusement les travaux qu'il avait fallu surveiller et les difficultés qu'elle avait eu à vaincre pour la réunion de ces deux communautés n'avaient pu s'accomplir sans de grandes fatigues et beaucoup de préoccupations. Aussi, quoique madame de Miramion ne se plaignît jamais de sa santé, ne fut-il pas difficile de voir bientôt combien elle s'était altérée. La sollicitude de sa fille s'en alarma et finit par obtenir d'elle la confidence d'un mal dont elle souffrait depuis quelque temps en secret. « C'étaient des vomissements qui, depuis le jour de Noël 1661, lui faisaient rejeter tous les aliments qu'elle prenait, à la réserve d'un morceau de pain sec qu'elle mangeait le matin [1]. »

Madame de Nesmond, inquiète des progrès que semblait faire le cancer dont sa mère souffrait depuis huit ans, et auquel elle attribuait cette nouvelle indisposition, appela près d'elle les plus habiles médecins : MM. Daquin, premier médecin du roi, « grand courtisan, avare et avide, » a dit Saint-Simon; Fagon, médecin de la reine, et Vésou, dont madame de Sévigné parle comme d'une autorité très-respectée. Mais tous les remèdes qu'ils conseillèrent furent employés inutilement. M. Vésou, qui était le médecin habituel de la communauté, l'engagea alors à ne plus manger de viande, mais seulement des œufs, des légumes et quelques potages gras. Elle suivit ce conseil, qui, sans la guérir, apporta quelque soulagement à son mal.

[1] Choisy.

« Cette incommodité dura seize ans, dit Choisy, sans qu'elle parût beaucoup plus faible, agissant à l'ordinaire, et toujours pleine de feu quand la gloire de Dieu ou le service du prochain l'appelaient. »

V

Trop occupée désormais des soins que réclamait sa communauté pour surveiller utilement la maison de refuge qu'elle avait créée dans la rue Saint-Antoine, madame de Miramion pensa qu'il valait mieux la fermer. Elle en voyait la nécessité; mais cette pensée la rendait malheureuse, et les succès qu'elle avait obtenus, les services qu'elle avait rendus pendant plus de deux ans, ne pouvaient la consoler de ce sacrifice.

C'est la gloire de l'humanité qu'il y ait des âmes ainsi faites; elles souffrent plus que les autres; mais leurs souffrances sont fécondes, et toutes les grandes œuvres de la charité chrétienne sont le fruit de leurs douleurs.

A force d'y penser et de prier Dieu, madame de Miramion trouva un moyen qui, tout en donnant la possibilité de continuer son œuvre, permettrait encore « de fonder en grand et aux frais du trésor public ce qu'elle avait essayé de faire en petit et à ses dépens ». C'était de faire un appel à la générosité du roi et à la charité particulière. Quelque pénible que fût pour elle cette tentative, elle se décida néanmoins à l'essayer. Elle alla soumettre son projet à M. le premier président de Lamoignon, qui, toujours porté aux bonnes œuvres, l'approuva fort, et se chargea même de le faire accueillir favorablement par plusieurs grandes dames dont la charité et la piété lui étaient connues.

En effet, peu de jours après, une réunion nombreuse de dames, parmi lesquelles étaient mesdames la duchesse d'Aiguillon, de Farinvilliers et de Traversay, s'assembla pour en délibérer chez M. Mazure, docteur en Sorbonne, curé de Saint-Paul. A la première idée d'une œuvre de refuge et de préservation, toutes ces dames trouvèrent que le projet était excellent ; mais, en entrant davantage dans les détails, elles jugèrent qu'il présentait tant de difficultés dans l'exécution qu'il était impossible d'y songer. « Madame de Miramion étant arrivée au moment où on prenait cette décision, son zèle s'enflamma à cette nouvelle, et lui fournit des paroles si vives, si touchantes et si persuasives, que toute l'assemblée se rendit alors à son avis, avouant que l'Esprit de Dieu avait parlé par sa bouche[1]. »

Ses discours cependant, comme tous ceux de Vincent de Paul, son premier directeur, n'étaient ni longs, ni savants. Le cœur ne déclame pas ; tout le

[1] Choisy.

génie, toute l'éloquence de ce saint missionnaire étaient dans sa charité; et ses préceptes, comme ceux de saint Jean, se résumaient en un seul : Aimez-vous les uns les autres.

Heureuse d'être la première à fonder un asile qu'elle avait toujours eu si à cœur d'ouvrir au repentir, elle offrit de donner de suite dix mille francs pour cette œuvre, et d'apporter tous ses soins à sa bonne direction. « Mesdames d'Aiguillon, de Farinvilliers et de Traversay, entraînées par son exemple, en donnèrent chacune autant, et le contrat de fondation fut passé en leur nom. »

On acheta un terrain, rue Copeau, auprès de l'hôpital de la Pitié, sur lequel on bâtit deux grands corps de bâtiments, séparés entre eux par une cour. Dans l'un furent logées toutes les femmes que l'autorité[1] faisait enfermer de force pour sauvegarder la moralité publique, et comme il touchait l'hôpital, on l'appela le refuge de la Pitié. Dans l'autre on mit celles qui, lassées de la vie honteuse et misérable qu'elles menaient, venaient d'elles-mêmes demander à s'y retirer; ce qui lui fit donner le nom de Sainte-Pélagie, qu'il a conservé jusqu'à nos jours.

Madame de Miramion, après avoir dressé la règle de cet établissement, alla s'y établir et en surveiller elle-même la première application. Puis quand l'ordre régna partout, les administrateurs de l'hôpital gé-

[1] Le prévôt de Paris et les juges du Châtelet ou du parlement.

néral, à sa prière, prirent la direction de cette maison. Trois ans après (en 1665), le roi, instruit des services que rendait ce refuge, en confirma l'établissement perpétuel. Ainsi se trouva fondé, et pour toujours, cet asile que la charité et le zèle d'une femme vertueuse avait ouvert au repentir.

Si nous récapitulions maintenant combien d'œuvres importantes madame de Miramion a instituées, et cela dans un si petit nombre d'années, rien ne semblerait plus étonnant dans sa vie que cette continuelle et féconde application à tant de choses, dont chacune eût suffi à remplir et ennoblir la vie de toute autre personne.

Mais, comme l'a dit Fléchier pour madame d'Aiguillon, elle avait cette charité vive, libérale, universelle, qui ne cesse de faire du bien, et ne croit jamais en faire assez, qui donne beaucoup et donne toujours avec joie, qui ne rejette aucune prière, qui prévient souvent le désir et qui ne manque jamais au besoin.

Elle savait aussi que les biens des riches sont un dépôt sacré qui doit être dépensé avec une fidélité digne de Dieu ; et que ceux qui ont beaucoup doivent donner beaucoup, puisque la mesure de leurs aumônes doit être celle de leurs richesses.

CHAPITRE IX

ŒUVRES CHARITABLES DE MADAME DE MIRAMION

1662-1670

I. Son dévouement pour l'hôpital général. — Charité de la princesse de Conti. — II. Mort du président de Nesmond pendant le procès de Fouquet. — III. Les Miramionnes à Amiens.

> Tout ce qui est fait pour Dieu est grand. (MADAME DE MIRAMION.)

I

Malgré la magnificence, l'éclat et la grandeur que présentèrent les commencements du règne de Louis XIV; malgré l'ordre et la sagesse que son ministre Colbert apporta dans l'administration des finances, l'année 1662 fut encore une des époques de disette les plus cruelles que Paris ait eu à supporter.

« Le roi fit construire des fours au milieu même de la cour des Tuileries, afin d'adoucir par des secours tirés de son épargne la misère et la famine. Mais tout était insuffisant; on désertait les campagnes, on amenait à l'Hôtel-Dieu beaucoup de pauvres qui survivaient à peine quelques jours, tant ils avaient souffert avant, et qui étaient tellement infectés de plaies et de vermine, que les prêtres du séminaire de Saint-Nicolas étaient obligés de les y conduire eux-mêmes en bateau, parce que les bateliers ne voulaient pas s'en charger[1]. »

En quelques jours tout fut encombré. L'hôpital général, qui regorgeait aussi de malades, ne sachant plus comment faire face à une si grande dépense, se vit, au plus fort de l'hiver, sur le point de fermer ses portes et de cesser d'exister. M. de Lamoignon, qui avait la haute direction de cet hospice, vint confier ses craintes à madame de Miramion et lui en parla comme d'une catastrophe inévitable.

En présence d'un événement qu'elle considérait comme la plus grande calamité qui pût accabler la classe pauvre, elle ne craignit point d'aller solliciter de nouveau la charité de quelques personnes éprouvées. Sa première visite fut pour madame la princesse de Conti (Marie-Anne Martinozzi, nièce du cardinal Mazarin), qui joignait à une rare beauté la douceur la plus aimable, et dont la piété et la bienfaisance lui étaient déjà connues.

Elle lui exposa la position critique de cet établissement d'une manière si touchante, que cette princesse, plus illustre encore par ses vertus que par son

[1] *Histoire de Colbert*, par M. Pierre Clément, 1846.

rang, lui promit de faire tout ce qu'elle pourrait pour soutenir l'existence de ce précieux hospice, et la pria de revenir le lendemain. En y allant, madame de Miramion s'attendait bien à recevoir une aumône considérable. Mais quelles ne furent pas sa joie, sa surprise et sa reconnaissance, quand la princesse lui mit entre les mains un billet de cent mille francs, en lui disant : « N'en parlez point, madame, je suis trop heureuse que Dieu ait voulu se servir de moi pour sauver la vie à tant de personnes. »

La princesse de Conti, à l'exemple de sa belle-sœur, la duchesse de Longueville, qui était alors livrée à la plus austère pénitence, pratiquait de grandes charités. Dans cette même année 1662, n'ayant plus d'argent et voyant la misère augmenter, elle donna à mademoiselle de Lamoignon un collier de perles et de pierreries, que celle-ci vendit quarante mille écus pour nourrir les pauvres[1]. Trois ans plus tard, elle écrivait à son directeur :

« 9 janvier 1665.

« Nous travaillons pour nos pauvres du Berry, et
« j'espère, s'il plaît à Dieu de bénir nos soins, que

---

[1] Collier que le roi acheta, mais en respectant le secret de la princesse de Conti. La charité, excitée par ce grand exemple, fit faire des sacrifices inattendus en argent et en bijoux, et on estima que pendant cette disette mademoiselle de Lamoignon avait distribué 500,000 livres en aumônes.

« nous les empêcherons de mourir de faim. Je ne
« vous ai pas écrit jusqu'à présent le détail des au-
« mônes que j'ai faites, parce que je ne croyais pas
« que vous le souhaitassiez. J'ai tâché seulement de
« faire selon vos vues, et comme j'ai cru que vous
« me les auriez fait faire. J'ai donné presque tout le
« revenu de cette année; il reste peu de chose, c'est-
« à-dire dix mille livres, et je crois bien en avoir
« donné six cent mille. Les misères sont extrêmes.
« On a trouvé des gens morts de faim, d'autres qui
« se voulaient tuer, et un nombre infini qui mour-
« ront de faim si on ne leur donne du pain. On n'a
« nul fonds, il faut donc trouver des moyens pour
« les secourir. Pour cela il faut voir du monde, il
« faut trouver des expédients; ceux que j'ai trouvés
« jusqu'ici ont réussi fort bien; je m'occupe donc
« de cela. Mais au lieu de ne le faire qu'en vue de
« Dieu, j'en parle, je suis bien aise d'en être estimée,
« je me dissipe; enfin je ne fais rien qui vaille. Je
« fais de même dans les autres choses que Dieu m'en-
« voie pour servir le prochain. Il faut que je sois
« souvent au Louvre, et je crains que ce commerce
« avec le monde, quoique avec de bonnes intentions,
« ne me fasse perdre cette précieuse familiarité que
« Notre-Seigneur m'a donnée avec lui[1]. »

Cette lettre, dans laquelle madame de Conti met son âme à nu devant son confesseur, montre mieux

---

[1] *Madame de Sablé*, par M. Cousin.

que ne le pourrait faire tout éloge, quelles étaient la modestie, l'humilité et toutes les vertus chrétiennes de cette princesse.

Madame de Miramion alla porter le billet de cent mille francs à M. le premier président, qui l'employa aux nécessités les plus pressantes de l'hôpital général; et, grâce à la munificence de la princesse, cet établissement à peine créé put échapper à la ruine.

C'est en 1656, et à la sollicitation de Vincent de Paul, qu'avait été établi l'hôpital général, par lettres patentes portant que M. Vincent et sa congrégation de missionnaires y seraient chargés de la direction temporelle et spirituelle, et les Filles de la Charité du soin des malades. Il était administré par vingt-cinq directeurs, ayant à leur tête l'archevêque de Paris, le premier président du parlement et le procureur général.

« Qui ne sait, dit Fléchier, que l'établissement d'un grand hôpital dans cette capitale du royaume, qui renferme tant de grandeurs et tant de misères tout ensemble, a été un des plus grands ouvrages de ce siècle?

« On en prévoyait l'utilité; on en reconnaissait l'importance depuis longtemps; personne ne distinguait plus les pauvres de nécessité d'avec ceux de libertinage. On ne savait en donnant l'aumône, si on soulageait la misère, ou si l'on entretenait l'oisiveté. Les plaintes et les murmures confus excitaient plutôt l'indignation que la pitié. On voyait des troupes errantes de mendiants, sans religion et sans discipline, demander avec plus d'obstination que d'humilité, voler souvent ce qu'ils ne pouvaient obtenir, attirer les yeux du public par des infirmités contrefaites, et venir jusqu'au pied des autels troubler la dévotion des fidèles par le récit indiscret et importun de leurs besoins ou de leurs souffrances.

« On se contentait de se plaindre de ces désordres, qu'on croyait non-seulement difficile, mais encore impossible de corriger. Il fallait de la sagesse pour disposer les moyens, de la fermeté pour surmonter les obstacles, de grands biens pour fournir les fonds ; une piété encore plus grande pour établir un ordre et une discipline salutaires parmi des hommes pour la plupart déréglés. Où se trouvaient ces qualités, qu'en la seule duchesse d'Aiguillon ?

« Elle fut l'âme de cette entreprise ; elle encouragea les uns, elle sollicita les autres, elle donna l'exemple à tous. Elle joignit le zèle des particuliers avec l'autorité des magistrats, et n'oublia rien de ce qu'elle crut nécessaire pour achever ce qu'elle avait heureusement commencé [1]. »

L'hôpital général [2], créé pour mettre un terme à la mendicité dans les rues, était donc un asile ouvert

---

[1] *Oraison funèbre de la duchesse d'Aiguillon*, par Fléchier.
[2] Il se composait de quatre maisons distinctes :
1° La maison de Sainte-Marthe, dite Scipion, qui servait d'économat, boulangerie, boucherie, etc.;

surtout à la vieillesse, à la maladie et aux infirmités incurables.

Madame de Miramion, dont la générosité avait beaucoup contribué au soutien de cet établissement, lui donna plusieurs fois les mêmes preuves d'intérêt et de dévouement.

Il eût donc été permis de dire, en souvenir de ses bienfaits, comme Fléchier pour madame d'Aiguillon :

« Durez sur le fondement des aumônes chrétiennes, vastes bâtiments de cette sainte maison, où Dieu, créateur des pauvres et des riches, est honoré par la patience des uns et par la charité des autres. Durez, s'il se peut, jusqu'à la fin des siècles, et soyez d'éternels monuments des soins et des libéralités de votre première bienfaitrice. »

II

Toute la vie de madame de Miramion a été mêlée, on le voit, si étroitement à la fondation ou au soutien de toutes les œuvres charitables publiques ou privées

2° La maison de Saint-Denis, dite la Salpêtrière, destinée aux femmes incurables de tout âge ;
3° La maison de Bicêtre, pour les hommes ;
4° La maison de la Pitié ou l'hôpital proprement dit, pour les malades.
L'ensemble contenait ordinairement sept mille pauvres.

de son temps, que la raconter, c'est raconter inévitablement la vie de tous les établissements pieux du dix-septième siècle. Car il n'en est pas un auquel elle soit restée étrangère.

C'était toujours, pour les amis de madame de Miramion et sa famille, un spectacle nouveau et singulièrement attachant que celui de cette âme toujours en peine d'un bien à faire et d'un devoir à remplir ; de cette femme débile et malade, qui semblait douée dans ses actions d'une force surnaturelle.

On admirait en silence cette piété, cette foi, ces vertus, tant de compassion, tant de puissance dans la faiblesse, et quand elle parlait, c'était une autre surprise. On eût dit qu'elle avait passé sa vie non à agir, mais à lire et à méditer.

C'est auprès des mourants qu'éclatait mieux encore la tendresse de sa charité. On eût dit une mère au chevet de son enfant malade. Elle les exhortait, non par de longs discours qui les eussent fatigués, mais par quelques courtes aspirations qu'elle leur laissait le temps de méditer, leur disant par exemple :

« Mon Dieu ! que votre volonté soit faite, et non la mienne !

« Dieu, mon Père, je remets entre vos mains mon âme, ma santé et ma vie ; je m'abandonne à vous, je vous aime et me repens de ne vous avoir pas toujours aimé ! »

Elle les rassurait dans leurs inquiétudes, elle les consolait dans leurs afflictions. Les veilles, les fatigues, le danger même, rien ne l'arrêtait, pour peu qu'elle fût utile à l'un de ses frères en Jésus-Christ.

Mais les premiers sur lesquels elle épanchait cette suprême charité, c'étaient ses parents et ses amis.

Vers la fin du mois de novembre 1664, elle fut appelée à rendre ce pieux office au père de son gendre, le président de Nesmond, qui venait d'être pris d'un érysipèle à la tête. C'était pendant le cours du procès de l'infortuné Fouquet, qu'on jugeait en dernier ressort devant la grand'chambre du parlement, et M. de Nesmond siégeait comme second président, nommé parmi les juges de la chambre de justice.

Ce procès, commencé depuis trois ans déjà, et que ses longues péripéties ont rendu un des événements curieux de cette époque, occupait alors tout le monde, et passionnait surtout la haute société.

Soupçonné et accusé devant le roi à l'heure même où il donnait à Louis XIV et à toute sa cour une fête splendide dans son château de Vaux, le fastueux et léger surintendant Fouquet s'était vu, peu de jours après, arrêter et jeter en prison, comme coupable du désordre des finances de l'État.

Sans doute les dilapidations du ministre étaient coupables, mais le désordre des temps et l'exemple étaient une excuse ; aussi son caractère aimable et généreux, son esprit vif et brillant, son amour pour les lettres et les arts lui avaient-ils faits beaucoup d'amis qui lui restaient fidèles dans le malheur.

Mais la vanité, les succès du surintendant, le luxe

insolent qu'il affichait, lui avaient attiré des inimitiés plus nombreuses encore, qui conspirèrent sourdement sa ruine. Dès le commencement du procès, le projet de le perdre fut tramé avec un art si odieux, et la conduite de ses ennemis, dont plusieurs étaient ses juges, fut si passionnée, qu'on se serait intéressé à lui, même quand il eût été plus coupable qu'il ne l'était.

Parmi ses juges était M. de Pussort, oncle du président de Nesmond et l'un des plus acharnés ennemis de Fouquet. M. de Nesmond, qui aurait pu le récuser, et y avait d'abord songé, ne le fit pas. Le chagrin qu'il en conçut fut, dit-on, la cause déterminante de cet érysipèle qui, se portant à la tête, mit aussitôt sa vie dans le plus grand péril. Mais comme il ne semblait se préoccuper que du sort du surintendant [1] et oublier son état, madame de Miramion fut chargée par sa famille de lui annoncer sa mort prochaine et de l'y préparer.

M. le président de Nesmond mourut, en effet, peu de jours après (le 29 novembre 1664), dans les bras de madame de Miramion, au milieu de toutes les consolations de la religion.

« Le bruit courut alors, dit Conrart dans ses Mé-

[1] Fouquet fut condamné par le plus grand nombre de ses juges à la peine du bannissement; quelques-uns avaient opiné pour la mort, mais le roi commua l'exil prononcé contre lui en une détention perpétuelle. Conduit à la forteresse de Pignerol, il y resta jusqu'à sa mort, arrivée en 1680.

moires, que dans son testament il avait chargé ses héritiers de demander pardon pour lui à M. Fouquet et à sa famille [1] de ce qu'il avait opiné contre la récusation, qu'avait faite le surintendant, de MM. Voisin et Pussort : disant qu'il n'avait émis cette opinion que pour sauver leur honneur, et d'après l'assurance qui lui avait été donnée qu'aussitôt que la chambre aurait prononcé en leur faveur, ils se récuseraient d'eux-mêmes. »

Ce bruit est aussi confirmé par une lettre de madame de Sévigné à M. Arnaud de Pomponne, en date du 3 décembre 1664, disant : « On dit que M. de Nesmond a témoigné en mourant que son plus grand déplaisir était de n'avoir pas été d'avis de la récusation de ces deux juges ; que s'il eût été à la fin du procès, il aurait réparé cette faute ; qu'il priait Dieu qu'il lui pardonnât celle qu'il avait faite. »

Les Mémoires de Conrart mentionnent encore que « M. le premier président de Lamoignon, frère de la femme du président de Nesmond, fit dès le lendemain de grand matin, nommer son neveu, fils du défunt président, en présence de MM. les présidents Lecoigneux et de Mesme. Tout cela se fit avec précaution, à cause du fils aîné du président de Longueil de Maisons, qui prétendait prendre cette place avant M. de Nesmond fils. » Ce dernier devint, en effet à

---

[1] Madame Fouquet mère, née de Maupeou, àgée de soixante-douze ans, et Madeleine de Castille de Villemareuil, seconde femme de Fouquet.

cette date, président à mortier au parlement de Paris, aux lieu et place de son père.

Madame la présidente de Nesmond, la vieille amie de madame de Miramion, qui était déjà malade depuis longtemps, mourut peu de jours après son mari.

Il y avait trente ans que cette pieuse femme secourait et visitait assidûment les pauvres de la paroisse de Saint-Nicolas; l'abbé Ferret ordonna à madame de Miramion d'en prendre soin à sa place, et comme elle ne refusait jamais rien de ce qui pouvait plaire à Dieu, elle ajouta cette charge à toutes celles qu'elle avait déjà.

III

Quelques personnes pieuses avaient craint que les deux communautés que madame de Miramion avait réunies ne s'accordassent pas toujours ensemble. Mais Dieu a bien fait voir dans la suite que cette union était son ouvrage, par la paix et la charité qu'il a fait régner entre toutes les sœurs, qui, selon l'expression de l'Écriture sainte, n'ont jamais eu « qu'un même cœur et un même esprit : *Cor unum in anima una.* »

Par son crédit elle obtint, en récompense des services rendus par cette maison, que le contrat légal d'union entre les deux communautés fût définitivement conclu, en présence et avec l'agrément de l'archevêque de Paris, M. Hardouin de Péréfixe[1]; et en 1668, cette institution, grâce à elle, fut approuvée et confirmée par Mgr le cardinal de Vendôme, légat *a latere* du saint-siége en France.

« Les Filles de Sainte-Geneviève, de leur côté, sentaient vivement les obligations qu'elles avaient à madame de Miramion. Leur reconnaissance voulait éclater en toutes manières, et un jour elles s'avisèrent, sans la consulter, de passer un acte par-devant notaire, par lequel elles la reconnaissaient pour leur institutrice et leur bienfaitrice. M. Ferret, leur supérieur, l'approuva ; mais à peine madame de Miramion le sut-elle, qu'elle envoya quérir un notaire et déclara qu'elle renonçait à des qualités qu'elle n'avait pas méritées ; que c'était mademoiselle de Blosset qui avait institué les Filles de Sainte-Geneviève, et que si elle leur avait rendu quelques services, la gloire en était due à Dieu, et qu'elle les priait seulement de lui donner part dans leurs prières. »

Sous la direction d'une supérieure si modeste et si sage, la communauté des Miramionnes, ainsi qu'on l'appelait généralement, n'avait pu manquer de prospérer rapidement. Aussi, malgré toute sa modestie, madame de Miramion fut-elle bientôt obligée de reconnaître que le bon ordre et l'économie avaient déjà mis cet établissement en état de se soutenir par lui-même et de vivre désormais de ses propres ressources.

[1] Le 14 septembre 1665.

C'était l'unique but qu'elle s'était proposé d'atteindre. L'avenir de cette maison, et la durée de cette œuvre après sa mort, avaient été longtemps son plus grand sujet d'inquiétude ; mais, en la voyant désormais si solidement établie, elle fut rassurée et ne songea plus qu'à en affermir davantage l'existence en lui procurant de nouvelles ressources.

Dans ce but, elle fit acheter, par la communauté elle-même (qu'elle désirait ainsi substituer peu à peu à sa personne), une troisième maison, contiguë aux deux premières, sur le quai de la Tournelle, et donna pour l'aider dans cette acquisition une somme de dix mille francs ; au moyen de cet agrandissement, on ajouta une classe payante aux deux classes gratuites qui existaient déjà, ce qui permit de porter à trois cents le nombre des enfants admis dans la maison. On reçut en même temps quelques religieuses de plus, et on prit plusieurs grandes pensionnaires, dont la dot et les annuités vinrent grossir les revenus de la communauté.

Au milieu de ces succès, l'humilité de madame de madame de Miramion était extrême ; elle ne manquait jamais de s'accuser tout haut de ses fautes comme la dernière fille de sa communauté. C'était une pratique qu'elle avait établie et qu'elle a toujours observée. Elle y songeait auparavant avec beaucoup d'attention, mettait ses fautes par écrit et les lisait en plein chapitre. Voici l'un de ces billets ; il fera juger des autres :

Je dis très-humblement ma coulpe (faute), de mon peu de fidélité à la grâce, de mes distractions et de mes dissipations, de mon peu de recueillement ; de n'avoir pas été assez exacte à prendre du temps pour prier, de n'avoir pas été assez occupée de la présence de Dieu et de ne lui avoir pas assez offert toutes mes actions.

Je n'ai pas eu assez de charité pour le prochain, j'ai eu de l'impatience contre des visites inutiles.

A l'égard de notre communauté, je me sens coupable de la plus grande partie des fautes qui s'y commettent par le mauvais exemple que je lui donne.

Je n'ai pas été assez fidèle aux exercices quand je l'ai pu.

Je n'ai pas eu assez de zèle pour son bien spirituel; je n'ai pas eu assez de douceur, de support et de prévenance pour nos sœurs.

Je leur ai parlé d'un air trop fier ; j'ai senti des mouvements d'impatience contre quelques-unes d'elles, je m'y suis laissée aller contre la vue que Dieu me donnait, et quelquefois je ne les ai pas averties par lâcheté, par lassitude et à cause de la peine que j'avais de ce qu'elles ne faisaient pas tout ce que je souhaitais.

Quand j'ai eu à leur parler, je n'ai pas été assez fidèle à demander à Dieu tout ce dont j'avais besoin pour cela.

Je n'ai pas assez obéi, j'ai fait quelque chose sans permission; je fais souvent ma propre volonté, et presque toujours dans les petites choses ordinaires.

Je ne pratique presque point la mortification, et j'en

sens de la peine extérieure, ni la pauvreté, car rien ne me manque.

Il me semble que je dispose de plusieurs choses selon mon inclination; je ne sais ce que c'est que de garder le silence; je suis superbe, je suis bien aise d'être louée et aimée.

J'ai eu de la peine et un peu de trouble pour deux affaires, parce qu'on parlait contre moi et qu'on trouvait à redire sur ma conduite; j'en ai eu beaucoup de peine, et cela par orgueil, j'en suis toute pleine.

Cette humilité, ce zèle et ce respect pour la règle, joints à tant de charité, ne tardèrent pas à étendre la réputation de madame de Miramion, non-seulement dans tout Paris, mais encore dans plusieurs villes voisines; et, vers la fin de 1669, une communauté, qui était établie depuis longtemps à Amiens, lui envoya deux religieuses chargées de lui demander ses conseils sur la direction de leur maison. Madame de Miramion pensa que l'exemple et la pratique leur seraient plus profitables que toutes les théories. Elle les retint chez elle pendant plus d'un mois, et les renvoya si charmées de tout ce qu'elles y avaient vu et entendu, que peu de semaines après, d'autres sœurs revenaient la supplier, au nom de leur supérieure, de vouloir bien réunir leur communauté à celle des Filles de Sainte-Geneviève, et de leur en donner l'habit et les constitutions.

Madame de Miramion résista d'abord; mais l'évêque d'Amiens et M. de Chauvelin, intendant de Picardie, étant venus joindre leurs prières à celles des religieuses, elle céda. Peu de jours après elle était à Amiens, où l'union des deux communautés fut faite suivant les règles voulues. Toutes les religieuses firent leur noviciat et leur profession sous ses yeux, et elle ne partit qu'après leur avoir fait ouvrir des écoles, visiter et panser les malades, et mettre enfin en pratique toutes les œuvres ordinaires de sa communauté. Pour assurer même après son éloignement le maintien de cette bonne direction, elle laissa à la tête de la maison deux religieuses très-capables qu'elle avait amenées avec elle, et s'en retourna seule à Paris. Mais les acclamations et les bénédictions de tous les habitants d'Amiens l'accompagnèrent jusqu'aux portes de la ville, et les lueurs des feux de joie qu'on avait allumés en son honneur la suivirent encore plus loin.

Les libéralités, les soins, et surtout les exemples donnés par madame de Miramion avaient porté leurs fruits et, en moins de dix ans, sa communauté[1] était

[1] Depuis cette époque et jusqu'à la révolution, la prospérité et la réputation de cette communauté, tant à Paris que dans les nombreuses provinces où elle avait des obédiences, n'ont pas cessé de grandir ; et jamais peut-être cette institution n'avait été plus florissante, jamais ses écoles n'avaient rendu plus de services qu'à l'heure même où la suppression de toutes les maisons religieuses, en 1790, vint anéantir l'œuvre bienfaisante de madame de Miramion.

Depuis sa dispersion, la communauté de Sainte-Geneviève n'a jamais été rétablie. Mais les enfants élevés par les dernières filles

devenue l'un des établissements religieux et charitables les plus importants et les plus avantageusement connus de Paris et de la province.

de madame de Miramion ont pu du moins transmettre son nom jusqu'à notre génération et plusieurs de nos contemporains ont entendu de vieilles grand'mères, en parlant de leur jeunesse, dire avec joie : « C'était du temps que j'étais aux Miramionnes. » Enfin il n'y a guère que trente ans, que, dans les campagnes, on portait encore des bonnets dits à la Miramion, en souvenir des coiffes de taffetas noir de cette sainte femme.

CHAPITRE X

LES ÉCRITS DE MADAME DE MIRAMION

1670-1678

I. Empoisonnement de madame Henriette d'Angleterre. — M. Bonneau de Purnon. — II. Méditations pieuses de madame de Miramion. — Mort de madame de Harlay et de la princesse de Conti. — III. Épidémie de Melun. — Le petit séminaire de Paris. — IV. Procession de la châsse de Sainte-Geneviève. — Oraison funèbre de madame d'Aiguillon. — V. Obsèques du premier président Lamoignon.

> On y verra régner l'esprit de Dieu, qui lui inspirait sans cesse l'humilité, la mortification et l'anéantissement. (Choisy.)

I

Au printemps de l'année 1670, le roi, dont les armes heureuses n'avaient partout rencontré que la victoire, parcourut, accompagné de toute la cour, ses nouvelles conquêtes de Flandre. « L'idée de la magnificence ne peut aller plus loin que ce que l'on en vit dans ce voyage. M. de Lauzun commandait l'escorte du roi, composée de sa maison, de sa gendarmerie et de ses mousquetaires. Les troupes étaient superbement vêtues; la cour n'a jamais paru plus brillante ; le roi jetait à pleines mains l'or, et ajoutait à la qualité des choses qu'il donnait les charmes de la manière avec laquelle il parlait et agissait[1]. »

On était à peine revenu de cette promenade à travers la Flandre, qui n'avait été partout qu'une fête merveilleuse, que tout à coup retentit en France cette foudroyante nouvelle, que devait immortaliser bientôt la grande voix de Bossuet :

« Madame se meurt ! Madame est morte ! »

En un instant, le bruit se répandit de Saint-Cloud à Versailles, et de Versailles à Paris, que madame Henriette d'Angleterre, duchesse d'Orléans, belle-sœur du roi de France, et sœur du roi d'Angleterre, venait de mourir empoisonnée.

Elle avait bu, disait-on, un verre d'eau de chicorée qui lui avait été présenté par son premier maître d'hôtel, M. de Purnon[2], complice du véritable auteur du crime, le chevalier de Lorraine, qu'on soupçonnait d'avoir envoyé le poison d'Italie pour se venger de l'exil et de la prison que lui avait attirés sa conduite coupable auprès de Madame.

On comprend quels durent être l'effroi, la douleur et la consternation de madame de Miramion à la nouvelle d'un tel malheur, et en présence de pareils soupçons ?

[1] Mémoires de Choisy.
[2] Claude Bonneau, chevalier seigneur de Purnon, chambellan et premier maître d'hôtel de Monsieur, était le quatrième frère de madame de Miramion.

Non pas qu'elle doutât un seul instant de l'entière innocence de son frère, elle était sûre de lui comme d'elle-même ; mais sachant combien d'intrigues, de complots et de forfaits se trament sans cesse autour des grands, elle put craindre que M. de Purnon, dans un acte obligé de son service, n'eût été l'instrument involontaire de quelque horrible crime.

Malheureusement, tout ce qui eut rapport à cette mort, dont le roi ressentit d'autant plus de chagrin qu'il était blessé dans ses plus chères affections et contrarié dans sa politique, fut à cause de cela enseveli dans un si profond silence par tous ceux qui étaient jaloux de lui plaire, que l'abbé de Choisy (en écrivant la vie de madame de Miramion, alors que le roi et M. de Purnon vivaient encore) n'a pas cru devoir parler de cet événement douloureux et mal connu.

Peut-être l'eussions-nous comme lui passé sous silence, si le duc de Saint-Simon, dans des *Mémoires* trop consultés, et surtout trop accrédités de nos jours au point de vue historique, n'eût ajouté depuis à la publicité de ces rumeurs par l'autorité d'une assertion calomnieuse.

Non-seulement Saint-Simon déclare que madame Henriette d'Angleterre a été empoisonnée, mais encore « que le roi a eu l'aveu du crime par M. de Purnon ».

Ce qui est une erreur notoire ; car, « outre qu'il est impossible de croire que si le roi eût acquis de cette sorte la certitude que le chevalier de Lorraine fût coupable d'une pareille mort, il lui eût permis peu de temps après de revenir à la cour, et l'eût même gratifié dans la suite de diverses faveurs, on peut voir dans les *Études sur Bossuet*, par M. Floquet[1], les preuves nombreuses que l'auteur apporte du non-empoisonnement de Madame; la lettre qu'a écrite à ce sujet Bossuet, qui l'assista dans ses derniers moments, celles de Guy-Patin et autres[2]...; enfin le procès-verbal de l'autopsie, faite avec le plus grand soin, en présence de douze médecins et chirurgiens de l'ambassadeur d'Angleterre, et de tous ceux dont il voulut se faire accompagner[3]... Tous ces documents (qui démontrent d'une manière péremptoire que la mort de la princesse était due à des causes naturelles) réfutent suffisamment l'assertion de Saint-Simon, et montrent une fois de plus combien il faut se défier de ces petits drames saisissants qui abondent dans ses *Mémoires*, et dont l'effet trompe facilement la crédulité publique[4]. »

[1] Tome III, p. 388.
[2] La relation de la maladie, mort et autopsie, par l'abbé Bourdelot; celle du P. Feuillet, appelé avant Bossuet auprès de Madame.
[3] De beaucoup d'autres témoins encore, parmi lesquels le maréchal de Bellefonds, qui fut ensuite envoyé pour complimenter le roi d'Angleterre sur cette mort. Voyez également les *Mémoires* de madame de la Fayette et ceux de Daniel de Cosnac, archevêque d'Aix.
[4] *Histoire de madame de Maintenon*, par M. le duc de Noailles, de l'Académie; t. III, édit. de 1859.

Ainsi, la malignité humaine et l'amour de l'extraordinaire furent les seules raisons de cette persuasion générale de l'empoisonnement de Madame. Le genre humain serait trop malheureux, s'il était aussi commun de commettre des choses atroces que de les croire.

Sans doute madame de Miramion dut être promptement éclairée sur les causes toutes naturelles de cette mort; d'abord par les récits détaillés de son frère, qui en était resté témoin, et dont la véracité ne pouvait faire doute à ses yeux; ensuite par le témoignage irréfutable de madame de la Fayette, qui vint lui confirmer elle-même qu'ayant avalé le reste du verre d'eau bu par cette princesse, elle n'en avait ressenti aucune incommodité. Mais nous ne doutons pas que, malgré tant de preuves convaincantes, elle n'ait été la première à conseiller à son frère de quitter une cour si dangereuse.

M. de Purnon, à partir de ce moment, ne songea plus, en effet, qu'à se démettre de ses charges, pour aller vivre à la campagne. Cependant, à la prière de M. le duc d'Orléans, il consentit à rester encore quelques années attaché à sa maison, et devint premier maître d'hôtel de la seconde Madame. Mais en 1674, il vendit cette charge à M. Manuel de Valonne, et se retira, pour n'en plus sortir, dans sa terre de Purnon en Poitou[1], où il édifia par ses

[1] Comme cette terre n'avait pas alors d'habitation convenable, M. de Purnon acheta, pour y demeurer, le château de Marsay

charités et sa piété tous ceux qui vivaient dans son voisinage.

II

Madame de Miramion, retirée plus que jamais du monde et consacrée tout entière à Dieu et à sa communauté, offrait à ses compagnes le plus touchant modèle de toutes les vertus. Elle montrait au même degré une promptitude extrême à obéir, et une patience admirable à supporter toutes les contrariétés. Elle dirigeait chacune de ses filles avec une douceur,

qui y touchait. C'était un château fort, avec tours, mâchicoulis, douves et ponts-levis, d'un aspect assez triste, mais dont il fit bientôt une résidence magnifique. Il bâtit devant la façade deux étages de galeries vitrées à l'italienne, qu'il orna des portraits de toute sa famille et de beaucoup de personnages célèbres de son temps. Il dessina alentour des avenues et des parterres, dont les bassins d'eau vive et les larges terrasses pouvaient lui rappeler Saint-Cloud. C'est là que mourut M. de Purnon, le 16 septembre 1721, là qu'on peut voir encore les portraits qu'il avait réunis et que conserve avec soin l'un de ses héritiers, M. le marquis de la Messelière. En contemplant aujourd'hui ces personnages d'un autre temps, dans les hautes salles de ce château féodal, que le temps et les révolutions ont laissé arriver presque intact jusqu'à nous, au milieu de ces ifs taillés depuis plus de deux siècles, il semble que le passé revive et qu'on respire encore l'air de noblesse et de grandeur qui animait le grand siècle. En 1760, la terre de Purnon fut vendue à M. Achard de la Haye, qui y fit bâtir un château magnifique, habité aujourd'hui par sa petite-fille, madame la baronne de Goyon.

une politesse et une sollicitude que rien ne rebutait, ni n'altérait jamais. Enfin elle était leur véritable mère à toutes ; et en même temps la mère et la confidente de chacune en particulier.

Plus elle avançait en âge, plus son austérité la portait à se mortifier et augmentait son ardeur pour la prière, plus son âme, dégagée des sens, était comme inondée de l'abondance des dons célestes.

Ces faveurs extraordinaires que Dieu lui faisait, la poussaient souvent à prendre pour son perfectionnement de grandes résolutions, qu'elle écrivait ensuite pour les exécuter plus fidèlement. Grâce à ce soin, nous connaissons quelques-unes de ces pieuses intentions, et les suivantes montreront toute la beauté de cette âme si véritablement chrétienne :

Remercier Dieu tous les jours des grâces qu'il m'a faites ; je me retirerai au moins trois heures pour apprendre ce qu'il désire de moi, et lui demander la grâce de l'exécuter. Toutes les fois que l'horloge sonnera, j'adorerai Dieu de cœur.

Toute ma vie et toutes les facultés de mon âme ne me sont données que pour honorer Dieu ; je le veux faire, je mettrai Dieu au milieu de tout ce que j'aime et m'abandonnerai à sa miséricorde.

Renouveler tous les mois les vœux de mon baptême.

Me vider de moi, du monde et des créatures, pour être remplie de Dieu seul ; faire de fréquentes retraites avec Dieu.

Mettre la cognée à la racine de mes imperfections,

pour les couper et arracher et enfoncer jusqu'à la chair vive ; conserver la chasteté par la mortification du cœur et des sens.

Souffrir jusqu'à la mort à l'exemple de Notre-Seigneur, demander les souffrances, me souvenir de mes péchés, être attentive à ce que Dieu désire de moi pour le faire.

Me sacrifier et m'abandonner tout entière entre les mains de Dieu, me conformer à sa volonté.

J'ai besoin de recevoir l'esprit de Dieu, comme mon cœur a besoin de l'air qu'il respire.

Mourir comme le grain de froment, pour revivre en vous, mon Dieu !

L'empressement qu'on a à l'heure de la mort pour tout faire en même temps, le prévenir pendant la santé ; je veux mourir à moi et à tous mes sens, me mortifier dans les petites choses comme dans les grandes.

Tout ce qui est fait pour Dieu est grand.

Faire plutôt la volonté des autres que la mienne.

Faire mes exercices fidèlement, quelque relâchement que je sente pour la dévotion ; vivre de l'esprit de foi. N'être point avare de moi-même pour le service de Dieu, défaire et refaire en moi tout ce qu'il plaira à sa bonté.

Travailler avec douceur et charité envers le prochain.

Volonté de Dieu, venez et soyez à jamais faite en moi !

Telle était la source vive à laquelle madame de Miramion puisait sans cesse l'ardeur qui ranimait ses forces, et l'abnégation qui dirigeait toutes ses actions.

Lorsqu'elle vit sa communauté solidement établie et le bon ordre y régner partout, elle voulut en profiter pour se démettre de ses fonctions de supérieure perpétuelle, et faire observer aux sœurs la règle de leur institut, qui défendait d'élire chaque supérieure pour plus de trois années. Mais les pieuses filles, qui sentaient combien les vertus de madame de Miramion, et surtout le don de commandement qu'elle possédait à un si rare degré, la rendaient encore nécessaire à la bonne direction de leur maison, eurent recours à l'intervention de M. Ferret, leur supérieur, et à l'influence pastorale de l'archevêque de Paris, pour combattre cette résolution.

L'archevêque, Mgr de Harlay de Chanvalon, qui connaissait beaucoup madame de Miramion[1], après avoir insisté longtemps près d'elle sans avoir pu la faire changer de détermination, finit par lui demander de vouloir bien écrire les raisons qui lui faisaient désirer de se démettre de ses fonctions, mais de s'en rapporter ensuite à ce qu'il déciderait. Elle obéit et lui remit peu de jours après les réflexions suivantes :

« Il y a longtemps que je souhaite que l'on ôte

[1] Par la famille de Lamoignon, à laquelle ils étaient alliés l'un et l'autre.

« l'article de la perpétuité ; la supérieure des filles de
« Sainte-Geneviève doit être triennale, il me paraît
« que Dieu le veut. Toutes les raisons que j'en ai
« dites me paraissent bonnes, et pour mon propre
« bien, et pour la gloire de Dieu ; mais comme je sais
« que je puis me tromper, je soumets le tout à
« l'obéissance que je vous dois.

« Outre toutes les raisons que j'ai marquées, j'en
« ai encore d'autres que je ne puis pas dire.

« Il y a déjà longtemps qu'il m'a paru que plu-
« sieurs sœurs désiraient que la triennalité s'éta-
« blît ; plusieurs sœurs, et moi aussi, ont de la peine
« de ce que je ne me trouve pas toujours aux exer-
« cices de la communauté.

« Je crains qu'après ma mort les sœurs ne por-
« tent pas assez de respect à une sœur qui serait élue
« supérieure ; j'accommoderais cela de mon vivant.

« Je serais bien aise d'avoir un peu de temps pour
« m'occuper de Dieu, je suis pressée intérieurement
« de faire ce que je pourrai pour cela, néanmoins
« avec soumission.

« Ce n'est pas que je veuille empêcher de m'élire
« ce premier triennal ; mais dans trois ans je les
« prierais sans bruit de vouloir bien en élire une
« autre, ce qui se ferait sans éclat, sans façon et de
« bonne amitié ; et si je suis perpétuelle, il faudra
« encore bien de la cérémonie après ma mort, et
« peut-être du bruit ; ce que je souhaiterais d'é-
« viter.

« Les continuelles fautes que je fais dans cette
« charge par mon peu de vertu, me font souhaiter
« d'en être déchargée, et me font craindre qu'elles
« ne soient un obstacle à la grâce en moi ; il me
« semble que Dieu me donne souvent une forte
« pensée, que la communauté fera plus de bien
« après ma mort que pendant ma vie.

« Plusieurs personnes du monde disent que je
« suis bien fine de m'être faite perpétuelle, cela est
« de mauvais exemple ; plusieurs personnes m'en
« ont parlé : ainsi par orgueil même je souhaite d'en
« être défaite . . . .

« J'ai toujours commandé et jamais obéi ; je sou-
« haite de le faire avant que de mourir, et cela même
« me diminuera l'envie d'être religieuse.

« Il faut tant de choses pour être bonne supé-
« rieure, que cela me fait peur ; je me sens si éloi-
« gnée d'avoir les qualités qui lui sont nécessaires.
« Il lui faut le discernement des esprits, pour sa-
« voir pousser les unes, retenir les autres, juger ce
« qui est de la nature et de la grâce, voir ce qu'il
« faut accorder ou refuser, peser les inconvénients
« qu'il peut y avoir, tant pour le particulier que
« pour le général de la communauté.

« Il ne suffit pas de regarder les inconvénients
« présents, il faut envisager les conséquences pour
« l'avenir. Chaque particulière ne voit et ne sent
« que sa peine, il faut que la supérieure voie les
« peines de toutes sans se laisser aller lâchement et

« mollement, et sans être aussi trop ferme ; ce juste
« milieu est fort difficile. Il faut aussi qu'une supé-
« rieure tâche de reconnaître l'esprit de Dieu pour
« le suivre, et qu'elle n'agisse que par ce même
« esprit et non selon le sien, la passion ou l'hu-
« meur.

« Il faut peser tout au poids du sanctuaire, grande
« charité, patience sans se lasser ni rebuter, fermeté
« sans opiniâtreté.

« Ne pas fermer les cœurs, mais les ouvrir ; trou-
« vant bon qu'elles disent leurs pensées, sans leur
« montrer d'en être surprise, telles qu'elles soient.

« Confiance en Dieu, défiance de soi-même, hu-
« milité profonde, bon exemple, exactitude et assi-
« duité à tous les exercices : qui a tout cela ? »

L'archevêque vit, au contraire, par ces objections, que personne n'était plus digne que madame de Miramion d'être supérieure perpétuelle des filles de Sainte-Geneviève, « et, quoi qu'elle pût dire, il lui ordonna de se rendre à la prière de toute sa communauté, et de n'abandonner ce titre qu'avec la vie. »

Ce qu'elle fit alors sans résistance, et par pure obéissance, mais à la grande satisfaction de toutes les sœurs.

Elle eût pu par son crédit, dit Choisy, procurer aisément de grands biens à sa communauté ; mais elle se contenta d'en faire un établissement modeste, ne subsistant que par l'application et le travail, persuadée que les richesses conduisent au relâchement, et que, pour attirer la bénédiction de Dieu, il faut laisser beaucoup à faire à la Providence.

Quoiqu'elle vécût en dehors du monde et très-occupée de la direction de sa maison, cette retraite et ces soins ne l'empêchaient pas de voir ses amis, de les aimer avec tendresse, et de leur en donner souvent des marques effectives.

« Au mois d'octobre 1671, madame de Harlay, fille de M. le premier président de Lamoignon, tomba dangereusement malade de la petite vérole. M. de Harlay, son mari, alors procureur général et depuis premier président du parlement de Paris, s'enferma avec elle. Madame de Miramion, dès qu'elle le sut, alla la soigner, et ne la quitta plus jusqu'à sa mort. M. de Harlay admira son dévouement et son bon cœur; son estime pour elle en redoubla, et dans toutes les occasions il lui en témoigna sa reconnaissance[1]. »

Un matin de l'année suivante, on apprit soudainement que la jeune et vertueuse princesse de Conti venait d'être trouvée sans connaissance dans son lit. Madame de Miramion, tout en larmes, courut aussitôt lui offrir ses services ; mais déjà la princesse avait cessé de vivre.

---

[1] Choisy. — M. de Harlay était l'un des hommes les plus considérés de son temps, et, chose rare, il a été loué par tous ses contemporains. Ami de la Fontaine, il s'était chargé d'élever son fils.

« Cette nuit, écrit madame de Sévigné, madame la princesse de Conti est tombée en apoplexie : elle n'est pas encore morte, mais elle n'a aucune connaissance ; elle est sans pouls et sans parole. On la martyrise pour la faire revenir. Il y a cent personnes dans sa chambre, trois cents dans sa maison ; on pleure, on crie, voilà tout ce que j'en sais jusqu'à l'heure qu'il est [1]. »

Mais le lendemain elle ajoutait :

« Madame la princesse de Conti mourut quelques heures après que j'eus fermé mon paquet, sans avoir eu la moindre connaissance : la désolation de sa chambre ne se peut représenter.

« M. le duc, MM. les princes de Conti, madame de Longueville, madame de Gamaches, pleuraient de tout leur cœur.

« Madame de Gèvres avait pris le parti des évanouissements, madame de Brissac de crier les hauts cris et de se jeter par la place ; il fallut la chasser, parce qu'on ne savait plus ce qu'on faisait, ces deux personnages n'ont pas réussi : qui prouve trop ne prouve rien, dit je ne sais qui. Enfin la douleur est universelle. Le roi a paru touché, et a fait son panégyrique en disant qu'elle était plus considérable par sa vertu que par la grandeur de sa fortune. Elle laisse par son testament vingt mille écus aux pauvres, autant à ses domestiques ; elle veut être enterrée à sa paroisse tout

---

[1] Lettre du 4 février 1672 à madame de Grignan.

simplement comme la moindre femme. Je vis hier sur son lit cette sainte princesse : elle était défigurée par le martyre qu'on lui avait fait souffrir à la bouche, on lui avait rompu deux dents et brûlé la tête, c'est-à-dire que si on ne mourait point de l'apoplexie, on serait à plaindre dans l'état où l'on met les pauvres patients. Il y a de belles réflexions à faire sur cette mort, cruelle pour tout autre, mais très-heureuse pour elle qui ne l'a pas sentie et qui était préparée [1]. »

La princesse de Conti, qui était devenue veuve en 1666 à l'âge de vingt-neuf ans, avait rempli le court espace de temps qui s'écoula entre la mort de son mari et la sienne, par la pratique de toutes les vertus chrétiennes. Madame de Miramion, confidente et distributrice ordinaire de ses aumônes, eut un regret profond de cette fin prématurée.

III

Depuis son avénement au trône, Louis XIV avait marché, sans s'arrêter, de conquête en conquête. Après la Flandre et la Franche-Comté, le célèbre passage du Rhin venait de lui livrer la Hollande. Partout on élevait au roi vainqueur des monuments, qui de-

---

[1] La princesse de Conti fut inhumée à Saint-André des Arts. Sur le mausolée qu'on lui érigea on lisait : « Durant la famine de 1662 elle vendit toutes ses pierreries pour nourrir les pauvres. »

vaient durer plus que les conquêtes mêmes ; car l'arc de triomphe de la porte Saint-Denis, et les autres monuments de ces victoires étaient à peine achevés, que les Pays-Bas étaient déjà abandonnés. On quittait les trois provinces hollandaises avec autant de hâte qu'on en avait mis à les prendre; et cette évacuation rapide amenait partout un mouvement considérable de gens de guerre.

En 1675, les troupes qui passèrent ou qui séjournèrent à Melun y apportèrent un si mauvais air, qu'il en survint des maladies contagieuses. On fut obligé d'interdire tout commerce avec les villes voisines. Il y mourut plus de cent personnes par jour. La peur s'en mêlant, les malades demeurèrent abandonnés; on ne voulait plus les garder dans les maisons, et ils expiraient dans les rues, privés de tout secours. Les principaux magistrats, les officiers de la ville, tous étaient sur le point de déserter, lorsque madame de Miramion, qui possédait le château de Rubelle, dans le voisinage de Melun, ayant été avertie de l'état pitoyable de cette pauvre cité, arriva pour la secourir, accompagnée de chirurgiens et de sœurs grises.

« Vous savez l'horreur qu'on a de recueillir ces soupirs contagieux, qui sortent du sein d'un mourant pour faire mourir ceux qui vivent. Le mal qui consume l'un menace les autres ; le danger est presque égal en celui qui souffre et en celui qui l'assiste : et l'on ne peut avoir en servant ces sortes de malades, que la malheureuse consolation de les voir mourir, ou la triste espérance de leur survivre de quelques jours[1]. » Mais madame de Miramion s'élevait au-dessus des sentiments d'une piété commune. Née pour accomplir des actions héroïques, elle sacrifiait volontairement sa vie ; et, avec un dévouement admirable, elle demeura ferme au milieu d'un péril qui faisait trembler les plus courageux.

A peine arrivée, « elle fit assembler les magistrats ; car sa vertu lui donnait de l'autorité partout. » Elle leur demanda une maison pour y faire un hôpital, et y fit apporter des meubles de Rubelle. A son exemple, chacun voulut fournir ce qui était le plus nécessaire. On y établit des sœurs grises, et on y transporta les malades. Madame de Miramion les pansait de sa propre main, et les exhortait à bien mourir. Les prêtres et les religieux qui étaient encore dans la ville eurent honte de ce qu'une simple femme fît sous leurs yeux ce qu'ils devaient faire eux-mêmes. Quelques-uns de ceux qui s'étaient retirés revinrent à cette nouvelle faire oublier leur faiblesse par leur empressement. Bientôt tout s'anima d'un nouveau zèle, et pendant plus de deux mois que dura la maladie, madame de Miramion, sans songer à ses autres affaires, qu'elle ne considérait pas comme aussi pressées, ne quitta pas Melun. Elle dirigeait tout, comme si Dieu lui-même avait commis à ses soins le salut de cette

---

[1] *Oraison funèbre de madame de Montausier*, par Fléchier.

malheureuse ville. Ses veilles, ses exhortations, son argent, rien n'était épargné. Elle était remplie d'attention pour les malades, particulièrement pour les militaires : *Ils exposent tous les jours leur vie pour nous*, disait-elle aux religieuses ; *travaillez, nos sœurs, à la conserver, nous y avons toutes intérêt.* Mais leur âme lui paraissait encore bien plus précieuse que leur corps, et elle s'efforçait de leur faire comprendre que, voyant la mort souvent et de plus près que les autres hommes, ils devaient aussi s'y préparer avec plus de soin. La violence du mal donnait de l'autorité à ses paroles ; car il faut souvent la souffrance et la douleur du corps pour purifier l'âme des souillures du péché. Sa charité lui gagnait tous les cœurs, et l'esprit de foi qui l'animait achevait son ouvrage. Plusieurs, à sa prière, faisaient des confessions générales, et promettaient de vivre plus régulièrement ; d'autres mouraient dans des sentiments de repentir capables de racheter leur vie passée.

Au milieu de tant de soins, madame de Miramion fut soutenue par son zèle. Le mal général l'empêchait de songer au sien ; elle oublia qu'elle était malade (elle vomissait encore tout ce qu'elle prenait), et trouva dans son dévouement des forces qu'elle n'eût jamais espérées.

De retour à Paris, abattue par la fatigue, elle apprit que la même maladie régnait à Senlis, et que les mêmes besoins s'y faisaient sentir. Son zèle se ranima, et si M. Ferret, son supérieur, n'avait appuyé de son autorité les prières et les larmes de ses filles, elle repartait encore pour aller rendre les mêmes services. Mais l'obéissance dans cette occasion l'emporta sur la charité.

D'ailleurs, comme le dit Choisy, la charité même en elle était réglée, car elle ne s'abandonnait à toutes les bonnes œuvres qui se présentaient qu'après s'être acquittée de ses obligations les plus essentielles. Avant de songer aux étrangers, elle croyait se devoir aux besoins de sa paroisse ; aussi pendant plus de trente, cinq ans qu'elle a demeuré près de Saint-Nicolas du Chardonnet, n'a-t-elle jamais manqué une occasion de rendre service au séminaire ou à la communauté des prêtres de cette paroisse.

Cette communauté avait été institué en 1612 par M. Bourdoise, que saint François de Sales appelait le saint prêtre, et quelques-uns de ses amis, dans le but de travailler ensemble à devenir de bons ecclésiastiques, mais sans faire de vœux ni se lier autrement que par le sentiment commun d'une ardente charité. Ils demeuraient auprès de la porte principale de l'église de Saint-Nicolas du Chardonnet, dans la rue Saint-Victor, lorsque le curé de cette paroisse, l'abbé Froget, les admit dans son église ; ils s'y acquittèrent très-dignement de toutes les fonctions ecclésiastiques jusqu'en 1631, époque à laquelle le premier archevêque de Paris, Mgr de Gondy, les constitua en corps de communauté. En 1644, leur maison fut érigée en petit séminaire, et l'abbé Froget, pour subvenir aux besoins d'un établissement si utile, créa dans sa paroisse une œuvre charitable appelée bourse cléricale. Cette association, composée d'hommes et de femmes du monde, avait pour but d'aller solliciter à domicile, chaque année, les sommes nécessaires à l'entretien des jeunes séminaristes.

Toutes les personnes pieuses de cette paroisse, qui était alors très-bien habitée, voulurent prendre part à cette bonne œuvre, et madame la présidente de Nesmond et sa sœur, mademoiselle de Lamoignon, furent des premières à y figurer.

Cette association existait ainsi depuis plusieurs années, et le séminaire avait formé déjà un grand nombre d'ecclésiastiques distingués, quand madame de Miramion vint habiter la paroisse de Saint-Nicolas et se joignit à ses pieuses amies.

Dès qu'elle vit que cet établissement, qui rendait de si grands services, n'était fondé que sur des charités annuelles qu'il fallait sans cesse solliciter, elle craignit que son existence ne fût pas de longue durée, et prit la résolution d'y remédier. La maison qu'occupait ce séminaire ne lui appartenait pas, et les lettres d'autorisation que le roi lui avait accordées n'avaient été enregistrées qu'avec de grandes restrictions. Ces deux entraves à la stabilité et au soutien de cette œuvre préoccupèrent si vivement son esprit, qu'elle mit aussitôt tout en œuvre pour lever ces premières difficultés.

Elle ne se contenta pas d'y employer son crédit, elle

y aida d'abord de sa fortune. Après avoir donné dix-sept mille francs pour l'entretien de trois jeunes séminaristes, elle se chargea du traitement annuel de trois prêtres qu'on appelait oblats, et qui allaient s'adjoindre aux curés des paroisses les plus pauvres du diocèse. Enfin elle y joignit une rente de neuf cents livres pour fonder une messe basse qui se dirait chaque jour dans la chapelle de sa communauté, dans l'église Saint-Nicolas.

Déjà vers 1663, suivant les conseils de la charitable princesse de Conti, qui l'avait toujours aidée dans ses œuvres bienfaisantes, elle était allée solliciter particulièrement la charité de M. de Conti. Ce prince, après avoir mené dans sa jeunesse une vie fort légère, était devenu très-dévot depuis son mariage. C'est lui qui chassait les comédiens des provinces qu'il commandait, pour y envoyer d'ardents missionnaires chargés de convertir les protestants. Madame de Miramion, en lui expliquant le but de sa démarche, n'eut pas de peine à l'intéresser à l'avenir du petit séminaire ; et le prince lui remit sur-le-champ trente-six mille francs qui furent employés à l'achat de la maison. En outre, elle obtint que le parlement enregistrât sans restriction les lettres patentes accordées précédemment par le roi à cet établissement. Le président de Nesmond, son gendre, prit aussi, à cause d'elle, une part très-active à la réussite de cette affaire, qui avait paru jusque-là impossible à réaliser, et grâce à leur initiative le séminaire de Saint-Nicolas fut établi d'une manière stable.

Ce fut à cette époque, et en reconnaissance de tant de bienfaits, que madame de Miramion fut élue trésorière de la bourse cléricale, fonctions qu'elle a conservées ensuite jusqu'à sa mort.

Plus tard, quand les directeurs du séminaire, n'ayant plus assez de logement, furent obligés de bâtir, c'est encore elle qui, de sa bourse et de celle de ses amis, leur procura l'argent nécessaire à ces constructions.

« De plus, elle fournissait aux jeunes prêtres qui sortaient chaque année du séminaire pour aller en Irlande, soit des calices d'argent et des ornements d'église, soit des habits séculiers. Enfin, pendant plus de trente ans elle a fait blanchir dans sa communauté tous les surplis et tous les linges d'église de cet établissement [1]. »

Ce séminaire, dont madame de Miramion a été ainsi la principale bienfaitrice, a dû sans doute à l'utilité de son but et à la modestie de son existence, d'échapper plus facilement que les autres aux injures du temps et aux troubles des révolutions, car, au milieu des ruines de tant de fondations magnifiques, il est resté debout, tel à peu près qu'il était il y a deux siècles, et servant encore aujourd'hui de succursale au petit séminaire de Saint-Sulpice. Les vastes

---

[1] Choisy.

salles basses qui lui servaient autrefois de réfectoire, quoique devenues plus sombres et plus humides, servent au même usage aux générations nouvelles ; et parmi les hôtes illustres qu'elles s'honorent d'avoir abrité, on compte l'éminent et vénérable évêque d'Orléans, Mgr Dupanloup, qui était directeur de ce séminaire en 1840.

« Mais c'est surtout envers l'église de Saint-Nicolas du Chardonnet que madame de Miramion fut libérale et presque prodigue, car elle lui a donné d'abord plus de cinquante mille francs ; et lorsque cette construction pensa tomber, parce qu'on n'y avait pas fait assez de piliers, elle envoya encore six mille livres pour y travailler, et se rendit caution de douze autres mille qu'elle a payées depuis ; sans compter tous les ornements à fond d'or et d'argent, de velours et de damas, les chandeliers d'argent, le soleil et le dais pour le saint sacrement qu'elle lui a aussi donnés[1]. »

L'église de Saint-Nicolas, rebâtie vers 1665, à l'angle des rues Saint-Victor et des Bernardins, telle qu'elle existe encore aujourd'hui, est donc due, en grande partie, aux libéralités de madame de Miramion.

C'est dans cette église, contiguë à leur communauté, que les Filles de Sainte-Geneviève avaient leur chapelle particulière, formée des deux premières chapelles qui sont à la droite de l'autel, et communiquant entre elles par une large ouverture cintrée qu'on voit

---

[1] Choisy.

encore. C'est dans cette enceinte réservée que, pendant plus de trente ans, madame de Miramion vint s'agenouiller plusieurs fois chaque jour. C'est de là que montèrent vers Dieu ses plus ferventes prières, là que son cœur fut déposé après sa mort et demeura jusqu'aux profanations de 1795 [1].

IV

Le vendredi 19 juillet 1675, madame de Miramion eut la pieuse satisfaction d'assister à une procession solennelle de la châsse de sainte Geneviève, patronne de Paris, cérémonie que la gazette du temps cite comme l'une des plus remarquables qui aient eu lieu.

« Ces processions ne se faisaient que dans les plus pressantes nécessités, et en vertu des ordres du roi, des arrêts du parlement et des mandements de l'archevêque de Paris et de l'abbé de Sainte-Geneviève [1]. »

Cette année-là, les pluies ayant duré deux mois, et ruinant toute espérance de moisson, l'Église or-

---

[1] Cette chapelle est encore dédiée à sainte Geneviève ; mais en dehors de ce souvenir, l'église de Saint-Nicolas du Chardonnet ne conserve plus aucune trace de l'existence de madame de Miramion. Ne serait-il pas à souhaiter qu'une inscription commémorative fût rétablie à la place où son cœur a été déposé si longtemps, et vînt rappeler à la mémoire des fidèles le nom et les vertus de la première bienfaitrice de cette église ?

[2] *Mémoires* du duc de Saint-Simon.

donna des prières publiques au tombeau de sainte Geneviève pour obtenir qu'elles cessassent. « Ces prières ayant eu tout le succès qu'on en pouvait souhaiter, la procession se fit pour en rendre solennellement grâces à Dieu. »

Le tombeau de l'humble bergère était dans la crypte souterraine de l'église de Sainte Geneviève, rue de Clovis, et la châsse qui contenait ses reliques était exposée derrière le maître-autel de l'église haute : c'est là qu'on allait la prendre en grande pompe pour la transporter solennellement à Notre-Dame.

Cette procession que, madame de Miramion eut la joie de suivre, entourée de toutes les filles de sa communauté, faisant cortège à la châsse de leur sainte patronne, fut favorisée par le plus beau temps, et put traverser les rues étroites du vieux Paris, toutes jonchées de fleurs et tendues de tapisseries magnifiques, sans éprouver le moindre accident nuisible à l'édification des fidèles.

Madame de Sévigné, l'immortelle historiographe de ce temps, témoin oculaire de cette imposante cérémonie, en parle ainsi à sa fille :

« J'ai été avec madame de Vins, l'abbé Arnauld et d'Hacqueville, voir passer la procession de Sainte-Geneviève ; nous en sommes revenus de très-bonne heure, il n'était que deux heures ; bien des gens n'en reviendront que ce soir. Savez-vous que c'est une belle chose que cette procession ?

« Tous les différents religieux, tous les prêtres

des paroisses, tous les chanoines de Notre-Dame, et M. l'archevêque pontificalement qui va à pied, bénissant à droite et à gauche jusqu'à la métropole ; il n'a cependant que la main gauche ; et à la droite, c'est l'abbé de Sainte-Geneviève nu-pieds, précédé de cent cinquante religieux nu-pieds aussi, avec sa crosse et sa mitre, comme l'archevêque, et bénissant de même... Le parlement en robes rouges, et toutes les compagnies supérieures suivent cette châsse, qui est brillante de pierreries, portée par vingt hommes habillés de blanc, nu-pieds... Vous m'allez demander pourquoi on a descendu cette châsse : c'était pour faire cesser la pluie et pour demander le chaud, l'un et l'autre étaient arrivés au moment qu'on a eu ce dessein... »

Un mois après, madame de Miramion assistait dans l'église des Carmélites à une autre cérémonie religieuse, magnifique aussi, mais bien triste et toute funèbre : c'étaient les obsèques de haute et puissante dame Marie de Wignerod, duchesse d'Aiguillon, pair de France[1]. « Je viens vous annoncer avec l'Apôtre que tout finit, disait l'évêque de Nîmes, à l'assemblée nombreuse et choisie qui l'écoutait avec recueillement, afin de vous ramener à Dieu qui ne finit point...

« Les tristes dépouilles d'une illustre morte, les larmes de ceux qui la pleurent, des autels revêtus

---

[1] Titre auquel lui donnait droit son duché-pairie d'Aiguillon, et qu'elle pouvait transmettre.

de deuil, un prêtre qui offre attentivement le sacrifice que l'Église appelle terrible, un prédicateur qui, sur le sujet d'une seule mort, va décrier la vanité de tous les mortels ; tout cet appareil de funérailles vous a sans doute déjà touchés. A la vue de tant d'objets funèbres, la nature se trouve saisie ; un air triste et lugubre se répand sur tous les visages : soit horreur, soit compassion, soit faiblesse, tous les cœurs se sentent émus ; et chacun regrettant la mort d'autrui, et tremblant pour la sienne propre, reconnaît que le monde n'a rien de solide, rien de durable, et que ce n'est qu'une figure, et une figure qui passe...

« Mais je parle d'une âme pénitente, qui a vu de loin le jour du Seigneur, et qui s'y est préparée par la solitude et la prière. Je vois au travers de ces grilles ce chœur où elle a tant de fois chanté les cantiques de Sion, ces oratoires où elle a pleuré ses péchés ; ce cloître où elle a répandu l'odeur de tant de vertus, qui y sont encore comme vivantes ; et, pour recueillir tout ensemble, ce monastère qu'elle a soutenu par ses libéralités, qu'elle a fréquenté par ses retraites, qu'elle a édifié par ses exemples. »

Madame de Miramion, qui avait admiré plus que personne l'ardeur pieuse de madame d'Aiguillon, la grandeur de son courage et l'étendue de sa charité, regretta sincèrement cette illustre protectrice des pauvres.

Chaque année, craignant comme saint François de Sales que le tumulte du monde et la multitude de ses occupations ne vinssent à épancher trop son âme au dehors, madame de Miramion faisait une retraite spirituelle de huit jours.

Plusieurs fois pendant ces retraites, son directeur, M. l'abbé Ferret, lui ordonna d'écrire toutes les pensées que Dieu lui inspirerait, et elle le fit toujours avec obéissance; mais l'abbé de Choisy, qui dit avoir eu entre les mains l'original de toutes ces retraites, écrites par elle-même, ne nous en a fait connaître que deux que nous transcrirons à la fin de ce livre parmi les écrits de madame de Miramion.

On y verra régner, comme il le dit, l'Esprit de Dieu, qui lui inspirait sans cesse l'humilité, la mortification et l'anéantissement.

« Au milieu des grâces que Dieu lui faisait, elle n'était pas cependant exempte de quelques tentations, principalement sur la foi, et lorsqu'un jour, peinée de son aveuglement, elle s'en plaignait à M. Ferret : « Madame, lui répondit-il, demeurez en paix; vous sentez assez la foi, puisque vous agissez toujours selon la foi; ces nuages passeront, et la lumière reviendra[1]. »

Bientôt, voyant les forces de ce sage conseiller décliner visiblement sous le poids de l'âge, elle pressentit la perte qu'elle allait faire, et, voulant avoir son avis sur des questions qui la préoccupaient relativement à sa communauté et à elle-même, elle lui écrivit le billet suivant :

[1] Choisy.

« Comme vous êtes la personne du monde pour
« qui Dieu m'a donné le plus de confiance et d'es-
« time, je vous prie de me dire, en cas que Dieu
« veuille que je lui fasse le sacrifice de votre vie
« devant celui de la mienne, ce que vous croyez le
« mieux pour sa gloire sur ce que je vais vous pro-
« poser. » Et elle lui présenta une liste de questions,
auxquelles il répondit aussi par écrit. On sera édifié,
en les lisant[1], de l'humilité de ces questions autant
que de la sagesse des réponses.

La santé de madame de Miramion était restée mauvaise, ses vomissements continuaient. « Mais plusieurs
fois pendant ses oraisons, Dieu lui ayant envoyé la
pensée qu'il y avait des âmes destinées à faire pénitence ici-bas pour les autres pécheurs, elle crut
comprendre qu'elle était une de ces âmes privilé-
giées, et que si ses souffrances étaient acceptées par
elle et offertes à Dieu en esprit de pénitence, son
sacrifice pourrait ainsi contribuer au salut de plusieurs. »

Cette pensée la soutint dans sa soumission, et
quand elle en fit la confidence à M. Ferret, il lui dit :

« Vous devez offrir à Dieu les souffrances que vous
endurez depuis quinze ans, et demeurer toujours
dans la résolution de souffrir encore davantage pour
la conversion des pauvres pécheurs ; car le temps
de votre pénitence n'est pas encore arrivé. Lorsque

[1] Voir à l'Appendice, où nous les reportons pour ne pas inter-
rompre le récit.

Dieu voudra accepter votre sacrifice, il vous en donnera une marque sensible en vous guérissant alors de votre vomissement. »

Le 16 janvier 1677, M. Ferret mourut. Madame de Miramion, dont il avait été seize ans le directeur, le pleura comme un père.

Après avoir fait embaumer son corps, et enfermer son cœur dans un vase d'argent, pour être déposé, selon ses désirs, dans le chœur de l'église de Saint-Nicolas du Chardonnet, elle fit à ses frais rendre à sa dépouille mortelle tous les honneurs funèbres dus à la position élevée qu'il occupait dans l'Église.

Le lendemain des funérailles, comme elle était agenouillée dans l'église, et tenait entre ses mains ce cœur qu'on allait sceller à jamais sous la pierre, elle demanda à Dieu, en présence duquel elle ne doutait pas que ne fût l'âme de M. Ferret, d'accomplir sa volonté en elle. « Le même jour elle fut guérie de son vomissement. Déjà elle ne se souvenait plus de ce qui s'était passé, quand sept ou huit jours après, étant devant le saint sacrement, elle s'en souvint et crut entendre que la guérison de son vomissement était la marque que Dieu lui avait donnée de sa volonté. Elle demeura très-embarrassée : les voies extraordinaires lui faisaient de la peine ; elle craignait aussi d'être infidèle à Dieu, et, n'ayant point encore de directeur, elle ne savait à qui s'adresser.

« La fête de Pâques étant arrivée, elle alla à confesse à M. Benjamin, nouveau curé de Saint-Nicolas, docteur en théologie et official de Paris, et lui apprit tout ce que lui avait dit M. Ferret. « Madame, lui dit-il, voilà l'accomplissement de ce que M. Ferret vous avait prédit ; vous ne vomissez plus, sans avoir fait aucun remède pour vous guérir ; la volonté de Dieu paraît visiblement, et vous pouvez commencer votre pénitence pour les pécheurs. » Il lui conseilla néanmoins d'en parler à quatre docteurs séparément. Elle choisit MM. Grandin[1], Chamillart, Courcier et Marcot : ils furent tous quatre de l'avis de M. Benjamin. M. Vesou, le médecin, fut aussi appelé ; il avoua qu'il n'avait jamais connu la cause du vomissement, et comprenait encore moins la guérison ; qu'il y avait en cela quelque chose qu'il n'entendait pas, et que la main de Dieu agissait en elle : discours que les médecins ne tiennent pas sans de grandes raisons[2]. »

Elle comprit alors ce que Dieu demandait d'elle en lui rendant la santé, et elle reprit toutes les pratiques de la plus sévère austérité, « les jeûnes étant redoublés, les prières plus longues, même pendant la nuit, et les ceintures de fer n'étant pas oubliées, en vue de faire pénitence pour les pécheurs. »

[1] Martin Grandin, docteur et professeur de Sorbonne, jouissait d'une grande réputation de sagesse.
[2] Choisy.

A la mort de M. Ferret, M. Edme Jolly, supérieur général de la Mission des prêtres de Vincent de Paul[1], ayant été élu supérieur des Filles de Sainte-Geneviève, madame de Miramion le prit aussi pour son directeur. Ce dernier, pour la mieux connaître, lui demanda d'écrire un abrégé de sa vie.

Madame de Miramion s'en défendit longtemps, mais, M. Jolly ayant persisté dans sa demande, elle obéit.

C'est à cette confession (qui ferait ici répétition, et qu'on a reportée à la fin de ce livre parmi les autres écrits de madame de Miramion), que nous avons dû de connaître, racontés par elle-même, quelques-uns des événements de sa vie, et surtout des sentiments qui l'ont animée.

V

Le 10 décembre 1677, madame de Miramion apprit tout d'un coup la mort de M. de Lamoignon, qu'elle avait quitté la veille en parfaite santé.

---

[1] Edme Jolly avait été formé à la piété par Vincent de Paul lui-même, et envoyé à Rome par lui pour être supérieur de la maison qu'il avait établie dans la ville éternelle. Il fut élu supérieur des lazaristes à la mort de Réné Alméras, qui avait succédé à saint Vincent de Paul. C'était un des plus célèbres docteurs qu'il y eût alors à Paris, la reine Anne d'Autriche eut souvent recours à ses conseils durant sa régence, et c'est lui que Mazarin fit appeler pour l'assister à l'heure de la mort.

Voici en quels termes la gazette et les lettres du temps rapportent cet événement :

« Messire Guillaume de Lamoignon, premier président du parlement de Paris, mourut ici, la nuit du jeudi 9 décembre au vendredi 10, âgé de soixante et un ans. La perte de ce grand magistrat, dont la piété singulière, l'attachement inviolable au service du roi, l'intégrité incorruptible et le savoir profond sont si connus depuis longtemps dans le royaume, est extrêmement sensible, et il est universellement regretté. »

« Vous jugez aisément par vous-même, monsieur, écrivait le père Bouhours à M. de Bussy, le 4 janvier, combien la mort de M. le premier président nous a accablés. C'est un coup de foudre plus surprenant et plus terrible que le coup de canon qui emporta M. de Turenne. Il n'est pas étrange, après tout, qu'un homme de guerre soit frappé plutôt qu'un autre ; mais qu'un homme plein de santé et qui n'est point vieux meure tout à coup d'un transport au cerveau, sans qu'on en voie aucune cause, c'est ce qui me paraît effroyable. »

« Il est vrai, monsieur, dit le père Rapin également à M. de Bussy, que c'est un coup de tonnerre que cette mort, pour les amis et pour la famille du grand homme que nous pleurons ; mais c'est un coup de grâce pour lui. Il y avait deux ans qu'il se préparait à mourir ; il fit son testament l'année passée à Bâville ; il ne lisait de livres de dévotion que ceux qui lui parlaient de la mort; il écrivit à mesdames ses filles de Sainte-Marie, cinq semaines avant que de mourir, une lettre qui est une vraie prophétie de sa mort. A l'ouverture qu'il fit au parlement, trois semaines avant que de mourir, ce fut un discours sur ce qu'on ne pensait pas à la mort, quoique depuis deux ans il se portât bien mieux qu'il ne faisait auparavant. Les médecins disent que la cause de sa mort fut la maladie de la pierre qui occasionna un transport au cerveau; car il ne se sentit presque pas mourir. Mais ce n'est pas cela, monsieur, c'est que Dieu est en colère contre nous; nous n'étions pas dignes, dans le misérable siècle où nous vivons, de posséder plus longtemps un si grand homme; car il n'y eut jamais une plus belle âme jointe à un plus bel esprit. Mais enfin, monsieur, le plus grand de tous les éloges est que le peuple l'a pleuré, et chacun s'est plaint de sa mort comme de la perte d'un ami ou de celle d'un bienfaiteur. Pour vous, monsieur, vous y avez perdu un ami tendre et sincère; il vous connaissait pour homme droit et d'un esprit extraordinaire, et il vous aimait parfaitement. Je pense à faire quelque chose qui puisse le faire connaître à ceux qui ne l'ont pas vu et à la postérité. Au nom de Dieu, monsieur, aidez-moi de vos lumières; vous l'avez connu, et vous l'avez compris. Cette honnêteté, cette grandeur d'âme, cette sagesse, cette modestie, cet homme qui ne faisait point de fautes parmi les écueils du palais et de la cour, car vous connaissiez tout cela, ayez la bonté d'y faire quelques réflexions, et de me mander vos pensées : vous devez cela à l'amitié que vous aviez pour lui, et à celle que vous me faites l'honneur d'avoir pour moi[1]. »

On comprend quelle dut être la douleur de madame de Miramion. « Elle était depuis plus de trente ans l'amie et la confidente des charités de ce grand magistrat. Il connaissait toute sa vertu, et, plein de respect pour son jugement, il ne décidait rien dans les affaires où les pauvres avaient intérêt sans la consulter ; il lui proposait les plus grandes difficultés, et suivait ordinairement ses avis ; car elle y voyait clair, il semblait que Dieu récompensât le zèle par la lumière ; les expédients ne lui manquaient jamais, et ce qui semblait impossible aux autres réussissait entre ses mains.

« Elle joignit ses larmes à celles du public, et lui fit faire à ses dépens des obsèques magnifiques dans l'église Saint-Nicolas du Chardonnet, où M. l'abbé Fléchier, depuis évêque de Nîmes, fit l'oraison funèbre avec le succès qui lui est ordinaire[2].

« C'est une vérité, a-t-il dit dans cette oraison, que la bonté, à proprement parler, est le caractère de Dieu seul... Toutefois il s'élève dans tous les temps certaines âmes bienfaisantes qui, servant comme d'instrument à cette bonté souveraine, ne donnent d'autres

---

[1] Manuscrit de la Bibliothèque nationale, t. VIII.
[2] Choisy. (Le 18 février 1679.)

bornes à leur charité que celles que Dieu a données à leur pouvoir. Tel était M. de Lamoignon... Près des murs de cette ville royale, s'élève un superbe édifice... (l'hôpital général) ; c'est là que la faim est rassasiée, que la nudité est revêtue, et que l'infirmité est guérie. La ferveur qu'on a d'abord pour les nouveaux établissements, l'honneur qu'on se fait d'avoir part aux grandes œuvres de piété..., tout contribua d'abord à fonder cette sainte maison. Mais elle fut bientôt ébranlée..., et l'on vit tarir les principales sources de la charité. M. le premier président, par le droit de sa charge, et plus encore par sa propre inclination, entreprit de maintenir un ouvrage que son prédécesseur avait commencé avec tant de succès.

« Quel soin ne prit-il pas de chercher des fonds dans un temps où la misère était augmentée et la charité refroidie !...

« Quelle application n'eut-il pas pour établir la discipline parmi cette troupe de mendiants renfermés !... Quel ordre ne donna-t-il pas pour les accoutumer au travail et à la piété !... Il ne s'arrêta pas à la protection, il passa jusqu'aux assistances effectives, et il joignit à son crédit ses propres aumônes... Car... il consacra ce qu'il retirait tous les ans du travail du palais à la subsistance des pauvres ; il n'était pas content de leur avoir distribué du pain, s'il ne l'avait gagné lui-même ; il ne leur offrait pas les restes de sa vanité ou de sa fortune, mais les fruits de ses propres mains... Cette portion de son bien lui était sacrée; il y mettait son cœur comme à son trésor.

« Vous le savez, pieuse confidente de ses aumônes secrètes (ajouta-t-il en s'adressant à madame de Miramion), qui lui rendez aujourd'hui les offices publics d'une sainte amitié; vous le savez, avec quelle joie il dispensait ces revenus de sa charité pour racheter ses péchés, et pour honorer Dieu de sa substance[1]. »

[1] Oraison funèbre prononcée par Fléchier, le 18 février 1679, dans l'église Saint-Nicolas du Chardonnet. Fléchier était précepteur du fils de M. Caumartin, cousin de madame de Miramion.

CHAPITRE XI

MADAME DE MIRAMION
DIRECTRICE DES FILLES DE LA PROVIDENCE

1678-1682

I. Origine des ouvroirs. — II. Madame de Pollalion. — III. Maladie de madame la présidente de Nesmond. — IV. Exhumation des restes de mademoiselle Legras. — Voyage à la Flèche et à Angers. — L'évêque Henri Arnauld. — V. Lettres de madame de Miramion.

> Aimer quelque chose plus que soi-même, là est le secret de tout ce qui est grand; savoir vivre en dehors de sa personne, là est le but de tout instinct généreux. (E. S.)

I

On peut dire de madame de Miramion, suivant l'expression de l'Écriture sainte, que, dans le cours de sa vie, un jour apprenait à l'autre quelque nouveau service à rendre à Dieu. Les nuits mêmes ne gardaient pas pour elle de silence, l'une ajoutait à l'autre quelque nouvelle lumière pour glorifier un si grand maître.

Elle avait, en effet, des heures réglées de prière pendant la nuit, aussi bien que pendant le jour. Et, quand tout dormait autour d'elle, à l'heure où l'oubli semble, avec le sommeil, descendre sur toutes les existences, elle se levait pour prier et songer à la mort. Ainsi la nuit n'était pour elle ni solitaire ni oisive; car, durant ces pieuses veilles, son esprit, toujours en présence de Dieu, découvrait souvent quelque nouveau moyen de l'honorer en soulageant encore l'humanité.

Un soir de l'année 1678, en rentrant chez elle par le quai, elle entendit, sur le port de la Tournelle, plusieurs jeunes filles qui jouaient et causaient d'une manière inconvenante avec de jeunes garçons. L'idée du mal qui pouvait résulter d'une telle familiarité, et le spectacle scandaleux qu'on avait sous les yeux, la frappèrent. Elle y songea plusieurs fois dans la nuit, et chercha quelque moyen d'y remédier. Le matin, elle fit appeler chez elle quelques-unes de ces jeunes filles, après en avoir parlé à leurs mères. Elle leur demanda, sans les gronder, ce qu'elles faisaient toute la journée, et reconnut aisément, par leurs réponses, que l'oisiveté et le manque de principes religieux pourraient les entraîner bien vite au désordre. Désireuse de les arracher à tout prix à un danger si menaçant, elle leur proposa de venir le jour même chez elle, y apprendre à travailler à l'aiguille, et leur promit de les mettre promptement en état de gagner honnêtement leur vie si elles le voulaient. Elles acceptèrent, et peu de temps après madame de Miramion les établit commodément dans une maison qu'elle loua dans son voisinage, et qu'on appela *la chambre de travail de la paroisse*. Cet établissement était dirigé par deux maîtresses chargées d'instruire les jeunes filles. Elles commençaient et finissaient la journée par la prière; et pour occuper leur esprit pendant les heures consacrées au travail manuel, on leur faisait chanter de pieux cantiques. Elles apprenaient ensuite à lire et à écrire, et trois fois par semaine on leur faisait le catéchisme. A midi, le dîner était servi gratuitement pour tout le monde, et, le soir, celles qui avaient gagné suffisamment recevaient encore à souper. La plupart retournaient coucher chez leurs parents; mais celles qui n'en avaient plus restaient alors comme pensionnaires, ce qui faisait de cette maison un orphelinat en même temps qu'un ouvroir.

L'utilité de cet atelier de travail, et les nombreux avantages qu'il offrait à la jeunesse, ne tardèrent pas à être justement appréciés par les familles pauvres de la paroisse. On estimait davantage les jeunes filles qui étaient admises à en faire partie, et celles-là, sachant mieux travailler, trouvaient ensuite plus facilement à s'établir.

Le succès qu'obtint dès ses débuts cette heureuse création, la fit bientôt imiter, d'abord dans plusieurs paroisses de Paris, et ensuite à Versailles, à Fontainebleau et à Saint-Germain, où madame de Maintenon voulut bien la prendre sous son bienveillant patronage.

Le roi, dès qu'il connut ce nouveau moyen de moralisation, l'approuva hautement, et fit complimenter madame de Miramion de l'heureuse inspiration qu'elle avait eue.

Depuis cette époque, cette pensée féconde, développée et perfectionnée comme tout ce qui est véritablement bon, a donné naissance aux orphelinats et aux ouvroirs qui de nos jours rendent partout de si grands services à la jeunesse et à la famille.

II

Dans le courant de la même année, la vertueuse directrice des filles de la Providence, mademoiselle Viole, étant venue à mourir, quatre sœurs religieuses de cette communauté vinrent supplier madame de Miramion de vouloir bien accepter la direction de leur maison.

Elle eut d'abord beaucoup de répugnance à s'en charger, dans la crainte, disait-elle, que la multitude des affaires extérieures ne l'empêchât de songer à sa propre perfection.

Mais l'Esprit de Dieu, qu'elle interrogeait sans cesse, lui inspira ensuite d'autres pensées, et voici ce qu'elle-même écrivit à ce sujet :

« Après avoir témoigné aux sœurs toute la peine
« que j'ai de prendre soin des filles de la Provi-

« dence, j'ai pensé, la nuit suivante, dans mon
« oraison, que je n'aimais pas Dieu purement, ne
« voulant pas m'exposer pour tâcher de lui gagner
« des âmes ; après y avoir pensé avec peine, il m'est
« venu à l'esprit : La peur que tu as de te blesser
« fait que tu n'oses pas te jeter dans la mêlée pour
« empêcher que l'on ne blesse à mort Celui que tu
« dis que tu aimes ; ce n'est pas aimer Dieu pure-
« ment, il te soutiendra pour faire de toi ce qu'il
« veut.

« Il te reste encore à faire le sacrifice de tout ton
« temps, pour être employé comme il le veut et non
« comme tu le veux. Quand tu le sers dans la retraite,
« crains de le servir pour l'amour de toi ; mais quand
« tu le sers pour le prochain, tu le sers pour l'amour de
« lui-même. Celui qui est appelé à la retraite, qu'il y
« demeure; celui qui est appelé à l'action, qu'il agisse.
« Les saints ont l'éternité pour contempler, et cette
« vie est donnée pour travailler à ceux qui y sont
« appelés. Ne crains pas d'être trompée et de trop
« entreprendre, d'être dissipée ou louée, pourvu
« que tu ne fasses rien que par obéissance et
« soumission, et en disant toutes choses simple-
« ment.

« Mon esprit aime naturellement à entreprendre
« et à faire beaucoup. Dieu m'a toujours donné un
« cœur pour tout faire ; ce qui m'a fait et me fait
« encore me défier de mes pensées. Depuis long-
« temps je désire la retraite et j'appréhende toujours

« de me trop dissiper, quoique j'aimasse à travailler
« pour Dieu. »

Madame de Miramion s'en rapporta ensuite, comme elle le faisait toujours, à la décision de son directeur, M. Jolly : « Pesez, je vous supplie, toutes choses
« devant Dieu, lui écrivait-elle, mon peu de capacité
« et de vertu et le peu de loisir que j'ai ; cependant
« je vous obéirai en cela comme en toutes choses. »
M. Jolly lui ayant ordonné de se charger de cette communauté, elle obéit et fut élue directrice des filles de la Providence.

« Elle y allait souvent et leur faisait des conférences capables d'exciter les moins ferventes ; l'amour de Dieu animait toutes ses paroles et leur donnait une force victorieuse de tous les cœurs ; on ne se plaignait plus quand on l'avait entendue, la pauvreté et l'humiliation se faisaient désirer, et chacune de ces filles se croyait heureuse d'avoir quelque chose à souffrir[1]. »

Cette communauté, instituée en 1645 par Marie de Lumague, veuve de M. de Pollalion, sous la conduite de saint Vincent de Paul, avait été d'abord très-florissante. Mais depuis la mort de ses fondateurs, elle n'était plus guère soutenue que par les libéralités du roi, et semblait près de s'éteindre. Madame de Miramion en fut la seconde bienfaitrice. Depuis le jour où elle en devint directrice et jusqu'à l'heure de

Choisy.

sa mort, elle ne cessa de lui prodiguer ses dons et ses soins. Grâce à elle, l'institution fut relevée et resta longtemps prospère[1]. Au moment de mourir, elle était encore préoccupée de l'avenir de cette communauté, et elle voulut écrire pour lui léguer une rente et la recommander à la générosité du roi. Enfin, après sa mort et sur sa recommandation, sa fille, madame la présidente de Nesmond, fut élue directrice des filles de la Providence, et continua d'accorder à cette maison les témoignages d'intérêt dont elle avait eu l'exemple.

I

La charité de madame de Miramion était inépuisable, car, en même temps qu'elle entreprenait tant d'œuvres diverses à Paris, elle s'occupait encore du sort des campagnes. « Elle y envoyait des missionnaires, et y faisait établir des écoles ; car, dans tous les temps, le salut des âmes a toujours été le but principal de ses charités. Elle a ouvert ainsi dans plusieurs provinces, et à différentes époques, plus de cent écoles pour l'instruction de la jeunesse, et elle a fait prêcher à ses frais dans les villages plus de

---

[1] Cette maison, située faubourg Saint-Marcel, a été détruite à la révolution, et son église, comme la communauté est devenue une propriété particulière.

deux cents missions[1]. » Ses revenus, ses propriétés, ses bijoux, rien n'était épargné pour fournir à ses bonnes œuvres. Aussi, quand un jour son homme d'affaires vint lui annoncer, tout éperdu, qu'elle venait de faire une perte considérable : *Ce n'est pas moi, lui dit-elle froidement, qui suis à plaindre, ce sont les pauvres*[2].

Les pauvres, en effet, pouvaient seuls souffrir de l'amoindrissement de sa fortune; car depuis longtemps elle leur avait destiné tout ce qu'elle possédait. Sans doute, si sa fille avait eu des enfants, elle eût, ainsi qu'elle l'a écrit dans son testament, *pris cela en considération*, et agi différemment. Mais madame de Nesmond, qui avait hérité du côté de son père d'une fortune considérable, étant restée sans postérité après plus de dix-huit ans de mariage, madame de Miramion considérait qu'elle était libre de suivre son inclination naturelle, et de consacrer la plus grande partie de ses biens au soulagement des pauvres et au triomphe de la religion.

Si quelque chose surprend quand on considère tout le bien qu'a fait cette généreuse femme, pendant le cours d'une vie encore assez longue, c'est que sa fortune, toute considérable qu'elle était, ait pu suffire à tous les actes de bienfaisance, à toutes les œuvres pieuses qu'elle a accomplies. Mais la charité, on le sait, est une œuvre essentiellement collective. C'est

---

[1] Choisy.
[2] Ibid.

là le secret de ses inépuisables ressources. Et souvent pour les établissements charitables aussi bien que pour les institutions religieuses, Dieu permet que l'initiative et une légère mise de fonds soient les seules choses vraiment nécessaires pour atteindre le but. L'idée du bien une fois émise germe d'elle-même dans les cœurs, et la premiere obole offerte en attire mille autres, que l'amour-propre augmente ensuite, et qui viennent à l'envi concourir à l'achèvement de l'œuvre.

A la fin de l'année 1679, Dieu, qui voulait sans doute éprouver madame de Miramion par des peines plus sensibles pour elle que toutes les pertes d'argent, et plus cruelles que toutes les douleurs qu'elle avait ressenties jusque-là, vint la toucher dans ce qu'elle avait de plus cher au monde. Sa fille, madame de Nesmond, dont la santé débile avait été pour elle un sujet continuel d'alarmes, s'affaiblit de plus en plus, et devint si dangereusement malade de la poitrine, que les médecins déclarèrent la science impuissante à la guérir, et annoncèrent sa mort prochaine. Qui n'a souffert qu'en soi, ne connait pas l'amertume de la souffrance. Ceux qui ont craint pour ce qu'ils aimaient, ceux qui ont interrogé en tremblant cette science terrible, qui sait si peu de chose, ont éprouvé tout ce qu'il y a d'anxiété dans cette cruelle attente. Mais ceux-là seuls qui ont vu souffrir leur enfant et l'ont entendu condamner, ceux-là seuls connaissent tout ce que le cœur humain peut endurer d'angoisses poignantes et d'inquiétudes mortelles, en présence d'un tel arrêt. Le temps n'a plus de mesure, la vie est suspendue, et toutes nos facultés s'arrêtent comme pour se concentrer dans la seule force de sentir et multiplier en nous la puissance de souffrir.

« O mon Dieu, que votre volonté soit faite, et non pas la mienne ! » s'écriait, comme Notre-Seigneur, madame de Miramion au plus fort de sa douleur. Mais dans cet instant même elle espérait encore, et contre tout espoir. Car Dieu peut tout ! et la dernière lueur d'espérance ne s'éteint dans le cœur de l'homme qu'avec son dernier souffle. Oui, Dieu peut tout ! et contre toute attente, en dépit de l'arrêt rendu par la science, madame de Nesmond guérit. Malgré l'automne et sa froidure, malgré l'oracle d'Épidaure, la pauvre poitrinaire se rétablit. Madame de Sévigné, dans une lettre à sa fille, va nous apprendre même de quel moyen l'inépuisable nature s'est servie pour achever cette miraculeuse guérison. Voici cette lettre :

« Livry, le mercredi jour de la Toussaint 1679.

« Je vis l'autre jour cette petite madame de Nes-
« mond, elle a été malade à l'extrémité de la poi-
« trine ; elle revient à vue d'œil avec du lait d'ânesse
« le soir et le matin ; elle avait une toux qui lui
« ôtait la voix. Je ne vous dis pas d'en prendre, puis-
« qu'il vous est contraire ; mais je me plains, comme

« d'un très-grand malheur, que vous soyez privée
« d'un si sûr et si salutaire remède. »

Madame de Grignan, qui était en relations d'amitié avec madame de Nesmond, écrivit aussitôt, dans sa réponse à sa mère, quelques mots pour témoigner sans doute la joie qu'elle avait eue d'apprendre cette heureuse guérison ; car le mercredi, 13 décembre, madame de Sévigné, en écrivant de nouveau à sa fille, lui disait : « Je vous remercie de votre ligne « pour M. et madame de Nesmond. »

IV

Il y avait alors vingt ans que mademoiselle Legras, la pieuse fondatrice des filles de Charité, était morte. Elle n'avait précédé dans la tombe son saint directeur, Vincent de Paul, que de quelques mois ; et, conformément à sa demande, elle avait été enterrée comme une simple religieuse dans l'église de Saint-Laurent (le 15 mars 1660). Mais son fils, M. Legras et les filles de sa communauté, désireux de donner à ses restes une sépulture plus honorable, vinrent presser madame de Miramion d'obtenir de l'archevêque de Paris la permission d'ouvrir son tombeau. Mademoiselle Legras avait dirigé la première madame de Miramion dans les étroits sentiers de la charité, et celle-ci avait conservé la plus grande vénération pour la mémoire de cette pieuse amie. Elle fit donc aussitôt toutes les démarches nécessaires, et obtint promptement l'autorisation qu'elle sollicitait.

« Le 10 avril 1680, à neuf heures du soir, l'ouverture de la tombe fut faite par Nicolas Gabillon, curé de Saint-Laurent, en présence de M. Edme Jolly, supérieur général de la mission, du missionnaire Henri Moreau, de madame de Miramion et d'une fille de sa communauté, enfin de M. Guérin, directeur des filles de la Charité et de madame Legras, belle-fille de la défunte, etc. On ne trouva que des ossements sans odeur qui furent déposés dans un cercueil de plomb, portant une inscription détaillée sur plaque de cuivre, qu'on descendit de nouveau dans la fosse[1]. » Grâce à ce culte pieux rendu aux restes de mademoiselle Legras par l'affection filiale et une sainte amitié, les cendres de cette humble fondatrice ont été conservées à la vénération de ses filles, et reposent encore, après plus de deux siècles et les perturbations de deux révolutions, dans la chapelle de leur monastère, rue du Bac, à Paris.

A quelques jours de là, madame de Miramion reçut une lettre de l'évêque d'Angers, Mgr Henri Arnauld, qui était frère du docteur Arnauld, le célèbre janséniste, et d'Arnauld d'Andilly, le sage et savant courtisan de Louis XIV. Ce prélat, qu'elle

[1] *Vie de saint Vincent de Paul,* par l'abbé Maynard.

avait connu autrefois à Paris, était alors fort âgé et ne quittait plus depuis longtemps son diocèse; mais la reconnaissance publique apportait souvent jusqu'à elle le bruit des vertus privées de ce pieux évêque. « Sa sainteté jointe à sa vigilance pastorale, disait de lui madame de Sévigné, est une chose qui ne se peut comprendre. C'est un homme de quatre-vingt-sept ans, qui n'est plus soutenu dans les fatigues continuelles qu'il prend que par l'amour de Dieu et du prochain. J'ai causé une heure en particulier avec lui; j'ai trouvé dans sa conversation toute la vivacité de l'esprit de ses frères; c'est un prodige que je suis ravie d'avoir vu de mes yeux. »

Mgr Arnauld écrivait à madame de Miramion qu'il avait eu souvent à se plaindre des sœurs religieuses de l'hôpital de la Flèche, que leur zèle indiscret et mal réglé jetait sans cesse dans le trouble, et qu'après avoir tenté vainement tous les moyens capables de les apaiser, il allait les abandonner à elles-mêmes, si elle n'avait la charité de venir l'aider à sortir de ces difficultés. Il la suppliait, en conséquence, de vouloir bien faire le voyage de la Flèche pour y voir par elle-même la cause de ce désordre, ne doutant pas, disait-il, que si elle pouvait se rendre à sa prière, son expérience et ses conseils ne ramenassent bientôt la paix au milieu de cette communauté.

Madame de Miramion était malade quand elle reçut cette lettre. « Mais comme l'attention à sa santé ne l'avait jamais arrêtée quand le service de Dieu l'appelait quelque part[1], » elle répondit aussitôt à Mgr Arnauld qu'elle allait se rendre à la Flèche, et qu'ensuite elle irait à Angers lui rendre compte du résultat de sa mission.

Elle fit ce voyage dans la voiture publique, accompagnée de deux sœurs de Sainte-Geneviève. Quand elle arriva à la Flèche, presque toute la population vint au-devant d'elle jusqu'à une demi-lieue de la ville, et l'accompagna à l'église, où l'on chanta un *Te Deum* en son honneur.

Dès qu'elle fut libre, madame de Miramion, confuse de la réception presque royale qu'on venait de lui faire, courut s'enfermer dans la communauté des filles de l'hôpital. Là, après avoir examiné séparément toutes les sœurs, elle persuada à celles qui avaient causé le désordre de se retirer doucement, et établit, avant de partir, une des sœurs qu'elle avait amenées comme supérieure, en lui laissant l'autre pour la seconder pendant les commencements.

« Elle alla ensuite à Angers, rendre compte à l'évêque de ce qu'elle avait fait, et le prier d'oublier les sujets de plainte que lui avaient donnés les sœurs. Le cœur de ce pieux évêque revint aisément; il ne voulait que le bien de son diocèse, et depuis plus de trente ans qu'il le gouvernait, il n'en était point sorti[2]. »

[1] Choisy.
[2] *Ibid.*

Elle revint encore passer quelques jours à la Flèche pour y surveiller l'exécution des règlements qu'elle avait faits, et retourna à Paris dans la même voiture, malade et toute seule; mais cet air de pauvreté lui plaisait. A son retour, elle fut fort incommodée d'un flux de sang qui dura quinze mois, sans que la faiblesse où il la réduisit l'empêchât de travailler comme à l'ordinaire à la gloire de Dieu et au soulagement du prochain.

V

Loin de l'enorgueillir, ces honneurs et ces succès ne faisaient que la rendre plus humble et plus circonspecte. Elle ne parlait jamais d'elle, et, dans sa modestie, elle n'osait avouer à ses confesseurs les grâces particulières que Dieu lui faisait dans ses prières, dans la crainte, sans doute, de s'en faire un mérite à leurs yeux, ou d'en être trop louée. *J'ai toujours appréhendé*, disait-elle, *que les personnes qui me conduisent eussent bonne opinion de moi, pensant qu'il n'y avait rien à craindre qu'ils l'eussent mauvaise, et tout à craindre pour mon esprit glorieux qu'ils l'eussent bonne. Je crains bien moins l'applaudissement des autres que le leur.* Quelquefois il lui semblait entendre une voix intérieure qui lui disait : « Il faut être continuellement occupée de l'amour de Dieu ; agir, souffrir, prier comme étant entièrement à lui, et destinée à le suivre sans relâche. Toujours souffrir, te voilà bien surprise ; cela te doit apprendre à tout dire ; car que crains-tu en disant tout ? tandis que tu as tout à craindre en te taisant ; c'est donc orgueil. Si ce sont choses de Dieu, l'on te le dira ; tu seras responsable, sans cela, du bien qui peut-être se fût fait par la grâce, et qui ne se fera pas. »

Elle voulait en parler à son directeur et ne l'osait pas. *J'ai été trois fois pour le dire*, a-t-elle écrit, *mais je rejetais ces grâces comme des tentations*. Quand elle écrivait à M. Jolly, loin de solliciter son indulgence, ce n'était, au contraire, que pour le prier de l'avertir sévèrement de ses fautes.

« C'est, monsieur, de toute l'étendue de mon
« cœur, lui disait-elle dans l'une de ces lettres, que
« je consens et que je souhaite que vous agissiez
« avec moi, comme vous le faites avec les sœurs de
« la Charité [1]. Je regarde cela comme le plus grand
« bien qui me puisse arriver. Faites donc tout ce que
« vous croyez qui pourra plaire davantage à Notre-
« Seigneur dans ma conduite. Je m'abandonne à lui
« par vous. Quand même vous vous apercevriez que
« j'en souffrirais, ne me laissez pas en chemin pour
« cela, car je veux que ma volonté meure, et elle ne
« mourra pas sans peine ; mais je veux encore cette
« peine pour en faire un sacrifice à Dieu. Agissez

[1] Dont il était directeur.

« donc, monsieur, avec une pleine autorité et fer-
« meté. »

Et M. Jolly lui répondait :

« Les instances que vous m'avez faites, madame,
« de vous dire avec liberté ce que je croirais que
« Dieu voudrait de vous pour votre sanctification,
« m'ont porté à relire la dernière lettre que vous
« m'avez fait l'honneur de m'écrire, et il m'a semblé
« y voir une description naïve de ce qui se passe
« dans l'homme : une bonne volonté au fond du
« cœur, un désir des humiliations et de la vie inté-
« rieure, et dans la nature une grande appréhen-
« sion... Dieu demande de vous une grande obéis-
« sance et un grand détachement des choses créées ;
« vous avez besoin d'appréhender plus que vous ne
« faites de faire votre propre volonté. Je crains que
« vous n'ayez une grande pente à cela ; les vrais
« obéissants appréhendent que leurs supérieurs
« aient égard à ce qu'ils veulent ou ne veulent pas,
« et pour cela ils tâchent de ne nous montrer ni in-
« clination, ni aversion pour rien de ce qu'on peut
« leur ordonner. Je crains que vous ne vous flattiez
« de la bonne volonté que vous avez d'obéir, et que
« vous n'ayez de la peine quand on ne tombe pas
« dans votre sentiment, et il me paraît que vous êtes
« fort aise que l'on applaudisse à ce que vous faites
« et assez fâchée que l'on vous contredise.

« Pensez souvent que les exemples que vous don-
« nerez d'obéissance, d'amour, de pauvreté et de

« cordialité seront imités par vos filles, et qu'ainsi
« le bien spirituel de votre communauté dépend,
« après la grâce de Dieu, de vous ; car ce qu'elles ne
« vous verront pas faire, n'attendez pas qu'elles le
« fassent.

« Soyez très-humble en traitant avec elles, autre-
« ment l'esprit d'humilité ne serait point en votre
« communauté. Prenez et entendez de vos conseil-
« lères leurs vues et la vôtre en toutes les affaires et
« délibérations. Ne montrez aucune inclination ni
« pour, ni contre, mais une parfaite indifférence, et
« désirez seulement qu'on connaisse ce qui est du
« plus grand service de Dieu et de la communauté,
« pour qu'on le suive...

« Je voudrais encore ajouter sur la pauvreté, que
« votre communauté ayant le bien d'être pauvre, il
« la faut élever comme telle ; cependant l'on y est
« magnifiquement logé, et l'on n'y vit pas, ce me
« semble, avec un assez grand esprit de pauvreté.

« Pour vous-même, n'usez des biens que vous
« avez que comme pauvre, craignant de rien em-
« ployer à choses superflues, et demandez la per-
« mission pour toutes les dépenses extraordinaires. »

Le directeur, on le voit n'épargnait en rien sa pénitente. « Mais, loin de s'en plaindre, madame de Miramion était ravie quand il l'avertissait ainsi de ses fautes. » Voici, du reste, en quels termes elle l'en remerciait, et comment elle recevait ses conseils :

« J'ai reçu aujourd'hui votre lettre, monsieur, et

« comme je l'ai ouverte, je me suis défiée que c'était
« des avis que vous vouliez bien me faire la grâce de
« me donner. Devant que de la lire, je me suis mise
« à genoux, et ai demandé à Dieu qu'il me fît la
« grâce de les recevoir et de les pratiquer selon son
« bon plaisir. Je les ai lus et relus avec tout le res-
« pect et toute la reconnaissance que je dois... vu le
« grand besoin que j'ai de tout ce qui y est contenu.
« Le principal me reste à faire qui est l'exécution, et
« je la demande à Notre-Seigneur ; je me confie à lui
« et espère tout de sa bonté. »

Mais ce qui montre peut-être mieux encore toute l'humilité et la bonne volonté dont le cœur de madame de Miramion était animé, c'est la règle qu'elle avait établie pour chaque sœur de sa communauté, de demander publiquement la grâce d'être avertie de ses fautes, et l'exactitude qu'elle mettait toujours à s'y soumettre la première.

Ces avertissements, qu'elle recevait verbalement de ses filles, elle s'empressait ensuite de les écrire, afin de les avoir souvent sous les yeux, et de s'en mieux pénétrer. Voici quelques-uns de ces avis, qui, tout en révélant les imperfections et les faiblesses inhérentes à la nature humaine, font admirer néanmoins le sentiment de pénitence qui en inspirait la conservation.

« Ma sœur N*** m'a donné avis que je n'étais pas assez cordiale avec nos sœurs, et trop fière à l'égard des personnes du dehors.

« Que je ne prends pas assez de soin des petits défauts de la communauté. Ma sœur N*** m'a dit que je me faisais trop craindre, que j'avais un air trop impérieux, que je ne me familiarisais pas assez avec nos sœurs, et que je devais être un peu plus à la communauté. Je ne suis pas assez égale dans mon humeur et dans ma manière d'agir; je veux bien une chose, et une autre fois je ne la veux plus. Je dis dans un temps d'une façon, et dans un autre temps d'une autre. Je témoigne plus d'amitié et d'estime à de certaines sœurs qu'à d'autres; j'ai témoigné trop d'opposition pour de certaines fautes. Je n'ai pas assez de compassion des sœurs, de leurs peines et de leurs faiblesses, de ne jamais reprendre à la récréation, ni avertir devant les autres sœurs. »

Après avoir vu avec quelle humilité et quelle soumission madame de Miramion recevait les moindres avis de ses filles, on ne sera pas étonné d'apprendre qu'elle sut toujours les conduire avec la plus grande douceur, et ne vit jamais s'altérer la bonne harmonie qu'elle avait fait régner entre elles. Maintenir la paix dans la maison était, il est vrai, sa grande préoccupation. Elle mettait ordinairement toutes les affaires de la communauté en délibération devant les conseillères, leur exposait le fait simplement, et laissait dire à chacune son avis. Sa grande expérience lui faisait souvent voir de suite le parti le meilleur à prendre. Mais quand, malgré ses raisons, les sœurs ne partageaient pas son opinion, elle se rangeait à l'avis de la majorité, et ne songeait plus qu'à prévenir les inconvénients qu'elle prévoyait, gardant encore pour elle les reproches que le public ne manquait pas de lui adresser.

CHAPITRE XII

MADAME DE MIRAMION BIENFAITRICE DES MISSIONS ÉTRANGÈRES

1682-1684

I. Origine des fourneaux économiques. — Le maréchal de Navaille. — II. Mort de M. de Bellefond. — Maladie de madame de Miramion. — III. Retour de Mgr Pallu en France. — Ambassade siamoise à Paris. — IV. Mariage de mademoiselle de Rubelle.

> Son prix a été appelé de loin, et sa valeur a été connue aux extrémités de la terre.

I

L'hiver de 1682, après avoir été très-long et d'une rigueur extrême, amena dans la classe pauvre un redoublement de misère et de souffrance qu'on ne savait comment apaiser. Madame de Miramion, que son imagination toujours inspirée par le cœur, rendait ingénieuse à trouver sans cesse de nouveaux moyens de pratiquer la charité, eut l'idée, pour venir en aide aux ouvriers, sans blesser leur amour-propre, de faire distribuer, au parloir de sa communauté, des portions de bœuf bouilli et de bouillon chaud qu'on leur vendait, mais fort au-dessous de la valeur réelle.

Ce mode de secours, qui a été souvent imité depuis et que nous avons vu de nos jours se répandre et se vulgariser dans presque toutes les villes de France, était alors nouveau. Plusieurs grands personnages voulant encourager une œuvre qui leur paraissait utile, allèrent visiter le parloir des Miramionnes, et y goûter le bouillon qu'ils payaient ensuite très-généreusement.

Le nom d'un seul de ces illustres visiteurs nous a été révélé par la lettre suivante, que madame de Miramion, confuse de tant d'honneur, crut devoir écrire à son directeur pour l'en informer :

« M. le maréchal de Navaille [1] m'envoya hier au
« soir demander une portion, pour mardi dîner dans
« notre parloir avec moi, parce qu'il veut m'entrete-
« nir à son aise de bien des choses, et qu'après nous
« irons au salut ensemble. Je suis bien honteuse de
« la grande confiance qu'un général d'armée a pour
« une si misérable créature. Je crains bien que je ne
« trompe le monde ; l'on me croit tout autre que je
« suis. »

[1] Philippe de Montault de Bénac, duc de Navaille, pair et maréchal de France, chevalier des ordres du roi, généralissime de ses armées ; marié, en 1651, à Suzanne de Beaudéan de Parabère, parente et marraine de madame de Maintenon ; mort en 1684. Saint-Simon a fait le plus juste éloge des qualités et des vertus du duc et de la duchesse de Navaille, et Voltaire les appelle les plus honnêtes gens de la cour.

On peut juger, par le nom de ce solliciteur, de l'importance des autres, et voir par là dans quelle estime générale était tenue madame de Miramion, et de quelle considération elle jouissait dès ce moment à la cour.

Mais loin de s'en réjouir, elle écrivait à M. Jolly :

« Je suis depuis quelque temps dans un état
« de peine de tous ces grands applaudissements et
« louanges qu'un si grand nombre de personnes me
« donnent. Je sens bien que je ne les mérite pas ; ce-
« pendant quelquefois cela ne désagrée pas à une
« nature corrompue comme est la mienne. Souvent
« Dieu me fait la grâce que cela me déplaît ; et tou-
« jours après quelque réflexion, je reconnais le vide
« de ces discours et leur inutilité, et même le danger
« où ils mettent. Pour l'ordinaire, Dieu me fait la
« miséricorde que cela me fait peu d'impression, et
« je regarde cela comme un vent qui passe et des
« mouches qui m'incommodent. Cela ne laisse pas
« de me faire tout craindre, et m'a fait dire à Dieu
« plusieurs fois : *Me voulez-vous, Seigneur, abandon-*
« *ner à ce vent d'orgueil?* Je regarde cela comme un
« cruel ennemi de ma perfection que j'ai toujours ap-
« préhendé ; et j'ai toujours plus craint cette tentation
« que toutes les autres, parce que naturellement je suis
« superbe. Je vois que cette guerre est grande et aug-
« mente. Je suis faible et j'ai sujet de me défier de
« moi-même ; et quoique Notre-Seigneur me fasse la
« grâce de me déplaire souvent dans ces louanges, je

« ne laisse pas d'appréhender le mépris et le blâme.
« Je me trouve encore dans une très-grande dissipa-
« tion depuis longtemps. Je ne puis fixer mon esprit
« en Dieu, ce qui me cause un grand mécontente-
« ment de moi-même. Il me semble que je suis une
« hypocrite, que je parais ce que je ne suis pas, et cela
« afflige mon cœur, qui a toujours été porté à dési-
« rer la vie cachée. Je me trouve dans un état tout
« contraire, car l'on trouve le bien en moi qui n'y
« est pas ; il est vrai que Notre-Seigneur me fait
« l'honneur de se servir de moi pour faire de bonnes
« choses ; mais je les fais si mal et avec si peu d'es-
« prit intérieur, que je crains que ces bonnes choses
« ne deviennent mauvaises pour moi. Je n'y vois de
« remède que de me retirer pour aller vivre dans
« l'obscurité inconnue aux créatures et seulement
« vue de Dieu, pour finir mes jours dans la péni-
« tence, l'humiliation et une continuelle obéissance.
« Tout de bon, j'ai peine à croire que ces pensées ne
« soient pas de Dieu ; je les soumets pourtant à vo-
« tre jugement. »

Madame de Miramion fut ainsi tentée plusieurs fois de ne plus se mêler d'affaires et de se consacrer tout entière au soin de sa communauté.

Elle était honteuse d'avoir encore un carrosse, et voulut s'en défaire, afin d'avoir un prétexte pour ne plus tant sortir de sa maison. Elle en parla à M. Jolly : *Je suis incapable d'affaires*, lui disait-elle, *et j'en suis accablée. On me vient chercher de tous côtés ; j'ai honte de me mêler de tant de choses. On me voit partout. Je n'ai pas un moment à donner à Dieu ; le prochain emporte tout mon temps ; ma communauté, puisque j'en suis supérieure, n'est-elle pas mon premier devoir ?*

Mais M. Jolly lui assura que, ne recherchant pas les affaires, elle était obligée en conscience de travailler à celles que la Providence lui envoyait ; que c'était suivre la volonté de Dieu, et que son carrosse lui étant absolument nécessaire, elle devait le garder. Le carrosse resta donc, mais beaucoup moins pour son usage particulier que pour le service de la charité publique.

Cependant, comme cette crainte des louanges et le goût naturel qu'elle avait pour la solitude revenaient sans cesse inquiéter sa conscience ou tourmenter son esprit, elle pensa que l'archevêque de Paris, qui était son supérieur ecclésiastique, devait être son juge et faire cesser ses incertitudes par l'autorité de sa décision.

Elle alla le trouver, lui exposa l'embarras dans lequel elle était et le pria de décider ce qu'elle devait faire.

« Madame, lui dit l'archevêque après l'avoir écoutée attentivement et lui avoir adressé plusieurs questions, la solitude n'est pas faite pour vous : la volonté de Dieu paraît clairement dans les bénédictions qu'il donne aux affaires dont vous vous mêlez, et je vous ordonne, comme votre archevêque, de continuer. Puisque la seule foi vous a fait venir à moi, la place où je suis m'oblige à vous parler avec cette autorité.

— *Mais, Monseigneur*, murmura-t-elle, *j'avais espéré que vous me répondriez selon mes désirs et j'aurais obéi avec joie, sans crainte d'être infidèle à ma vocation.* »

Elle se soumit toutefois à cet ordre. Et depuis ce jour elle n'eut plus qu'une seule crainte, celle de ne pas remplir assez exactement toutes les obligations de sa position.

« Moins nous vivons à notre goût, moins il y a de choix dans nos actions, a dit saint François de Sales, plus il y a de bonté et de solidité dans notre dévotion ; car il est forcé que quelquefois nous laissions Notre-Seigneur pour agréer aux autres pour l'amour de lui. »

Telle fut désormais la conduite de madame de Miramion, et si par moment elle paraissait s'éloigner de Dieu ce n'était que pour agréer mieux aux autres ; elle ne se contentait pas d'être dévote, elle voulait encore, suivant l'expression du même saint, rendre la dévotion aimable, utile et agréable à chacun.

Sans doute elle avait le don de se faire une solitude intérieure au fond du cœur ; mais il n'y avait dans ses manières au milieu du monde, ni affectation ni pruderie. Elle était partout et avec tout le monde, douce, modeste, souriante, n'inspirant autour d'elle que le respect et l'affection. Dans ses heures de recueillement, tout en elle se ressentait de cette sainte présence, de cette intime union de l'âme avec Dieu. Elle semblait comme enveloppée d'une lumineuse atmosphère, non visible, mais dont l'influence bienfaisante agissait puissamment sur l'âme. Ses regards étaient plus doux et sa voix plus pénétrante. Tous ceux qui l'approchaient, éprouvaient près d'elle un bien-être et un contentement qu'on ne peut exprimer, mais que ceux à qui il a été donné de connaître une personne véritablement pieuse pourront comprendre, en se rappelant de quelle aimable joie, de quelle tendre bonté, et de quelle pureté parfaite brillent constamment les yeux, le visage, et, pour ainsi dire, les actions et les paroles de ces natures sanctifiées.

II

Vers la fin de l'année 1682, madame de Miramion eut la douleur de perdre son frère, M. de Bellefond, qui habitait la campagne. Dès qu'elle eut appris sa maladie, elle alla s'établir près de lui et lui prodigua tous les secours que la tendresse et la religion peuvent inspirer. En recevant son dernier soupir, elle offrit à Dieu ce nouveau sacrifice de l'une des affections les plus chères de sa jeunesse, et le supplia de se servir de son chagrin pour l'avancer davantage dans la voie d'abnégation et de renoncement qu'elle avait résolu de suivre. Car aussi longtemps que l'âme est revêtue d'un corps, elle marche à travers les ronces et les épines, et ne saurait échapper sans secours à l'aiguillon des tentations.

En revenant de chez son frère dans les premiers jours du mois de janvier 1683, madame de Miramion, accablée de fatigue, fut prise d'une fièvre continue accompagnée d'un grand mal de côté. Bientôt une fluxion de poitrine se déclara suivie d'un vomissement de sang, et en quelques heures elle fut dans le plus grand danger. Sa famille et sa communauté étaient dans la consternation. Mais, « tranquille au milieu de ses souffrances, elle parlait de l'éternité avec joie, espérant être bientôt réunie à Dieu. »

Malgré l'expérience qu'elle avait en pharmacie, elle s'abandonnait entièrement au jugement de ceux qui l'entouraient, ne se permettant aucune réflexion sur les remèdes que les médecins proposaient pour la soulager. On crut même s'apercevoir qu'elle s'était imposé la loi de ne jamais rien demander ni rien refuser, mais de tout prendre avec un air riant, quelque fatiguée qu'elle fût.

Sa fille, madame la présidente de Nesmond, qui ne la quittait pas, lui dit alors : « Je vois bien, ma mère, que c'est pour vous mortifier que vous ne demandez rien, pas même à boire. — *Ne pouvant pas faire de grandes choses pour Dieu*, répondit-elle, *il faut bien être fidèle aux petites.* »

Un soir que sa fille et ses frères, MM. de Rubelle et de Purnon, la croyaient assoupie et parlaient à demi-voix près de son lit, elle les entendit qui disaient que si elle se relevait de cette grave maladie, ils ne la laisseraient plus prendre autant de peine et de fatigue, et qu'ils la soigneraient mieux afin de la conserver encore longtemps :

Mes enfants, dit-elle en les interrompant, *je suis à Dieu et non pas à vous ni à moi ; s'il me donne la vie, ce sera pour l'employer à son service.*

Le dimanche suivant, une des sœurs de sa communauté vint fort empressée, au sortir de la messe, lui dire que M. le curé avait parlé d'elle avec beaucoup d'éloges dans son prône. Mais sans lui laisser le temps d'achever, madame de Miramion appela sa fille et lui dit : *Ne souffrez pas, ma chère fille, qu'on me vienne rien dire qui me puisse donner bonne opinion de moi-même, nous ne sommes qu'orgueil. Quand le démon ne peut pas nous attaquer par le désespoir, il nous attaque par la vanité. C'est une terrible chose que de rendre compte à Dieu de ses bonnes œuvres ; il y en a peu qui soient de poids devant lui.*

Le mal augmentant toujours, et les médecins désespérant de la sauver, on lui donna la communion. L'évangile de ce jour se trouvait être sur la guérison de l'aveugle-né ; madame de Nesmond voulut en profiter pour supplier sa mère de demander à Dieu sa guérison, à l'exemple de l'aveugle, dont la prière avait été exaucée, ne doutant pas que si elle le faisait elle ne fût entendue. « Nous savons, dit l'Évangile, que Dieu n'exauce pas les pécheurs ; mais si quelqu'un l'honore et qu'il fasse sa volonté, c'est celui-là qu'il exauce.

— *Ma fille*, répondit madame de Miramion d'un air tranquille, *je demande à Dieu de le voir éternellement ; mais pour ma vie, elle est entre ses mains.* »

Le lendemain, son état s'étant encore aggravé, M. Jolly vint la voir, et madame de Nesmond le pria instamment d'ordonner à sa mère de demander à Dieu sa propre guérison, ce qu'il fit. Elle obéit alors ; mais avant de le faire elle dit à sa fille : *Promettez-moi de me laisser agir à mon ordinaire, sans me tourmenter sur ma santé ; car, si Dieu me la rend, ce n'est pas pour la ménager, c'est pour en employer tous les moments à procurer sa gloire et le salut du prochain.* Madame de Nesmond, après le lui avoir promis se retira, et M. Jolly se mit à genoux auprès du lit. Leur prière fut courte. Dès que madame de Nesmond revint, M. Jolly lui demanda si elle n'avait pas quelque remède à donner à la malade. « Hélas ! Monsieur, lui répondit-elle, on nous en a proposé plusieurs ; mais, en l'état où elle est, ils seront fort inutiles. — N'importe, répliqua-t-il, donnez-lui-en quelqu'un, le temps en est venu. » Elle lui fit donner un médicament qui était composé de germes d'œufs ; on l'avait proposé aux médecins, et ils ne s'y étaient pas opposés, bien qu'ils le crussent inutile. Trois heures après elle fut prise d'une sueur abondante, la fièvre la quitta, et les médecins la déclarèrent hors de danger.

Bien souvent, durant sa maladie, toute la maison s'était mise en prière, pour demander la conservation d'une vie si précieuse. Ces vœux furent exaucés; peu de jours après la malade revenait à la vie comme par miracle, et la joie fut aussi vive dans toute la communauté que l'avait été la douleur. Dès qu'elle le put, madame de Miramion reprit toutes ses occupations habituelles, et le seul changement qu'on obtint d'elle fut qu'elle cessa de coucher sur des sangles, comme elle l'avait fait depuis l'âge de vingt ans.

III

Pendant ces événements, Mgr Pallu, évêque d'Héliopolis, était revenu des Indes. Madame de Miramion, qui avait pour lui le respect et la déférence que ses travaux apostoliques à Siam lui avaient mérités de tout le monde, profita avec joie de la présence de cet ami d'enfance pour lui soumettre ses projets et lui demander ses conseils sur sa conduite.

Il y avait plus de vingt ans déjà que Mgr Pallu était parti pour la Chine, et durant un si long espace de temps il n'était rentré en France qu'une seule fois, pour y recruter à la hâte de nouveaux missionnaires. Son séjour même y avait été si court, que madame de Miramion avait à peine eu le temps de le voir. Ce voyage, d'ailleurs, fut des plus malheureux ; car, au moment où il allait atteindre la Chine, une tempête affreuse le poussa à Manille, dans les îles Philippines, où il fut pris par les Espagnols, qui le renvoyèrent en Europe, mais par le Mexique. L'abbé de Choisy fait remarquer, à cette occasion, que Mgr d'Héliopolis fut ainsi le premier qui fit le tour du monde, en marchant toujours vers l'Orient, l'Espagnol Sébastien Cano, l'Anglais Francis Drake et le Hollandais Ollivier de Nord, qui l'avaient fait avant lui, ayant été, au contraire, toujours vers l'Occident.

Ramené en France au commencement de 1685, par suite de ce voyage malencontreux, Mgr Pallu s'occupait activement à Paris de réunir d'autres missionnaires, et de préparer un nouveau départ.

Madame de Miramion qui avait pour la sainteté de sa vie et pour son caractère autant d'admiration que d'estime, voulut lui donner des sœurs de Sainte-Geneviève à conduire à Siam, pour y établir des écoles et y faire des catéchismes de jeunes filles. « Toutes voulaient y aller et elle-même la première[1], » croyant partir pour une nouvelle croisade et conquérir de nouvelles âmes à la religion chrétienne.

Mais le prudent évêque refusa de les associer au labeur et aux dangers d'une telle mission, avant que la religion fût plus assurée en Chine. Il partit seul, et put arriver cette fois sans accident au terme de son voyage.

[1] Choisy.

Plein de reconnaissance pour madame de Miramion, l'ancre était à peine jetée que déjà il lui écrivait :

A la Chine, ce 19 janvier 1684

« Madame,

« C'est seulement pour m'acquitter de la parole
« que je vous ai donnée de vous écrire aussitôt que
« je serais arrivé dans ce grand royaume, où je n'ai
« de temps à mon abord que pour expédier M. Le-
« blanc, l'un de nos missionnaires à Canton, et l'au-
« tre à Fockien, et de là chez les Pères dominicains.
« Ce dernier pourra être de retour dans un mois ;
« mais je n'attends l'autre que dans cinq ou six. Pen-
« dant ce temps je ne serai pas inutile, et commen-
« cerai de faire ma mission en moi-même, et auprès
« de Notre-Seigneur. C'est maintenant qu'il faut que
« tous les amis de nos missions redoublent leurs priè-
« res pour bien établir la religion dans ce grand em-
« pire. Je les salue tous en particulier, et suis tout
« à vous pour la gloire de notre Maître.

« FRANÇOIS, évêque d'Héliopolis, vicaire
« apostolique de la Chine. »

Mais Dieu se contenta de la bonne volonté de ce fidèle serviteur, et le rappela à lui avant l'entier accomplissement de cette pénible tâche. M. Pallu mourut, épuisé de fatigue, moins d'un an après son retour en Chine ; et sa dernière lettre fut encore pour madame de Miramion, comme s'il eût voulu adresser sa dernière pensée sur la terre à la personne qui avait rendu le plus de services aux missions, et pour laquelle il avait le plus d'estime.

A Fogan, province de Fockien, à la Chine, ce 3 décembre 1684.

« Madame,

« La Providence a voulu pour ma consolation qu'il
« soit parti de Siam (où madame de Miramion lui
« avait écrit) pour la Chine un vaisseau anglais ; j'ai
« reçu par cette voie, bien avant le temps ordinaire,
« la lettre que vous m'avez fait l'honneur de m'é-
« crire en 1682. Le saint usage que vous faites de la
« mort de M. votre frère, le courage que vous avez
« eu de l'aller assister dans son extrémité, l'applica-
« tion que vous mettez à faire tout ce que vous
« croyez que Dieu demande de vous, les sentiments
« qu'il vous inspire de vous consacrer de plus en
« plus à son service, sont des marques bien tendres
« qu'il vous donne de l'amour qu'il a pour vous.
« Qu'il en soit béni à jamais ; je vous assure que, ni
« en ce monde ni en l'autre, je ne cesserai de l'en
« remercier, et de le prier de continuer à répandre
« ses grâces dans votre cœur, où il sait qu'il ne les
« répand pas inutilement.

« Je dis en ce monde et en l'autre avec d'autant
« plus de raison, que j'ai tout sujet de croire qu'en
« peu de temps se terminera le reste de mes jours. Il
« y a quatre mois que mes forces diminuent sensi-
« blement, Dieu m'avertit de penser à la mort ; et
« j'ai à présent si peu de forces, que je ne puis pas
« même vous écrire de ma main, comme je le sou-
« haiterais, pour vous donner témoignage de ma re-
« connaissance. Cette lettre, écrite par N. T.-C. F.
« Maigrot, ne laissera pas de vous marquer combien
« le souvenir de tous les bienfaits dont vous avez
« soutenu l'ouvrage du Seigneur, combien, dis-je, ce
« souvenir m'est cher, puisque je le conserve jusqu'à
« la mort. Mais après avoir eu tant de bonté pour
« moi pendant ma vie, ne m'oubliez pas dans vos
« prières après ma mort, dont vous apprendrez pro-
« bablement la nouvelle en même temps que cette
« lettre vous sera rendue. Je suis tout à vous en
« Notre-Seigneur.

« François, évêque d'Héliopolis, vicaire
« apostolique de Fockien. »

Mgr d'Héliopolis mourut peu de temps après, et
M. Lanneau, vicaire de Siam, l'apprit à madame de
Miramion, par le courrier qui lui portait en même
temps la lettre du saint prélat.

« Je voudrais vous consoler de la mort de M. d'Hé-
« liopolis, que je sais vous devoir être très-sensible,

« lui disait-il ; mais j'avoue que vous devez plutôt
« me consoler en cette occasion... Dans le fort de ma
« tristesse, j'ai pourtant reçu une joie particulière
« de voir votre zèle pour ces missions s'augmenter,
« jusqu'à consentir à ce que quelques-unes de vos
« filles vinssent dans ce pays. Bien que j'eusse beau-
« coup d'estime pour votre vertu, néanmoins je
« n'eusse pas cru que votre zèle allât jusque-là.
« Aussi j'étais bien éloigné de vous le proposer ;
« mais puisque vous avez daigné leur inspirer à
« elles-mêmes cette pensée, je suis obligé de vous
« dire que c'est une des choses que je souhaite le
« plus.

« J'en ai fait parler à la princesse fille unique du
« roi pour les prendre sous sa protection, en cas
« qu'elles viennent. Elle en sera très-contente, et les
« assistera en toutes choses... Les obligations que
« toutes nos missions vous ont depuis tant d'années,
« sont trop grandes pour vous remercier comme il
« serait nécessaire... Cependant nous ne manquerons
« jamais de prier pour vous... Je suis et serai toute
« ma vie, Madame, votre très-humble serviteur,

« Louis, évêque de Métellopolis, vicaire
« apostolique de Siam. »

Mais ce projet d'envoyer quelques filles de Sainte-Geneviève en Chine dut être promptement abandonné ; car, peu d'années après, « ce même évêque de Métellopolis, M. Louis Lanneau, eut à soutenir à

Siam toutes les cruautés d'une violente persécution ; on l'exposa à la bouche d'un canon, et plus d'une fois il s'offrit au martyre, sans que la prison, la faim, la soif et tous les outrages diminuassent le zèle qui l'avait poussé pendant trente-cinq ans à la conversion des infidèles [1]. »

Cependant le roi de Siam, persuadé par les Pères jésuites et par les missionnaires catholiques que rien ne pouvait être plus avantageux pour ses vastes États qu'un traité de commerce conclu avec la France, se décida, à la fin de 1684, à envoyer auprès de Louis XIV une ambassade solennelle chargée des plus riches présents.

Le goût naturel qu'avait toujours eu le roi pour toutes les choses d'éclat, fut extrêmement flatté par l'arrivée pompeuse de cette ambassade lointaine. Le Père Tachard, supérieur des jésuites qui accompagnait les ambassadeurs siamois, ayant donné à entendre à Versailles que l'on pourrait peut-être amener le monarque asiatique à embrasser la religion chrétienne, le roi, séduit dans sa vanité et trompé dans sa religion par cette espérance flatteuse, consentit à envoyer également au roi de Siam une ambassade magnifique composée de deux ambassadeurs, qu'il fit accompagner de six jésuites, de huit cents soldats et de beaucoup d'officiers, ayant pour aumônier l'abbé de Choisy, ce cousin de madame de Miramion, qui devait être plus tard son biographe. Le

[1] Choisy.

roi de Siam, flatté de ce premier gage d'alliance, accorda d'abord de grands priviléges à nos missionnaires. Mais, en somme, l'éclat de ces pompeuses ambassades fut le seul fruit qu'on retira de part et d'autre de ces coûteuses démonstrations.

IV

Madame de Miramion n'avait plus que deux frères, M. de Rubelle et M. de Purnon. Le premier qui seul avait été marié, était devenu veuf de bonne heure, et n'avait eu qu'une fille. Cette enfant, recueillie à Sainte-Geneviève par sa tante, qui l'aimait comme une seconde mère, y avait été élevée avec le plus grand soin, et était devenue une jeune fille accomplie, joignant aux avantages de l'éducation et de la fortune les dons les plus heureux de la nature. Elle avait une beauté remarquable, beaucoup d'esprit, et, par-dessus tout, une grâce et une modestie parfaites. Un portrait d'elle, peint à cette époque, et qu'on peut voir encore chez les héritiers de M. de Purnon [1], a transmis heureusement jusqu'à nous l'image fidèle de cette belle personne. Mademoiselle de Rubelle y est représentée en grand habit de cour; mais une colombe qu'elle tient dans ses mains vient atténuer ce que ce costume aurait de trop grave, et indique

[1] M. le marquis de la Messelière, au château de Marsay, en Poitou.

bien la jeunesse du personnage. Comme régularité de traits et comme finesse d'expression, il est impossible de rien voir de plus agréable et de plus riant que ce portrait : des cheveux châtain clair, légers et frisants y encadrent d'une manière charmante un front pur et un visage d'une fraîcheur délicate. Enfin des yeux brun très-foncé éclairent toute la physionomie de tant de vie et d'esprit, qu'on en subit encore l'attrait.

En la voyant si belle et si bien faite pour le monde, sa tante ne formait qu'un vœu, celui de l'y voir établie aussi heureusement et aussi dignement que ses bonnes qualités le méritaient. Ce désir fut satisfait.

« Le lundi, 11 septembre 1684, dit officiellement le journal de Dangeau, madame de Miramion maria sa nièce, mademoiselle Marie Bonneau de Rubelle, avec M. Charles Fortin, marquis de la Hoguette, lieutenant des mousquetaires du roi. » Cette union fut des plus heureuses, et M. de la Hoguette, aussi distingué par sa bravoure que par ses talents militaires, devint bientôt lieutenant général des armées du roi, et gouverneur de Mézières [1].

[1] M. de la Hoguette fut tué en 1693 à la bataille de la Marsaille, et ne laissa qu'une fille : Marie-Marguerite, qui épousa Armand de Brichanteau, marquis de Nangis, lieutenant général, en 1725. Un portrait de madame de Nangis, placé près de celui de sa mère au château de Marsay, la représente comme une très-jolie blonde aux yeux bleus.

CHAPITRE XIII

MADAME DE MIRAMION DISTRIBUTRICE DES AUMÔNES DU ROI

1684-1690

I. Sa dernière entrevue avec son ravisseur. — Portrait d'elle à cinquante-cinq ans. — II. Elle fonde une maison de retraite. — Mort de M. de Caumartin. — III. Révocation de l'édit de Nantes et rigueurs contre les protestants. — IV. Madame de Miramion passe trois mois à l'hôpital général. — Mort de mademoiselle de Lamoignon. V. Ouverture de la maison de retraite. — VI. Le quiétisme et madame Guyon. — Représentation d'*Esther* à Saint-Cyr.

> Toute sa vie n'a été qu'un acte de foi envers Dieu, et un acte de charité envers son prochain.

I

Il y avait trente-six ans que madame de Miramion avait été enlevée par M. de Bussy, et pas une fois, pendant un si long espace de temps, son ravisseur n'avait osé se retrouver en sa présence.

Cependant il eut besoin d'elle, après tant d'années, à l'occasion d'un procès considérable dans lequel se trouvait engagée une grande partie de sa fortune, et que M. le président de Nesmond devait juger. Mais il craignait le tort que pouvait lui faire dans l'esprit du gendre le souvenir de l'offense qu'il avait faite à la belle-mère, quand il eut l'idée assez ingénieuse de s'adresser à elle-même pour intercéder en sa faveur.

M. de Bussy savait que son ami l'abbé de Choisy était le cousin de madame de Miramion. Il eut recours à son amitié et obtint par son entremise qu'elle lui permît d'avoir avec elle un entretien particulier. A la fin de l'année 1684, M. de Bussy fut donc admis en présence de celle qui avait été l'objet d'un des plus étranges événements de sa vie ; événement dont la mémoire, malgré le laps des années, n'avait cessé de lui être présente et douloureuse.

Au lieu de cette jeune beauté au regard doux et mélancolique, à la taille svelte et légère, revêtue de soie et de dentelles, dont il avait été à Saint-Cloud le ravisseur, il vit une femme un peu forte, la tête enveloppée d'une grande coiffe de taffetas noir, vêtue d'une simple robe de laine noire, avec une large collerette de batiste non plissée tombant sur ses épaules, et sur sa poitrine une croix suspendue à une petite tresse de cheveux ; c'étaient ceux de sa fille. Les yeux de madame de Miramion avaient encore conservé de l'éclat, et les agréments de son visage n'avait pas entièrement disparu sous l'embonpoint d'un double menton : l'expression de ses traits, son maintien, son costume, tout en elle était dans une parfaite harmonie ; tout contribuait à exprimer l'absence des passions, la modération dans les désirs et cette satisfaction intérieure, ce bonheur tranquille et doux que procurent une conscience pure et la pratique des vertus chrétiennes.

C'était dans toute sa personne un calme si profond, une sérénité si douce qu'il semblait que jamais aucun sentiment violent n'avait exalté son âme, qu'aucun chagrin n'avait contristé son cœur. M. de Bussy en fut si singulièrement frappé, qu'il resta comme interdit à son aspect. Mais il fut bientôt rassuré par le ton bienveillant avec lequel elle le pria de s'asseoir et l'empressement qu'elle mit à lui demander le motif qui l'amenait près d'elle. Après que M. de Bussy eut donné le détail de son affaire et démontré avec clarté et évidence son bon droit, madame de Miramion lui répondit qu'elle lui promettait de parler à son gendre, et de tâcher de le rendre favorable à sa cause. Le jugement suivit de près ses promesses, et M. de Bussy gagna son procès.

Le portrait que nous donnons en tête de cet ouvrage, et qui a été fait d'après une peinture originale de de Troy, et l'excellente gravure qu'en a laissée Edelink, représente madame de Miramion précisément à l'époque où cette entrevue eut lieu, et telle par conséquent que la vit M. de Bussy, dans son austère costume de supérieure des filles de Sainte-Geneviève [1].

---

[1] Cette peinture conservée héréditairement au château de M. de Purnon, en Poitou, donne, avec le coloris, la véritable physionomie de madame de Miramion, pleine de douceur en même temps que de vivacité. Ses cheveux entièrement gris vont bien

En examinant ce portrait, et surtout le tableau de de Troy, où se distingue mieux tout ce que le temps avait épargné de la beauté de madame de Miramion : son sourire aimable et plein de bonté, la fraîcheur de son teint et l'éclat de ses yeux, on peut encore aujourd'hui se faire une idée du vertueux empire qu'elle exerçait sur tous ceux qui l'approchaient.

Sans doute ce n'était plus la belle veuve qu'avait enlevée Bussy ; la jeunesse avait disparu, mais le charme était resté, ce charme de la physionomie qui plaît quelquefois plus que la beauté même, et cette séduction, qui tient aux manières, à la démarche, à la grâce répandue dans toute la personne : heureux dons, que l'âge respecte plus longtemps que tous les autres.

« On ne résistait pas en face à sa charité, » dit naïvement Choisy ; et en effet, à toutes les époques de sa vie, ses sollicitations, ses prières et ses démarches pour les pauvres ont été accueillies avec la même faveur. Nous savons cependant qu'elle ne se lassait jamais de demander, et que sa charité ne reculait devant aucun sacrifice, son dévouement devant aucune difficulté. C'est uniquement à cette cause, on

---

avec ses yeux bleu foncé, fendus en amande, et pleins de bonté, ses sourcils fins et bien dessinés, ajoutent à l'éclat du regard, que l'animation du teint et le sourire de la bouche achèvent de rendre pénétrant et plein de charme. Les mains que la gravure ne laisse pas voir ont une perfection de forme qui est restée traditionnelle dans la famille Bonneau.

le devine, qu'il faut attribuer cette phrase qu'aurait écrite madame de Maintenon dans un moment d'humeur contre sa bienfaisante amie : *Madame de Miramion a un zèle indiscret*[1]. Mais il est juste aussi de dire qu'à ce moment, la fortune de madame Scarron, devenue gouvernante des enfants du roi, commençait. Louis XIV, en récompense du soin qu'elle avait pris de l'éducation et de la santé du duc du Maine, venait de lui donner le nom et la terre de Maintenon, et la nouvelle marquise réparait à grands frais son château.

Plus tard, quand madame de Maintenon sera parvenue au comble de la grandeur[2], quand elle occupera cette place dont madame de Sévigné disait : « La place de madame de Maintenon est unique dans le monde, il n'y en a jamais eu et il n'y en aura jamais de pareille, » nous verrons sa générosité et sa bienfaisance dépasser encore sa fortune, et elle se plaindra au contraire de la discrétion de madame de Miramion envers elle. Car, dans tous les temps, la charité fut un des premiers besoins de madame de Maintenon. « Ma place, a-t-elle dit elle-même, a bien des côtés fâcheux ; mais elle me procure le plaisir de donner. »

[1] *Lettres de madame de Maintenon*, par Lavallée.
[2] Son mariage secret avec Louis XIV.

II

Il y a dans l'existence de madame de Miramion deux choses qui se manifestent toujours parallèlement : l'action de Dieu qui la mène, et son obéissance parfaite à tous les desseins de la Providence sur elle. Ces deux choses, après avoir été le principe de toutes ses actions, resteront l'apologie de toute sa vie. En voici une nouvelle application :

En 1685, elle entendit dire autour d'elle, que le révérend père de Valois [1], après avoir fait en Normandie des essais de retraites pour les hommes, qui avaient produit les plus heureux résultats, allait ouvrir à Paris une maison spéciale pour ces exercices. L'utilité que pourraient avoir des retraites semblables pour les femmes la frappa, et elle conçut aussitôt le projet de faire chez elle, pour son sexe, ce qu'on allait faire chez les jésuites pour les hommes.

Que de femmes, en effet, qui n'ont pas assez de force de tête, ni assez d'habitude de la prière, pour faire toutes seules une retraite de quelques jours enfermées dans la solitude d'une chambre, le feraient facilement si on les réunissait à plusieurs autres, dans une salle commune, pour s'y livrer aux mêmes

[1] Louis de Valois, né à Melun, en 1639, devint le confesseur des petits-fils de Louis XIV, et mourut à Paris en 1700 ; il était considéré comme un homme de Dieu.

exercices ! L'exemple des plus ferventes exciterait le zèle de toutes. Telle jeune fille qui n'eût pas osé se retirer seule dans une maison religieuse, de peur d'attirer l'attention sur elle, le ferait sans crainte, s'il y avait à Paris une maison spéciale de retraite, approuvée par le roi, et dans laquelle on verrait entrer des personnes de bonne compagnie, sans ostentation ni distinction entre elles.

Ainsi pensait madame de Miramion. Et plus elle songeait aux services que pouvait rendre une institution pareille, plus elle sentait croître en elle le désir de fournir à toutes les classes de la société ce nouveau moyen de perfectionnement.

Malheureusement il se présentait en même temps à son esprit une foule d'objections et de difficultés que sa prudence et son expérience ne lui permettaient plus de se dissimuler à elle-même. Il fallait obtenir l'agrément du roi, l'approbation de l'archevêque, et le consentement des filles de Sainte-Geneviève. Sa communauté n'avait pas d'appartements suffisants pour y faire des exercices publics, et encore moins pour y loger les personnes qui pourraient le demander. Il faudrait donc l'agrandir ; acheter quelque maison voisine et à un prix excessif, puis l'approprier à cette destination et la meubler. Comment pourvoir à tant de dépenses ? Sa fortune n'était plus en état d'y suffire ; toute considérable qu'elle avait été, trente années de charités et de libéralités incessantes l'avaient presque épuisée.

Ces difficultés préoccupaient vivement madame de Miramion, et toute autre à sa place s'en fût laissé abattre. Mais la crainte de résister par égoïsme ou par faiblesse à la volonté de Dieu, la détermina au contraire à persister dans son projet, convaincue que la Providence, si tel était son dessein, récompenserait son obéissance par l'aplanissement des obstacles.

Madame de Maintenon, à qui elle en parla la première, l'encouragea beaucoup à persévérer, et lui promit de faire connaître elle-même au roi un projet si louable, en l'appuyant de tout son crédit. « Le roi, loin d'y refuser son agrément, dit qu'il en serait bien aise ; qu'il n'y avait rien à craindre chez madame de Miramion, qu'il était assuré de sa conduite, et qu'il voulait même contribuer à un dessein où Dieu trouverait certainement sa gloire. Et il lui envoya six mille francs [1]. »

Les sœurs de la communauté, qu'elle avait craint de trouver hostiles à son projet, en raison des œuvres nombreuses dont elles étaient déjà chargées, l'accueillirent au contraire avec empressement. Enfin l'archevêque de Paris, non-seulement l'approuva sans difficulté, mais encore voulut, en témoignage de l'estime particulière qu'il portait à madame de Miramion, que la chapelle de la maison fût honorée de la présence perpétuelle du saint Sacrement [2].

[1] Choisy et Dangeau.
[2] Voyez Lettres de madame de Miramion à l'appendice.

La Providence semblait, en effet, aplanir à l'avance chaque difficulté, et disposer favorablement tous les cœurs. Le projet de cette institution avait à peine été conçu, que déjà il était pour ainsi dire réalisé. Toutes les personnes à qui elle en parla lui offrirent leur concours. Madame la duchesse de Guise, madame la présidente Voisin, et madame du Housset, qui voulaient être associées à toutes les bonnes œuvres de leur charitable amie, lui donnèrent six mille livres chacune. Madame de Miramion en donna quinze mille, et plusieurs autres personnes qui voulurent rester inconnues, lui envoyèrent des sommes considérables.

Elle acheta de Mgr François de Nesmond, évêque de Bayeux, oncle de son gendre, moyennant une somme de quatre-vingt mille livres, une grande maison située sur le quai de la Tournelle, qui touchait d'un côté à sa communauté, et de l'autre à l'hôtel de sa fille. On y fit une belle salle pour les exercices religieux, un grand réfectoire et une chapelle renfermant plusieurs confessionnaux. Les étages supérieurs furent distribués en cinquante chambres, qu'on meubla très-simplement, mais avec une propreté minutieuse.

Madame de Miramion, pendant près de deux ans que durèrent ces réparations, veilla à tout par elle-même. Mais son ordre et son économie n'empêchèrent pas la dépense totale de cette nouvelle maison de s'élever à plus de cent mille livres, somme énorme dans un temps où la guerre et la disette rendaient l'argent si rare.

III

Au mois d'octobre de cette même année 1685, Louis XIV, que son autorité et ses victoires rendaient de jour en jour plus absolu, avait fait publier la révocation de l'édit de Nantes : acte regrettable par lequel on retranchait aux protestants tous les priviléges qu'ils avaient obtenus autrefois les armes à la main, et dont on les avait laissés jouir jusque-là. « Le roi, animé par le zèle qu'il avait pour la religion, jugeait que pour prévenir les révoltes fréquentes que les huguenots excitaient dans le royaume, il fallait leur ôter l'exercice de leur religion. Mais pour y parvenir on y employa, sous son nom, des rigueurs que ni la politique ni la religion ne sauraient excuser[1]. » Ce prince, il est vrai, avait ordonné d'employer surtout un moyen souvent efficace : l'argent; et Pélisson fut chargé par lui de ce ministère secret.

Le roi payait en même temps de sa bourse un grand nombre de missionnaires, qui étaient chargés d'aller dans les provinces ramener par la persuasion les protestants à la religion de leurs ancêtres. Il prodiguait ensuite les grâces et les honneurs en faveur des nouveaux convertis.

[1] Languet de Gergy.

Madame de Maintenon[1], qui savait mieux que personne combien la rigueur et la violence sont des moyens peu propres à gagner les cœurs, ou à triompher des résistances de l'esprit, conduisit plusieurs jeunes filles protestantes chez les Miramionnes ; ne doutant point que la douceur pénétrante du caractère de leur supérieure et l'éloquence persuasive de sa piété ne les ramenassent promptement à la religion catholique. Les soins de madame de Miramion obtinrent, en effet, les plus heureux succès ; car on eut la joie de voir plusieurs de ces jeunes personnes devenir dès ce moment, et rester ensuite toute leur vie de véritables modèles de vertu et de piété. Le duc de Saint-Simon, dans ses Mémoires, cite parmi elles : mademoiselle de Montboucher du Bordage, mariée plus tard à M. de Coigny, dont la dévotion a longtemps édifié la cour.

« Mais comme la plupart de ces demoiselles étaient alors dans le plus grand besoin, madame de Miramion fut obligée de demander pour elles à M. Pélisson des pensions, qu'on lui accorda, le roi ayant dit publiquement « qu'on pouvait se fier à elle, et que sa « charité était prudente[2] »

Malheureusement, à ces moyens de conversion si sages et si faciles, Louvois, « soit qu'il suivît son

---

[1] Toute la famille d'Aubigné était protestante, et madame de Maintenon elle-même l'avait été dans sa jeunesse.
[2] Choisy.

humeur, soit qu'il cherchât à flatter son maître[1], » en joignit d'autres d'une rigueur et d'une cruauté extrêmes, que nous n'avons point à rappeler ici, mais dont le résultat fut de faire sortir du royaume un nombre considérable de familles.

En vain remplissait-on les prisons et les galères des personnes qu'on arrêtait dans leur fuite. Rien ne pouvait vaincre la résistance de tant de malheureux, que les tourments mêmes affermissaient encore dans leur croyance.

Le fort de la Tournelle, qui existait autrefois sur le quai de ce nom à Paris, entre la porte Saint-Bernard et la Seine, presque en face de la communauté des Miramionnes, regorgeait alors de malheureux protestants. Dans les temps ordinaires il ne servait de prison qu'aux galériens malades ; mais depuis la révocation de l'édit, on jetait là tous les émigrés surpris ou relaps, en attendant qu'on pût les transporter à Marseille. C'étaient pour la plupart des vieillards infirmes qu'on voyait la chaîne au cou, et souffrant toutes sortes de privations.

La vue de tant de cruautés et de tant de malheurs était à toute heure un spectacle déchirant pour le cœur généreux de madame de Miramion. Elle n'y trouvait de soulagement qu'en allant elle-même chaque jour prodiguer à ces infortunés tous les secours que l'humanité et la charité chrétienne peuvent offrir. Comme

[1] Languet de Gergy.

son premier guide, saint Vincent de Paul, elle secourait tous les affligés sans interroger leur croyance, et tendant une main empressée à tout ce qui l'environnait, elle ne connaissait qu'un seul devoir : la charité.

A la fin de décembre, Dieu, qui voulait aussi de temps en temps faire éprouver à madame de Miramion les afflictions de la nature, qu'il lui faisait oublier ensuite par les consolations de la grâce, rappela à lui M. de Caumartin, conseiller d'État, et cousin de son mari, celui qui avait autrefois sollicité sa main d'une manière si pressante.

Cette perte lui fut très-sensible ; ils avaient conservé l'un pour l'autre une estime et une amitié sincères ; ils se rencontraient souvent dans leurs familles, et toujours avec grand plaisir. M. de Caumartin, après avoir eu toute sa vie pour elle l'admiration la plus sincère et le respect le plus profond, voulut encore avant de mourir lui rendre un dernier hommage, et « il ordonna par son testament, à ses enfants, de consulter madame de Miramion en toutes choses. »

IV

On venait d'atteindre ainsi le mois de janvier 1687, quand mademoiselle de Marsilly[1], cousine de madame

[1] Elle était sœur de l'abbé dont il a été question plus haut et

de Miramion, qui était depuis de longues années supérieure des religieuses de l'hôpital général, se démit de cette place, son âge et ses infirmités ne lui permettant plus de la remplir. Les administrateurs, désireux de prévenir les embarras qu'allait causer ce changement de direction, vinrent prier madame de Miramion de vouloir bien aller passer quelques jours dans cet établissement, afin d'y maintenir le bon ordre qu'elle y avait établi autrefois.

Madame de Miramion avait cinquante-huit ans, et depuis sa dernière maladie elle était restée plus faible et plus souffrante ; mais ni l'âge ni les défaillances de sa santé ne diminuaient l'ardeur de sa charité et l'activité de sa vie. C'était du bien à faire, elle accepta, et pendant trois mois elle ne sortit plus de l'hôpital, aidant sans cesse de son expérience et de ses conseils, mademoiselle Pantaclin, la nouvelle supérieure.

Dès son arrivée, elle se soumit, comme la plus modeste des sœurs, à toutes les règles de la maison, ne voulant pas être traitée autrement que les religieuses qui servaient les pauvres, et leur donna la première l'exemple des plus pénibles dévouements.

du marquis de Marsilly dont la fille Marie-Claire Deschamps de Marsilly, douée de tous les agréments de l'esprit et du corps, mais sans fortune, fut élevée par madame de Miramion qui la fit entrer à Saint-Cyr de 1681 à 1690, puis la reprit chez elle et la maria le 3 avril 1695 au marquis de Villette, cousin de madame de Maintenon.

> O courage touchant ! ces tendres bienfaitrices,
> Dans un séjour infect où sont tous les supplices,
> De mille êtres souffrants prévenant les besoins,
> Surmontent les dégoûts des plus pénibles soins ;
> Du chanvre salutaire entourent leurs blessures,
> Et réparent ce lit témoin de leurs tortures,
> Ce déplorable lit, dont l'avare pitié
> Ne prête à la douleur qu'une étroite moitié.
> De l'humanité même elles semblent l'image;
> Et les infortunés que leur bonté soulage
> Sentent avec bonheur, peut-être avec amour,
> Qu'une femme est l'ami qui les ramène au jour.

En rentrant chez elle, madame de Miramion eut la douleur d'apprendre que sa meilleure et sa plus ancienne amie, mademoiselle de Lamoignon, était à la dernière extrémité. L'âge était sa seule maladie; il fallait donc se résigner à la perdre. Sa consolation fut de l'assister à cet instant suprême, et de lui rendre elle-même les derniers devoirs. O amitié, sobre de démonstration et si riche en dévouement, qui dira jamais tout ce que tu as à supporter ainsi d'heures sombres et de pensées douloureuses, au chevet des mourants !

La perte d'une personne que la parenté, l'affection et encore plus la similitude des goûts et des sentiments lui avaient rendue si chère, laissa dans le cœur de madame de Miramion un vide que rien ne devait plus effacer. Il y avait quarante ans qu'elles se rencontraient chaque jour dans les mêmes exercices de piété et de charité. De tant de femmes pieuses que nous avons vues au commencement de ce récit faire partie des assemblées charitables formées par Vincent de Paul, de toutes celles qui avaient pris autrefois notre jeune veuve par la main pour l'introduire dans le chemin si consolant de la charité, mademoiselle de Lamoignon était la seule qui eût survécu. Elle était sa dernière amie, en la perdant tout ce passé s'éteignait. Il en est ainsi dans la vie : au matin tout sourit, les amis vous tendent la main; le soir tout a disparu, et vous restez seul sur la sombre route.

Le roi, en apprenant la mort de mademoiselle de Lamoignon, qui était depuis longtemps la distributrice ordinaire de ses aumônes, fit demander à madame de Miramion, par l'éloquent intermédiaire de madame de Maintenon (la Raison parlant par la bouche des Grâces, a dit d'elle Fénelon), « de vouloir bien succéder à son amie dans cet emploi, et surtout dans sa confiance[1]. »

Cet honneur et cette occasion de faire plus de bien ne pouvaient se refuser. Madame de Miramion accepta. Depuis ce jour, et jusqu'à sa mort, le roi lui fit remettre régulièrement de l'argent quatre fois par an; mais sans jamais souffrir qu'elle lui en rendît aucun compte.

Boileau, qui pendant longtemps, était allé chaque jour lire ses vers chez M. le premier président de Lamoignon, où il avait appris à connaître et à admirer

[1] Choisy.

les rares qualités de la digne sœur de ce pieux magistrat, écrivit alors ce juste éloge de mademoiselle de Lamoignon, au-dessous de son portrait :

> Aux sublimes vertus nourrie en sa famille,
> Cette admirable et sainte fille
> En tous lieux signala son humble pitié;
> Jusqu'aux climats où naît et finit la clarté [1],
> Fit retentir l'effet de ses soins secourables ;
> Et jour et nuit, pour Dieu pleine d'activité,
> Consuma son repos, ses biens et sa santé
> A soulager les maux de tous les misérables.

V

Deux ans s'étaient écoulés depuis que madame de Miramion avait formé le projet de fonder une maison de retraite : deux ans employés à prier, à consulter et à mettre toutes choses en état, dit Choisy ; enfin cette maison se trouvant prête, elle en régla le spirituel et le temporel, et dressa un plan de l'ordre des exercices publics.

Les retraites pour les dames du monde devaient avoir lieu deux fois par an, et ne durer que sept jours, pendant lesquels cinquante personnes coucheraient et seraient nourries à la maison, moyennant une

---

[1] Elle avait contribué puissamment à l'entretien des missionnaires dans les Indes, et avait dans son hôtel un magasin d'effets qu'elle vendait au profit des indigents.

rétribution. Tandis que les exercices destinés aux personnes d'une condition médiocre ou pauvre devaient s'ouvrir quatre fois par an, et ne durer que cinq jours ; mais on ne coucherait que les femmes venues de la campagne, les autres pouvant retourner chez elles chaque soir, ce qui permettrait d'en loger cent vingt à la fois, et de les nourrir toutes gratuitement.

Et comme les pauvres, nous dit l'Évangile, tiennent le premier rang dans l'estime et dans les faveurs de Jésus-Christ, madame de Miramion, pour attirer sur ces retraites une bénédiction durable, voulut les commencer par eux.

« Le jour de Noël 1687, elle en assembla donc un très-grand nombre, qu'elle reçut à bras ouverts, et avec toute la joie de son cœur, comme autant d'âmes prédestinées, sur qui elle ne doutait pas que les divines miséricordes ne se répandissent en abondance.

« On ne refusait personne ; et sur ce qu'on lui dit qu'il y venait des femmes dont la vie était scandaleuse : *Tant mieux*, répondit-elle, *les retraites sont faites pour ceux qui ont péché ; peut-être que Dieu les touchera.* En effet, elle vit des conversions si surprenantes et si effectives, que, quand elle n'aurait tiré de ses peines passées que ce seul fruit, elle s'en serait tenue récompensée au centuple[1]. »

[1] Choisy.

Un jour, madame de Miramion voyant une jeune fille qui avait paru fort touchée pendant cette retraite, pleurer en quittant la maison, lui demanda ce qui l'affligeait si fort : « Hélas ! madame, lui dit-elle, j'ai demandé pardon à Dieu, et je vais recommencer à l'offenser, je n'ai point d'autre moyen pour subsister. » Elle fut attendrie de cette réponse, et se souvenant du regard de miséricorde que Jésus n'a point dédaigné de jeter sur les pécheresses repentantes, elle la retint chez elle, et quelques années après elle eut la satisfaction d'en faire une bonne religieuse.

La retraite des dames du monde se fit aussitôt après, et le Père de Valois en fit l'ouverture avec le zèle et l'onction qui accompagnaient toutes ses actions. MM. les abbés Tiberge et de Brisacier[1], célèbres l'un et l'autre par de grands talents et une vie austère, firent les exhortations de la retraite suivante.

« Ce ne furent point des discours étudiés, l'éloquence n'y eut point de part, ils s'abandonnèrent à l'esprit de Dieu ; et sans songer à plaire, ils songèrent à toucher. Madame de Miramion en vit des effets bien sensibles : des dames lui apportèrent leurs boucles d'oreilles, leurs colliers et leur bagues pour les donner aux pauvres[2], » poussant ainsi l'amour de Dieu jusqu'au mépris de soi-même, ce qui fait la vie du

---

[1] Louis Tiberge, et Jacques-Charles de Brisacier, prédicateur et aumônier de la reine Marie-Thérèse, furent l'un après l'autre supérieurs du séminaire des Missions-Étrangères.

[2] Choisy.

christianisme, après avoir poussé peut-être l'amour de soi-même jusqu'au mépris de Dieu, ce qui fait la vie du monde, a dit saint Augustin.

Des commencements si heureux se soutinrent dans la suite. Et pendant plus d'un siècle, cette première maison de retraite, due à l'initiative et à la générosité de madame de Miramion, a continué à rendre les mêmes services, en offrant les mêmes avantages. Détruite par la révolution et par la dispersion des filles de Sainte-Geneviève, cette œuvre heureusement a été reprise plus tard, et souvent imitée depuis.

Les bâtiments qu'occupait autrefois cet établissement, sur le quai de la Tournelle, à côté de l'hôtel de Nesmond existent encore aujourd'hui, et forment un bel hôtel, construit, au fond d'une cour, avec toute la grandeur et la régularité du style Louis XIV. Les lignes principales de cette mâle architecture se sont bien conservées, et les appartements de l'hôtel, tous lambrissés de riches menuiseries, gardent encore une hauteur d'étage et une largeur de proportions bien en dehors des habitudes mesquines de notre temps. Ils ouvraient anciennement par derrière sur un vaste jardin qui était en communication avec la communauté des Miramionnes, et dont les bas-côtés, plantés de larges allées de tilleuls, conduisaient par un passage particulier à l'église de Saint-Nicolas. La grande porte cochère qui fermait la cour du côté du quai paraît du reste être restée telle qu'elle était alors. Seulement l'inscription qu'on y lit aujourd'hui indique que c'est la *pharmacie centrale des hôpitaux de Paris* qui occupe maintenant cet hôtel. Ainsi quoique le temps et les révolutions aient changé le but de sa destination première, la Providence a du moins permis que la maison de madame de Miramion fût encore un établissement de bienfaisance et de charité.

VI

A l'heure où l'œuvre des retraites était couronnée de succès, au moment où madame de Miramion pouvait se réjouir du bien qu'elle avait fait, en comptant combien d'âmes égarées elle avait contribué à ramener à la vertu, l'esprit du mal cherchait dans l'ombre un moyen de se servir de ses mains innocentes pour introduire à Saint-Cyr, dans ce sanctuaire que madame de Maintenon venait d'élever si laborieusement à Dieu, la séduction et le trouble dans la foi.

Cette communauté, où l'on ne parlait que piété, où l'on ne respirait que ferveur et amour de Dieu, ne pouvait être séduite que par des apparences pieuses et saintes ; ce fut aussi par là que le démon essaya de corrompre un établissement qui faisait triompher la vertu la plus pure, à la porte de la cour, où règnent ordinairement toutes les passions.

Le quiétisme, en un mot, sous le masque de la piété et du plus pur amour de Dieu, se répandit alors dans le monde; et tandis que cette nouvelle hérésie, semée par Molinos, exerçait à Rome la vigilance du vicaire de Jésus-Christ, elle se glissait en France par les soins et les artifices d'une femme, entraînée elle-même par la dévotion apparente d'un religieux barnabite.

Cette femme, madame Guyon, avait été douée par la nature de toutes les séductions, de la grâce, de la beauté et de l'esprit. Son visage avait une expression mélancolique et rêveuse qui touchait avant même qu'elle parlât; et son esprit, d'une vivacité insinuante, charmait et passionnait les imaginations jusqu'à l'égarement.

Elle était fille d'un gentilhomme de Montargis, et avait montré de grands sentiments de piété dès sa jeunesse; mais c'était surtout depuis la mort de son mari (fils du riche créateur du canal de Briare) qu'elle s'était jetée dans les pratiques les plus excessives de la dévotion. Son assiduité continuelle à l'église, ses communions fréquentes et les aumônes abondantes que sa fortune lui permettait de renouveler incessamment, n'avaient pas tardé à lui attirer l'estime générale, et peu à peu l'amitié particulière des duchesses de Beauvilliers, de Chevreuse et de Mortemart, toutes trois filles de Colbert, et toutes trois éminentes en piété.

Nous n'avons point à dire ici comment madame Guyon, après avoir pris pour directeur un moine imbu des maximes mystiques des quiétistes, qui s'empara de son esprit exalté, fut conduite par lui à Annecy, à Turin et à Grenoble. Mais étant venus tous les deux à Paris, ils y tinrent des conférences pieuses, dans lesquelles ils firent de nombreux prosélytes, surtout parmi les personnes pieuses de la cour. Madame Guyon, après y avoir composé plusieurs petits livres d'une piété exaltée et toute mystique, qui séduisaient par la facilité du style et leur apparence de dévotion, voulut aussi prophétiser. L'Église s'émut alors de ces dangereuses doctrines, et les dénonça à la cour. Le Père Lacombe fut enfermé au château de Lourdes, et madame Guyon conduite, par ordre du roi, au couvent de la Visitation de la rue Saint-Antoine.

Sa soumission, son abnégation et la sainteté apparente de sa vie pendant tout le temps qu'elle y fut enfermée, la firent considérer par son entourage comme une sainte injustement persécutée, et supportant cette persécution avec une patience héroïque. Elle devint l'édification, l'amour et les délices du monastère qui lui servait de prison.

C'est là que madame de Miramion, qui allait souvent à Sainte-Marie, entendit parler pour la première fois de madame Guyon.

Elle la vit, et elle fut charmée. La dévotion a ses entraînements et ses imprudences comme toute autre passion. Elle intercéda pour elle auprès de madame de Maintenon. Madame de la Maisonfort, dame de Saint-Cyr, la duchesse de Béthune, la duchesse de

Beauvilliers et ses sœurs, toutes amies et prosélytes de l'intéressante captive, se joignirent à elle dans le même intérêt.

Madame de Maintenon, à la prière de tant de femmes irréprochables, demanda et obtint du roi la liberté de madame Guyon.

Les rapports de madame de Miramion avec cette femme exaltée se bornèrent à cette unique entrevue, et à cette démarche charitable. Elle fut sa libératrice. « Si on peut contester des doctrines, on ne conteste pas des services. »

La foi d'ailleurs chez madame de Miramion n'était pas moins simple que vive. Dieu dans sa bonté a permis qu'il y eût ainsi des âmes qui allassent instinctivement à lui, à travers toutes les difficultés de la vie, comme l'aiguille aimantée se tourne vers le nord au milieu de l'immensité des mers. Aussi dans les questions fameuses du jansénisme et du quiétisme, qui vinrent troubler en tant de manières le repos de cette époque, n'eut-elle jamais d'autre part à y prendre que celle d'obéir à l'Église.

Madame Guyon, à peine rendue à la liberté, courut à Versailles remercier madame de Maintenon. Celle-ci, subissant à son tour la fascination générale, l'introduisit à Saint-Cyr, comme un modèle de piété, d'éloquence et de grâces. On sait tout le mal que ses maximes firent bientôt dans cette pieuse maison, et combien madame de Maintenon, éclairée trop tard par Bossuet et influencée par le roi, qui ne pouvait souffrir l'ombre d'un schisme, eut de peine à déraciner le goût de spiritualité et de mysticisme qui s'était emparé des meilleurs esprits de Saint-Cyr.

Cette maison royale d'éducation, où se trouvait rassemblée l'élite des jeunes filles nobles de France, sous le patronage de madame de Maintenon, était alors dans tout son éclat. Déjà son influence avait ranimé partout le goût des choses de l'esprit, et pour y satisfaire, madame de Maintenon demanda à Racine, qui avait renoncé au théâtre, de faire une tragédie qui pût être représentée par les demoiselles de Saint-Cyr. Peut-être espérait-elle aussi que la nouveauté de ce spectacle distrairait un instant l'esprit attristé d'un roi qui devenait *inamusable*. Elle voulut un sujet tiré de la Bible; Racine composa *Esther*, et on ne peut qu'admirer le parti qu'il sut tirer de ce gracieux épisode. Il en distribua lui-même les rôles aux élèves, et leur apprit à les déclamer. On fit faire de beaux costumes persans, ornés de pierres précieuses. Le théâtre fut dressé dans un grand vestibule, et le roi prêta sa musique. Lorsque tout fut prêt, madame de Maintenon invita Sa Majesté à assister à la première représentation, qui eut lieu le 26 janvier 1689.

Cette tragédie eut de suite un succès universel; on voulut reconnaître, avec flatterie, Esther dans madame de Maintenon, et avec malignité, Vasthi dans madame de Montespan, Aman dans M. de Louvois, et les huguenots persécutés par lui, dans la proscription des Hébreux.

« Mais, comme cette pièce était pieuse, disent les dames de Saint Cyr dans leur Mémorial, les gens d'une profession grave ne faisaient pas difficulté de demander à y venir, et il y en avait à qui madame de Maintenon était bien aise de faire ce plaisir. »

A la seconde représentation, qui eut lieu trois jours après la première (c'est-à-dire le 29 janvier 1689), le roi fit inviter plusieurs prélats, parmi lesquels étaient Bossuet, l'évêque de Beauvais, M. de Forbin-Janson et huit jésuites. Madame de Maintenon, de son côté, pria madame de Miramion d'y assister. Celle-ci, quoiqu'elle n'eût pas été au spectacle depuis le temps où sa tante l'y conduisait contre son gré, crut devoir se rendre à cette flatteuse invitation.

« Nous jouons aujourd'hui pour les saints, » écrivait dans la matinée madame de Maintenon, en faisant allusion à ces pieux personnages.

Le roi arriva à trois heures, et la tragédie commença aussitôt. Toutes les demoiselles de Saint-Cyr étaient rangées d'un côté sur des gradins élevés en amphithéâtre, de l'autre on voyait les dames de la communauté en grand costume de chœur; au milieu, devant le théâtre, le roi, sur un fauteuil, et, à côté de lui, mais un peu en arrière, et sur un siége moins élevé, madame de Maintenon; derrière eux, Monsieur, les princes et la cour.

« Le roi et toute la cour sont charmés de la tragédie d'*Esther*, écrit alors madame de Sévigné; madame de Miramion, et huit jésuites, dont le Père Gaillard était, ont honoré de leur présence la dernière représentation; enfin c'est un chef-d'œuvre de Racine; si j'étais dévote, j'aspirerais à la voir. »

L'ambition de l'aimable marquise fut heureusement satisfaite, et voici en quels termes elle a raconté cet événement à sa fille :

« Je fis ma cour l'autre jour à Saint-Cyr, plus agréablement que je n'eusse jamais pensé. Nous y allâmes samedi, madame de Coulanges, madame de Bagnols, l'abbé Testu et moi. Nous trouvâmes nos places gardées; un officier dit à madame de Coulanges que madame de Maintenon lui faisait garder un siége auprès d'elle, vous voyez quel honneur ! Pour vous, madame, me dit-il, vous pouvez choisir. Je me mis avec madame de Bagnols, au second banc derrière les duchesses. Le maréchal de Bellefond vint se mettre, par choix, à mon côté droit; et devant c'étaient mesdames d'Auvergne, de Coislin, de Sully ; nous écoutâmes, le maréchal et moi, cette tragédie avec une attention qui fut remarquée, et de certaines louanges sourdes et bien placées, qui n'étaient peut-être pas sous les fontanges de toutes les dames. Je ne puis vous dire l'excès de l'agrément de cette pièce. C'est une chose qui n'est pas aisée à représenter, et qui ne sera jamais imitée; c'est un rapport de la musique, des vers, des chants, des personnes si parfait et si complet, qu'on n'y souhaite rien. Les filles qui font des rois et des personnages, sont faites exprès : on est attentif, et on n'a point d'autre peine que celle de voir finir une si aimable pièce. »

En effet, « tout dans ce pieux divertissement, le choix de l'assistance, le caractère du lieu, la beauté des vers, l'imposante majesté du roi, la réunion de toutes ces jeunes filles, et ce mélange singulier de la cour et du cloître, tout concourait à former un tableau qui ne s'est point effacé, et qui est resté dans l'imagination comme un des charmants épisodes de ce beau règne, où se trouvent à la fois, comme en presque tout ce qui lui appartient, la grandeur, la simplicité et le génie[1]. »

[1] *Histoire de madame de Maintenon*, par le duc de Noailles.

CHAPITRE XIV

RAPPORTS DE MADAME DE MIRAMION AVEC LA COUR

1690-1696

I. Talent de madame de Miramion pour les réconciliations. — Ses entretiens avec madame de Montespan et l'archevêque de Paris. — II. Retraites à Coubron. — Oraison mentale. — III. Création de la maison de la Mère-Dieu. — Mort du président de Nesmond et du marquis de la Hoguette. — IV. Ouverture de l'hôpital Saint-Louis. — M. de Pontchartrain et madame de Maintenon. — Hommage rendu à madame de Miramion par Bossuet.

> L'amour de Dieu animait toutes ses paroles, et leur donnait une force victorieuse de tous les cœurs.
> (Choisy, *Vie de madame de Miramion*.)

I

« Personne n'eut jamais plus de talent pour les accommodements que madame de Miramion ; les affaires les plus désespérées réussissaient entre ses mains, et Dieu donnait à toutes sortes de personnes une si grande confiance en elle, que chacun lui remettait tout d'abords ses intérêts[1]. » Devenue distributrice et confidente des aumônes du roi, appelée

[1] Choisy.

sans cesse à Versailles par madame de Maintenon, qui ne voulait rester étrangère à aucune charité, madame de Miramion, malgré toute sa modestie, était alors connue, estimée et recherchée de toutes les personnes de la cour.

Toutes celles qui aspiraient au mérite de détruire ou de combattre les maux qui affligent l'humanité ou accablent l'infortune, croyaient même ne pouvoir accomplir leurs œuvres bienfaisantes sans sa participation.

C'est elle que les princesses enviaient aux pauvres, et dont elles demandaient les conseils dans leurs afflictions, dont elles imploraient surtout la présence et les prières à leurs derniers moments; » elle enfin qui, voyant un jour un père irrité refuser de pardonner à un de ses enfants qui l'en suppliait, se jeta à genoux devant lui, et par son humilité arrêta sur ses lèvres la malédiction qui allait frapper un fils, et en fit descendre le pardon. Partout, chez les plus grands seigneurs aussi bien que chez « les moindres du peuple, » sa présence était invoquée comme une bénédiction, et ses conseils reçus comme des ordres.

« J'admire, disait-elle elle-même à ce sujet, com-
« ment se font les accommodements. Je ne sais que
« dire pour réunir les esprits, je ne sais pas pour-
« quoi on me vient chercher ; mais enfin les choses
« se rapprochent, et Dieu se sert d'un aussi faible
« sujet que moi sans que j'y fasse rien. Puisqu'il le

« permet ainsi, accomplissons ses desseins, il tire sa
« gloire de tout. »

Ce n'était pas qu'elle fût éloquente, mais sa piété envers Dieu paraissait dans toutes ses paroles. Et comme la bouche parle aisément de ce qui abonde dans le cœur, le sujet de ses entretiens était d'habitude celui qui était l'unique objet de son amour. Elle en parlait avec beaucoup de grâce, et faisait grande impression dans l'âme de tous ceux qui l'écoutaient. On ne pouvait l'entendre sans être saisi de ce respect qu'on a pour les choses saintes. Devant elle, le mari pardonnait à sa femme, la mère à sa fille. On ne résistait pas à ses prières, les cœurs étaient touchés, « et la paix était dans une maison quand madame de Miramion y était une fois entrée[1]. »

Non pas qu'elle aimât à se donner de l'importance ni à s'immiscer dans les querelles de famille; au contraire, « elle n'a jamais cherché les affaires, et ne s'en chargeait que malgré elle et lorsque la Providence semblait l'y forcer. Elle écoutait alors paisiblement les parties intéressées, leur laissait dire toutes leurs raisons, ne les interrompant jamais, quoiqu'elle vît d'abord le nœud de la difficulté; et pendant qu'on disait bien des paroles inutiles, elle cherchait avec Dieu les moyens d'accommoder tout, et trouvait toujours le dénoûment. »

Parmi les personnes de la cour avec lesquelles

[1] Choisy.

madame de Miramion était en rapport fréquent de piété et de charité, on peut citer les princesses de Condé, de Conti et d'Harcourt ; les duchesses de Longueville, d'Aiguillon, d'Aumont, de Guise, de Vendôme et de Retz ; les marquises de Maintenon, de Sablé, de Marans et de Magnelay, dont son biographe n'a pas cru devoir parler.

Madame de Montespan, qui depuis le mariage de sa fille, Mademoiselle de Blois, avec le duc d'Orléans, ne paraissait plus à la cour, et se retirait souvent au couvent des filles de Saint-Joseph à Paris, l'envoyait aussi quérir quelquefois pour voir si une conversation toute de Dieu lui pourrait faire oublier les hommes. Madame de Montespan embrassait alors madame de Miramion, pleurait beaucoup, mais ses larmes étaient des larmes de faiblesse, de désespoir, et non de pénitence encore[1]. » Plus tard, lorsqu'elle s'enferma dans son château d'Oiron au fond du Poitou, le repentir vint, et elle donna tout ce qu'elle avait aux pauvres, travaillant pour eux à des ouvrages grossiers, et soignant elle-même leurs plaies. Elle fonda chez elle un hospice, et y établit un grand nombre de vieillards, dont elle se fit la servante bien plus que la supérieure, ne leur demandant en échange que de prier Dieu pour elle, s'imposant des pénitences sans nombre, et ne croyant jamais faire assez pour obtenir le pardon de ses fautes.

[1] *Mémoires* de l'abbé de Choisy.

« Voilà ce qu'on ignore quand on parle de la superbe favorite, et ce qu'il est bon que l'on sache pour son honneur et pour celui de la morale[1]. »

L'archevêque de Paris, Mgr de Harlay de Chanvalon, prélat de beaucoup d'esprit et de savoir, mais dont la jeunesse avait été malheureusement un peu légère, se plaisait aussi beaucoup dans la compagnie de madame de Miramion, et sollicitait souvent l'honneur d'être reçu chez elle. Celle-ci, à la prière de M. le premier président de Harlay, frère du prélat, avec lequel elle était liée depuis longtemps, se prêtait volontiers à ces pieux entretiens, dont on espérait beaucoup de bien pour le salut de l'archevêque. En effet, elle eut la satisfaction d'inspirer bientôt à Mgr de Harlay, par la ferveur de son zèle, le repentir sincère de ses fautes passées.

Son directeur, en la voyant ainsi presque toujours occupée des intérêts des autres, craignit pour elle l'entraînement que pouvait faire naître tant de succès, et il lui écrivit : « Madame, non-seulement vous accommodez les différends les plus difficiles, mais les personnes constituées en dignités ecclésiastiques pleurent leurs fautes à votre exhortation[2]. On vous choisit pour les détourner des biens et des plaisirs que le démon leur propose. Avez-vous assez d'humilité, madame, pour porter

---

[1] *Madame de Maintenon*, par M. de Noailles.
[2] Allusion au repentir de l'archevêque de Paris.

tout cela sans préjudice pour votre âme? Cette petite appréhension me vint hier, après avoir été témoin de la proposition qui vous a été faite, et j'ai cru que vous voudriez bien que je vous fisse part de ma crainte. »

Eh! monsieur, lui dit-elle dans sa réponse, *pourquoi avez-vous de la peine à faire la charité à la personne du monde qui vous honore le plus et qui a toute la reconnaissance possible de la grâce que vous lui faites?* Et elle remercie M. Jolly « du meilleur de son cœur des avis qu'il veut bien lui donner, le suppliant de continuer à l'avertir de tout ce qu'il verra de répréhensible en elle[1] ».

II

Quand Madame de Miramion sentait ses forces épuisées et son corps près de succomber à la fatigue, elle allait se reposer quelques jours à une maison de campagne appelée Coubron, qu'elle avait dans le village d'Ivry, à une demi-lieue de Paris. Elle l'avait achetée dix mille francs, et en avait dépensé à peu près autant pour la mettre en état de servir à sa communauté, à qui elle l'avait donnée. On y envoyait

[1] Ces lettres trop longues pour être données ici en entier, seront reportées à l'appendice, où elles pourront servir à l'édification des personnes pieuses.

les sœurs malades, et comme le jardin était grand et bien cultivé, il était d'une grande utilité pour la maison de Paris. C'est là, loin du tumulte de la vie et des importunités du monde, que madame de Miramion aimait à suivre les penchants de son cœur et à s'abandonner toute à Dieu.

« Les vertus extraordinaires répandues sur toute sa vie procédaient d'un fond de vie intérieure que Dieu lui avait donné par sa grâce, mais qu'elle avait cultivé par l'exercice fidèle d'une oraison solide, qui, ayant commencé par la méthode ordinaire, s'était perfectionnée comme par degrés, et avait élevé peu à peu son âme aux voies les plus spirituelles et les plus sublimes de la religion. Prévenue comme on l'a vu, dès l'âge de neuf ans, par les plus douces bénédictions du Seigneur, elle passait dès lors chaque matin une demi-heure à s'entretenir avec lui, et, bien loin de s'ennuyer dans cette prière du cœur dans laquelle, dit sainte Thérèse, l'âme s'entretient seule à seule avec Dieu, et ne se lasse jamais d'exprimer son amour à Celui dont elle sait qu'elle est aimée, elle y trouvait tant de goût, qu'elle a avoué depuis, qu'il lui aurait été difficile d'exprimer combien elle s'y sentait attendrie et contente. Aussi la faisait-elle quelquefois en secret, de peur qu'on ne lui ôtât un exercice si doux, comprenant dès ce temps-là par expérience ce que dit le Saint-Esprit, que les eaux de la grâce, qu'on puise ordinairement dans la source de la prière, ne sont jamais plus dé-

licieuses que quand on les prend à la dérobée ; et
Dieu la conduisait déjà comme si elle eût su que la
prière est un parfum qui s'évapore quand on l'expose trop à l'air, et une faveur du Ciel qu'il est
bon de cacher à la terre, parce que le monde n'est
ni digne de l'éprouver en soi, ni capable de la respecter dans les autres. »

Dès l'âge de dix-huit ans, elle avait commencé à
se donner chaque jour un sujet religieux à méditer
pendant une heure. C'était ordinairement quelqu'une des plus importantes vérités de l'Évangile.
Et déjà elle s'en pénétrait si vivement, qu'elle y
trouvait une source inépuisable de réflexions tendres
et pures, qui l'élevaient toutes vers Dieu. Lorsqu'elle eut atteint sa vingt et unième année, on lui
permit, sur sa demande, de se relever une heure
toutes les nuits pour prier et méditer à genoux.
C'était de deux heures jusqu'à trois, ce qui ne l'empêchait pas de consacrer encore à cet exercice une
autre heure le matin, et enfin une troisième le soir,
mais qu'elle passait ordinairement dans l'église, devant le saint Sacrement. Cette règle devint celle
qu'elle observa ensuite toute sa vie ; seulement, à
partir de cinquante ans, on lui ordonna, à cause de
ses infirmités, de prier la nuit assise sur son lit, au
lieu de se relever pour le faire à genoux.

Plus elle donna de temps à la prière, plus elle alla
à Dieu par la foi et par l'affection. Elle était, il est
vrai, dirigée par un saint prêtre, exact et sévère, qui

la menait comme par la main, et dont elle suivait la conduite avec une docilité d'enfant. Dieu, qui la destinait à des oraisons plus élevées et qui voulait la faire marcher par des routes moins battues, prit soin de bonne heure de la prévenir contre toutes sortes d'égarements, par une sage crainte des états extraordinaires.

Ce qu'il y a de plus surprenant, c'est qu'au milieu de tant d'occupations diverses, et à mesure que ses heures de prières devinrent plus entrecoupées de distractions et d'ennuis, elle se détermina avec plus de courage à n'abandonner jamais ce saint exercice. La vue de Dieu, qui semblait lui manquer dans ce temps-là, parce qu'elle était moins sensible, se répandait sur toutes ses actions, au milieu même des soins continuels que lui demandaient les bonnes œuvres. Alors on vit en elle ce que sainte Thérèse a écrit d'elle-même : elle fut plus occupée de la divine présence en agissant qu'en priant.

Elle aimait l'ordre dans les petites choses comme dans les grandes. Elle arrangeait d'avance l'emploi du temps, et ne livrait presque rien à l'imprévu ; aussi le hasard, qui gouverne la vie de la plupart des hommes, avait-il peu de prise sur la sienne.

III

Pendant près de trente ans, la maison de Sainte-Pélagie, cet asile que le zèle et la charité de madame de Miramion avaient fait ouvrir au repentir, s'était maintenue dans l'exacte observance de sa règle primitive ; mais, vers 1692, la discipline de cet établissement se relâcha, et sa pieuse fondatrice eut le regret de voir que les réfugiées n'y vivaient plus dans les sentiments de pénitence et d'humilité que leur état commandait. Elle alla en parler à madame de Maintenon, et obtint du roi la permission de créer dans l'enceinte de la même maison, mais dans un lieu séparé, un nouvel établissement, dont elle aurait seule la conduite, en y mettant une supérieure de son ordre pour le diriger. Son projet était de ne recueillir là que les filles qui voudraient vivre dans un état véritable de pénitence. Dès qu'elle eut ouvert ce refuge, « toutes les vertus chrétiennes, et principalement le silence et la mortification, commencèrent à s'y pratiquer d'une manière si édifiante et au milieu d'une si grande affluence de pénitentes, que madame de Miramion fut obligée de les mettre dans une maison plus grande qu'on appela *maison de la Mère de Dieu*. Sous sa surveillance, ces Madeleines pécheresses menèrent une vie si pieuse et si exemplaire, que les administrateurs du refuge, jaloux de cet heureux résultat, vinrent prier madame de Miramion de permettre et d'ordonner à ses filles d'aller demeurer avec les autres dans l'ancienne maison de Sainte-Pélagie, afin que leur exemple pût les porter à l'obéissance et à la piété. Elle y consentit avec joie, et, malgré le danger d'une si prompte réunion, le succès fut complet. La bonne direction et les sages règlements qu'elle avait donnés à cet établissement ont été observés ensuite jusqu'à la transformation de cette maison en 1789 [1].

Au commencement de l'année 1693, M. le président de Nesmond, son gendre, qui avait eu pour elle pendant trente ans tous les égards et toute la tendresse d'un fils, fut pris d'une indisposition subite. Sa maladie ne parut pas grave dans le commencement; mais comme il était d'une grande piété, il avait établi pour règle dans sa maison que personne n'y aurait la fièvre pendant trois jours, sans qu'il accomplît tous les devoirs de la religion chrétienne. Il voulut en donner l'exemple, et reçut les derniers sacrements, quoique les médecins assurassent qu'il n'y avait point de danger. Cependant, dès le même soir, le transport au cerveau se fit, et il mourut le lendemain. Madame de Miramion fut très-touchée de la mort de son gendre; mais sa résignation fit naître celle de sa fille, qui en avait besoin en perdant d'une

[1] La maison de refuge dite Sainte-Pélagie, instituée par madame de Miramion en 1665, entre les rues Puits-L'Hermite et Copeau, a été transformée en prison depuis la révolution.

manière si subite un mari qu'elle aimait tendrement et quand sa santé à elle-même était encore si délicate.

Toute l'année fut pour elle un temps de deuil et d'affliction ; car après avoir eu à partager la douleur et la pieuse soumission de sa fille, elle eut encore à soutenir le courage de sa nièce.

Le 3 octobre 1693, le marquis de la Hoguette, lieutenant général des armées du roi, gouverneur de Mézières (celui qui avait épousé mademoiselle Bonneau de Rubelle), fut tué en combattant glorieusement sous les yeux du maréchal de Catinat, à la bataille de la Marsaille, près de Turin[1]. Cette perte et l'analogie des circonstances rappelèrent douloureusement à la mémoire de madame de Miramion toute la peine qu'elle avait ressentie à la mort de M. de Tracy son frère, tué comme son neveu au milieu des triomphes d'une victoire, et au moment où le roi allait couronner ses services.

L'hiver de 1694 fut encore d'une rigueur extrême. Dieu sembla vouloir de nouveau éprouver la France par toutes les horreurs d'une disette, en même temps que par des maladies de toutes sortes. La récolte de 1692 avait été gâtée par les pluies, celle de 1693 fut

---

[1] La bataille eut lieu le 4 octobre 1693, à la Marsaille, en Piémont, près de Pignerol et Turin, entre les troupes françaises commandées par Catinat et celles de Savoie. On se battit avec tant d'acharnement, que des bataillons entiers restèrent sur la place.

entièrement perdue. Le blé manqua dans plusieurs provinces, et des villages entiers allaient chercher leur nourriture dans les villes. « C'était une chose pitoyable de voir Paris inondé d'un déluge de pauvres criant et mourant de misère [1]. »

Madame de Miramion, malgré des infirmités naissantes, malgré ses forces qui diminuaient chaque jour, et une faiblesse imprévue qui l'arrêtait souvent au milieu de ses nombreux emplois, recueillit ce qui lui restait de force, et redoubla de zèle pour suffire aux nécessités nouvelles de ce lamentable hiver.

Après avoir été toute sa vie la mère des pauvres, après avoir vu de plus près que personne les souffrances du peuple, elle voulut se faire son avocat. Elle alla parler pour lui aux ministres, à madame de Maintenon, au roi lui-même, « leur demandant de faire acheter à l'étranger des approvisionnements de riz pour suppléer au blé, qui coûtait alors cinquante francs le septier [2]. Ce qu'on fit à sa prière; et le roi, après en avoir donné une quantité considérable, en fit vendre à très-bas prix. »

« Vous avez de l'invention, écrivait de son côté madame de Maintenon à Manceau, son intendant; voyez si des pois, des fèves, du lait, de la farine d'orge, si, dis-je, quelque chose ne peut pas suppléer au pain qui est si cher... Excitez tout le monde au courage

---

[1] Mémoires du marquis de Sourches.
[2] Remplacé aujourd'hui par l'hectolitre.

et au travail[1]. » Et en même temps elle se dépouillait de tout, vendait ses chevaux et ses bagues pour suffire à ses charités.

Malgré tous les efforts tentés par la bienfaisance, la misère croissait encore, et la mortalité devenait générale. « Il y avait près de six mille malades à l'Hôtel-Dieu. Madame de Miramion y était continuellement, et voyant jusqu'à douze personnes dans un même lit, attaquées de maladies différentes, les unes mourant de leurs propres maux, et les autres ne pouvant guérir dans un air si infecté, elle alla demander à M. le premier président de Harlay, principal administrateur des hospices, de faire ouvrir l'hôpital Saint-Louis, afin d'y mettre les malades plus à l'aise. Il approuva cette pensée, et la chargea de faire préparer cette maison; ce qu'elle fit aussitôt avec beaucoup de soin. On y transporta un grand nombre de malades, et tous en furent extrêmement soulagés[2]. »

Cet hôpital, composé de quatre grands pavillons d'un beau style, avec plusieurs cours et une belle fontaine, offrait un ensemble aussi vaste que salubre. Bâti en 1606, sous Henri IV, entre les faubourgs du Temple et de Saint-Martin, et destiné spécialement aux maladies contagieuses, en mémoire de saint Louis mort de la peste devant Tunis, il était presque toujours vacant. Mais après que madame de Miramion en eut fait en quelque sorte une annexe de l'Hôtel-

---

[1] De Noailles, *Histoire de Madame de Maintenon*.
[2] Choisy.

Dieu, les administrateurs de cet hospice continuèrent à y envoyer les malades scorbutiques; et, de nos jours, il est encore particulièrement destiné aux maladies chroniques, à la teigne, à la gale et aux dartres.

Ce rude hiver de 1694 acheva de dépouiller madame de Miramion du peu qui lui restait de superflu. Mais dans les nécessités extraordinaires, sa charité savait faire de nouveaux efforts ; tout devint pauvre dans sa maison comme sur sa personne, et l'aumône lui apprenait à se retrancher tous les jours quelque chose de nouveau. « C'est, en effet, la vraie grâce de l'aumône, en soulageant les besoins des pauvres, de diminuer en nous d'autres besoins qu'y fait naître la seule délicatesse comme si la nature n'était pas assez accablée de nécessités [1]. »

Sa charité sans mesure pour toutes les misères connues, son assiduité continuelle dans les hôpitaux, ne l'empêchaient pas cependant de songer aux souffrances cachées. Elle trouvait encore le temps d'aller à la dérobée secourir et consoler les pauvres honteux, ceux qui, après avoir connu l'aisance, sont tombés dans la détresse sans oser l'avouer, et qui succomberaient sans secours dans la solitude de leur foyer, si la charité chrétienne ne savait deviner leur besoin assez tôt pour les sauver du désespoir et de la mort.

Elle allait surtout visiter les familles de sa paroisse;

---

[1] Bossuet, *Oraison funèbre d'Anne de Gonzague.*

et pendant tout le temps que dura la famine, elle fit faire de deux jours l'un chez elle plus de six mille potages, qu'on distribuait aux plus nécessiteux, employant utilement ainsi les grandes charités que le roi lui donnait pour le peuple, dans le temps même où il entretenait cinq cent mille hommes pour défendre la France contre l'Europe.

Comme il fallait beaucoup de temps pour distribuer ces potages, on faisait aux pauvres qui étaient obligés d'attendre, des instructions religieuses et familières, afin que les âmes remportassent quelque nourriture aussi bien que les corps. Et ce qu'on ne saurait trop louer, c'est la patience héroïque avec laquelle madame de Miramion, qui assistait toujours à ces distributions, supportait les outrages de ces malheureux. Égarés par la misère, ils osaient accabler d'injures celle qui depuis quarante années leur sacrifiait sa fortune, sa santé et sa vie. *Courage, mes sœurs*, disait-elle alors aux filles de sa communauté, *plus vous aurez de contradiction de la part des hommes, plus votre mérite croîtra devant Dieu ; laissez-les dire et les servez toujours, votre patience les désarmera.* En effet, ces pauvres, si insolents le matin, venaient dans l'après-dînée lui demander pardon les larmes aux yeux, tant la vertu a de force sur les âmes même les plus grossières.

IV

Au mois de janvier de l'année suivante (1695), le premier président de Harlay et les autres administrateurs de l'hôpital général, ne sachant pas comment rembourser les cent mille écus que l'hôpital avait empruntés pendant la disette de 1694, décidèrent qu'il fallait renvoyer la plus grande partie des pauvres, et qu'on ne garderait que ceux que l'âge ou les infirmités mettaient dans l'impossibilité de travailler.

Madame de Miramion, qu'ils vinrent, comme d'habitude, consulter sur une nécessité si regrettable, en gémit d'abord avec eux sans trouver d'objections à y faire ; mais en songeant ensuite au sort de plus de neuf cents jeunes filles qui, du matin au soir, allaient se trouver sans asile, et abandonnées à elles-mêmes, « le zèle du salut des âmes la saisit, » et elle proposa sur l'heure plusieurs expédients que son cœur généreux lui inspirait pour les sauver. Aucun, malheureusement ne parut acceptable. Désespérée, elle supplia alors les administrateurs de garder au moins ces pauvres filles jusqu'au mois d'avril, espérant que dans cet intervalle la Providence, qui ne l'avait jamais abandonnée, lui viendrait encore en aide, et lui fournirait un moyen de les sauvegarder. En effet, dans la nuit, comme elle cherchait dans la prière quelque inspiration, et s'humiliait devant Dieu en le suppliant de l'éclairer au milieu de circonstances si malheureuses, il lui vint à la pensée, qu'en renvoyant d'abord à leurs familles toutes les jeunes filles qui auraient encore quelques parents, on pourrait peut-être conserver ensuite les autres. Elle alla faire part de cette idée à mademoiselle Pantaclin, supérieure de l'hôpital, qui la partagea, et se mit avec elle à interroger l'une après l'autre toutes les pensionnaires. Deux cents seulement avaient leurs parents; on les renvoya peu à peu. Mais il en restait encore sept cents. Ces dames trouvèrent, en calculant, que si les administrateurs voulaient leur accorder seulement le logement dans les dortoirs vides de l'établissement, on pourrait peut-être les faire travailler assez pour les nourrir, en ajoutant à leur salaire trois sous par jour, ce qui demanderait environ quarante mille francs par an.

Après avoir tout considéré et levé dans son esprit toutes les difficultés pratiques qu'on pouvait lui objecter, madame de Miramion alla soumettre son projet aux administrateurs. Elle leur offrit en même temps d'aller quêter dans la ville les quarante mille francs qui étaient nécessaires, et de donner ensuite ses soins, son temps et sa surveillance à la réussite de cette entreprise. L'administration, touchée de tant de générosité et de dévouement, accepta son offre avec reconnaissance.

Malgré la faiblesse qui commençait à l'accabler, malgré les prières de sa fille, qui craignait pour sa santé, madame de Miramion, à soixante-six ans, recommença ces fonctions de solliciteuse, si pénibles à tout âge. Elle remonta dans ce carrosse qu'elle avait gardé contre son gré, bien plus, en effet, pour le service des pauvres que pour sa commodité personnelle, et, pendant plus d'un mois, on la vit du matin au soir aller de porte en porte demander humblement l'aumône.

La première personne à laquelle elle s'adressa fut M. de Pontchartrain, alors contrôleur général des finances, cousin de M. de Miramion, et ancien tuteur de sa fille [1]. Elle avait conservé avec lui et avec sa femme, personne d'une grande vertu, des rapports continuels de parenté et de charité, qui lui permettaient de compter toujours sur son appui aussi bien que sur ses conseils. « M. de Pontchartrain, dit Saint-Simon, était un petit homme maigre, avec une physionomie d'où sortaient sans cesse des étincelles de feu et d'esprit, et qui tenait encore plus qu'elle ne promettait. Jamais on ne vit tant de promptitude à comprendre, tant de légèreté et d'agréments dans la conversation, et en même temps tant de facilité et de solidité dans le travail... Avec ces qualités, une simplicité éclairée et une sage gaieté qui surnageaient à tout, et le rendaient charmant en riens et en affaires.

---

[1] Louis Phélippeaux, comte de Pontchartrain, cousin germain de M. de Miramion par sa mère, Anne de Beauharnais, secrétaire d'État de la marine et contrôleur général des finances, en 1690.

Rempli de piété, de bonté et d'équité. » Après avoir accueilli madame de Miramion avec toute son aménité ordinaire, M. de Pontchartrain lui conseilla de s'adresser au roi, et lui promit d'exécuter promptement les ordres que Sa Majesté ne manquerait pas de lui donner. Le lendemain, elle se rendit, en effet, à Versailles, et en parla à madame de Maintenon, qui n'était pas difficile à persuader toutes les fois qu'il s'agissait d'honorer Dieu. Elle lui promit de parler au roi pour elle. Madame de Miramion, contente de s'être ménagée une si puissante sollicitation, s'en allait sans lui rien demander, quand madame de Maintenon la rappela, en lui disant : « D'où vient, madame, que vous ne me demandiez rien ? — *Ah ! madame*, lui répondit madame de Miramion, *vous faites tant de charités que je me ferais conscience de vous en proposer de nouvelles.* Mais madame de Maintenon ne laissa pas que de lui donner son aumône, ne voulant pas qu'il se fît du bien sans qu'elle y eût part. »

Trois jours après le contrôleur général, sur l'ordre du roi, lui envoyait un bon de vingt-cinq mille francs.

Monseigneur le dauphin et madame la princesse de Conti, douairière (mademoiselle de Blois), qui voulait continuer les charités de sa belle-mère, lui envoyèrent deux cents louis d'or.

Monsieur, frère du roi, qu'elle alla solliciter au château de Saint-Cloud, « lui mit lui-même son aumône dans les mains. » Le cardinal de Bouillon, grand aumônier de France, lui donna cent louis d'or ; M. de Boucherat, chancelier de France, qui avait autrefois sollicité sa main et qui avait conservé pour elle autant d'estime que d'admiration, lui envoya une somme importante. « Madame la duchesse de Guise, dont le nom, fort respecté à la cour, était en bénédiction parmi les pauvres, lui donna aussi, et se chargea de lui faire donner par plusieurs personnes de la cour, dont elle voulut bien recevoir elle-même les charités. Enfin, il n'y eut personne à Versailles qui voulût ou qui osât la refuser. »

Après la cour, la ville suivit un si bon exemple. Madame de Miramion alla partout elle-même ; toute la magistrature de Paris, la finance, la haute bourgeoisie, le commerce, plusieurs bureaux d'affaires reçurent sa visite, et lui donnèrent. « Elle eut bien quelques dégoûts à essuyer dans certaines visites particulières ; mais elle eût souffert encore davantage pour l'amour de Celui qui la faisait agir. »

Il faut bien aimer Dieu, disait-elle un jour à ce sujet, à la sœur qui l'accompagnait dans cette quête, *pour faire ce métier-ci*.

Mais son dévouement reçut sa récompense. Elle recueillit ainsi plus de cinquante mille francs, qui, grâce à son économie et à ses soins, firent subsister ces pauvres filles pendant deux ans. Dans cet intervalle on en maria quelques-unes, d'autres furent mises en place, celles qui savaient des métiers trouvèrent à gagner leur vie, et à la fin très-peu demeurèrent à la charge de l'hôpital.

Tant de zèle, tant de bienfaits répandus partout, portaient le nom et la réputation de madame de Miramion jusque dans les villes les plus éloignées. A la fin de l'année 1695, une communauté établie depuis longtemps à la Ferté-sous-Jouarre envoya, comme l'avait fait celle d'Amiens, demander d'être réunie aux filles de Sainte-Geneviève. Madame de Miramion fit venir à Paris, l'une après l'autre, toutes les religieuses de cette communauté pour les instruire elle-même, et alla ensuite à la Ferté pour leur donner l'habit et les établir solennellement. Cette cérémonie eut lieu en présence de l'évêque de Meaux, Mgr Bossuet, que son éloquence, ses ouvrages et son zèle éclairé pour la défense de l'Église, avaient déjà rendu célèbre. Ce prélat, voulant, comme l'avait fait Fléchier dans l'oraison funèbre de M. de Lamoignon, rendre hommage à la charité et au dévouement sans borne de madame de Miramion, prit la parole à l'occasion de cette nouvelle union, « et prêcha sur ce sujet avec une éloquence apostolique[1]. »

Plus madame de Miramion avançait en âge, plus elle croissait en vertu. Il semblait que Dieu, se préparant à la couronner de sa gloire, voulût l'en rendre, en quelque sorte, plus digne par l'abon-

[1] Choisy.

dance de ses grâces et la communication de ses lumières. Son cœur, resté jeune, lui inspirait sans cesse quelque nouveau bien à faire, et sa pensée, toujours active, ne se reposait qu'en formant de nouveaux projets de charité. Le profond respect qu'elle avait toujours eu pour les prêtres lui faisait désirer de fonder une maison de retraite pour les ecclésiastiques que l'âge ou les infirmités mettaient hors d'état de rendre service à l'Église. Elle trouvait juste de soulager la vieillesse de ceux qui ont usé leurs forces à travailler à la vigne du Seigneur.

De plus, elle eût voulu créer un établissement destiné à recevoir les prêtres qui viennent à Paris solliciter pour leurs affaires, afin qu'ils fussent logés tous ensemble, sans être mêlés à des gens de mauvais exemple. Enfin, contristée à la vue de quelques membres du clergé qui, oubliant la sainteté de leur caractère, s'abandonnent à l'inconduite, elle se proposait d'ajouter à ces établissements une troisième maison, dans laquelle on eût enfermé ceux que les avertissements n'auraient pu corriger, afin que l'exemple de leur punition pût retenir les autres dans le devoir.

Ces projets étaient grands et dignes d'elle ; malheureusement la mort ne devait pas lui laisser le temps de les accomplir.

CHAPITRE XV

DERNIÈRE MALADIE ET MORT DE MADAME DE MIRAMION

1696

I. Le Jubilé. — Dernières retraites. — Mort de madame la duchesse de Guise. — II. Derniers jours de madame de Miramion. — Sa lettre à madame de Maintenon. — III. Jugement porté sur elle par Dangeau. — Saint-Simon et madame de Sévigné.

> Mourir comme le grain de froment pour revivre en vous, mon Dieu !
> (Madame de Miramion.)

I

« Et maintenant, que reste-t-il, qu'à montrer comment elle a usé de sa vie pour arriver à une bienheureuse mort[1]? »

Sa vie, nous l'avons vu, n'a été, à proprement parler, qu'un acte de foi envers Dieu et un acte de charité envers son prochain.

Ses derniers jours et sa fin seront encore la suprême et dernière expression de ces deux sentiments. Le jubilé de 1696 va être la dernière manifestation

[1] Bossuet.

de sa foi. Les soins qu'elle prodiguera à madame de Guise resteront le dernier acte de sa charité; et sa mort, belle et calme comme sa vie, résumera toute son existence. Pour elle, le dernier jour sera véritablement « *le maître jour, le jour juge de tous les autres.* »

Le 1er mars 1696, le cardinal de Noailles, archevêque de Paris (qui venait de succéder à Mgr de Harlay, mort subitement à Conflans)[1], ayant fait publier un jubilé, madame de Miramion en profita pour faire commencer chez elle une retraite pour les pauvres, et elle en suivit tous les exercices avec la ferveur la plus exemplaire.

L'amour de Dieu, qu'elle avait choisi pour le sujet de ses méditations pendant cette retraite, la pénétra d'une manière si vive et si forte, qu'on eût dit qu'elle ne tenait presque plus à la terre ; et à la fin de ses exercices de piété, elle avoua à son directeur, qu'à aucune autre époque de sa vie elle n'avait senti tant d'espoir d'obtenir les indulgences du jubilé[2].

« Une personne à qui elle parlait de cela en confidence, lui ayant demandé, quelques mois avant sa mort, comment se passait alors le temps de ses orai-

[1] Frappé d'apoplexie le 5 août 1695.
[2] Un quart de siècle avant, le 23 mars 1671, l'ouverture d'un jubilé avait eu lieu à Notre-Dame, et le 28 le roi communia publiquement aux Récollets, et toucha 1,200 malades des écrouelles, ayant le Dauphin et Bossuet à ses côtés.

sons, elle lui avoua que souvent il lui semblait que Dieu l'approchait de lui de si près, et la tenait si fortement liée et unie à lui, qu'elle croyait aller expirer ; ce sont ses propres termes, comme si elle eût voulu dire que dans ces transports, qu'il n'est pas permis à tout le monde d'éprouver, ni même de comprendre, il lui semblait qu'elle subsistait moins en soi qu'en Dieu, et qu'étant plus attachée à lui qu'à elle-même, elle se sentait prête à quitter l'un pour demeurer inséparablement unie à l'autre [1]. »

Dans la seconde quinzaine du jubilé, elle fit faire une autre retraite pour les dames du monde, qui fut aussi très-suivie, et à laquelle elle donna également tous ses soins. Elle n'était pas encore achevée, quand madame de Miramion fut obligée de quitter subitement sa maison pour aller à Versailles, où madame la duchesse de Guise[2], qui se mourait, la faisait appeler avec instances.

Dangeau, dans son journal, dit à la date du mercredi 14 mars 1696 : « Madame de Guise est considérablement malade, d'une maladie qui approche de celle dont mourut M. de Luxembourg l'année passée. Les médecins en ont très-mauvaise opinion. » Et le lendemain 15 il ajoute : « Au sortir du conseil,

---

[1] Choisy.
[2] Élisabeth d'Orléans, troisième fille de Gaston et de Marguerite de Lorraine, née en 1646, veuve en 1671, de Louis-Joseph de Lorraine, duc de Guise ; morte le 17 mars 1696 à Versailles.

le roi alla chez madame de Guise, dont la maladie augmente fort. »

Cette princesse, qui était fille de Gaston d'Orléans, cousine du roi et sœur puînée de la grande Mademoiselle, n'avait alors que cinquante ans. Elle était veuve de Louis de Lorraine, duc de Guise, célèbre par ses duels, ses amours romanesques et l'audace malheureuse de son entreprise sur Naples. Elle habitait ordinairement le petit Luxembourg à Paris, où elle avait ses dames d'honneur, et recevait officiellement les ambassadeurs; mais comme elle avait toujours été fort attachée au roi, elle était souvent à Versailles.

« Madame de Guise, dont toute la vie n'avait été remplie que de bonnes œuvres, ne laissait pas cependant de craindre la mort, et elle était déjà au plus mal, que personne autour d'elle n'avait encore osé lui apprendre le danger dans lequel elle était [1]. » Madame de Miramion, qui était douée d'un talent particulier pour assister les mourants et pour consoler les affligés en faisant entrer peu à peu dans leurs cœurs des sentiments véritablement chrétiens, lui parla de la mort avec une pieuse liberté, lui fit recevoir les derniers sacrements, et reçut ses derniers soupirs.

L'effroi de la mort qui avait troublé l'esprit de cette princesse pendant toute sa vie se dissipa aus-

[1] Choisy

sitôt que madame de Miramion fut près d'elle, et ne l'inquiéta plus un seul instant.

> Grâce à ses soins pieux, sans terreur, sans remords;
> L'agonie en ses bras plus doucement s'achève [1].

Et n'est-ce pas, en effet, une grande faveur de Dieu, une garantie d'une bonne et sainte mort, que d'expirer ainsi purifié et béni, avec des paroles de foi et de piété sur les lèvres, dans les bras d'une sainte femme qui recueille notre dernier soupir et offre à Dieu avec amour et supplication cette âme qui va quitter la terre?

« Le samedi 17 mars, le roi, au sortir de la messe, alla chez madame de Guise, qui était à l'extrémité elle s'attendrit en voyant le roi, à qui elle était fort attachée, et elle lui dit : Si Dieu me fait miséricorde, comme je l'espère, je prierai pour Votre Majesté et pour la paix. Deux heures après elle mourut, ayant conservé la raison et la parole jusqu'au dernier moment ; elle avait reçu le matin à six heures l'extrême-onction ; elle est morte dans la tranquillité d'une personne qui a mené une vie innocente. Le roi était sorti de sa chambre le matin en pleurant, et nous en a parlé plusieurs fois dans la journée, la louant toujours fort [2]. » Digne petite-fille de Henri IV, elle eût pu recevoir une sépulture princière dans le caveau

---

[1] *La Pitié*, par Delille.
[2] Dangeau.

des rois ses ancêtres, mais, selon son désir, elle fut enterrée sans aucune cérémonie, aux grandes Carmélites de Paris, le mardi 20 mars 1696.

II

Madame de Miramion revint à Paris le dimanche 18, très-fatiguée ; il lui avait fallu veiller plusieurs nuits et beaucoup parler. Son âge et sa santé ne permettaient plus tant de fatigues. Mais comme ses propres maux lui paraissaient toujours légers lorsqu'il s'agissait de soulager ceux des autres, elle n'avait écouté que son cœur. Ainsi, comme elle l'avait demandé souvent dans ses prières, elle s'était dévouée jusqu'à la mort, à l'exemple de notre divin Rédempteur.

Son heure était venue : le lendemain matin, 19 mars 1696, on la trouva dans son lit, le visage livide et le pouls intermittent, avec de grandes envies de vomir. Elle avait souffert toute la nuit, mais sans vouloir réveiller personne.

Sa fille, dès qu'elle entra, vit bien qu'elle avait épuisé le peu de forces qui lui restait, et que sa fin serait prochaine. On courut aux médecins, qui, prenant son mal pour une apoplexie, lui donnèrent à deux fois dix-huit grains d'émétique. Son pouls revint, mais ses douleurs augmentèrent : elle les offrait à Jésus-Christ.

Calme et résignée au milieu de l'inquiétude de tous les siens, elle vit approcher la mort sans demander grâce, n'ayant jamais eu qu'un désir, celui d'accomplir la volonté du Seigneur. La douleur n'arracha jamais de sa bouche ou de son cœur, je ne dis pas une plainte amère, une parole de murmure, mais un seul mouvement d'impatience, ou un mot d'inquiétude. Il semblait que ce fût pour elle que le Psalmiste eût dit : « Pour moi, je me coucherai en paix et je jouirai d'un parfait repos, parce que c'est vous, mon Dieu, qui m'établissez dans une solide espérance. »

M. Pollet, vicaire de Saint-Nicolas, confesseur de sa communauté et le sien, accourut. *Je crains de m'impatienter, tant je souffre,* lui dit-elle. Et comme il lui répondait que Dieu peut-être lui épargnerait les souffrances du purgatoire : *Hélas ! Dieu me fera une grande miséricorde,* murmura-t-elle, *s'il veut s'en contenter,* craignant encore de ne pas souffrir assez.

On n'osait pas lui apporter la communion, à cause des vomissements continuels qu'elle éprouvait. Elle vit l'embarras de son confesseur au silence qu'il gardait à ce sujet, et lui dit : « *Ah ! monsieur, j'ai reçu tant de fois Notre-Seigneur pendant le cours de ma vie, peut-être indignement, que je mérite bien de n'avoir pas la consolation de le recevoir à la mort.* »

On lui demanda alors si elle voulait recevoir l'extrême-onction. Elle répondit aussitôt que, ne pouvant recevoir le saint viatique, elle s'estimait encore bien heureuse que Dieu lui accordât la grâce d'obtenir ce dernier sacrement des mourants; et, s'étant confessée pour mourir, elle le reçut avec autant d'attention et de ferveur que si elle n'eût rien souffert.

Quelques heures après, ses vomissements ayant cessé, on l'avertit qu'on allait lui apporter la communion. On vit alors cette femme mourante, mais toujours forte en Dieu, oublier ses souffrances qui augmentaient de moment en moment, pour ne penser plus qu'au bonheur de s'unir à son divin Maître, et recueillir toutes les forces de son esprit et de son cœur pour aller au-devant de Dieu, au moins par ses désirs.

« Levée à mi-corps sur son lit, immobile par attention et par respect, les mains jointes, les yeux tantôt élevés vers le ciel, tantôt arrêtés vers la sainte hostie, le visage enflammé de l'amour le plus ardent, pleine de foi, d'humilité et de contrition, l'air tranquille et répondant à tout par les actes les plus fervents, elle reçut le corps adorable de Jésus-Christ avec une dévotion édifiante, et souhaita de mourir dans le baiser du Seigneur. Madame la présidente de Nesmond la pria instamment de demander à Dieu sa guérison. — *Ma fille*, lui répondit-elle avec un visage riant, *il faut aller jouir de lui; je l'ai bien offensé, mais j'espère en sa miséricorde.* Comme elle souffrait extrêmement et baisait souvent un crucifix qu'elle tenait à la main, sa fille lui dit : — Notre-Seigneur vous attache à sa croix. — *Trop heureuse*, lui répondit-elle, *de la part* qu'il m'en fait. Je vous le donne ce cher crucifix, ma fille : il y a trente ans qu'il est à moi.

« On ne peut rien ajouter à toutes les marques de tendresse qu'elle donna à une fille qu'elle avait toujours si chèrement aimée, et dont elle n'avait jamais eu, disait-elle, aucun sujet de se plaindre. MM. de Rubelle et de Purnon, ses frères, la retrouvèrent aussi dans ce moment, telle qu'elle avait toujours été à leur égard, pleine d'une affection vraiment maternelle. La piété n'avait point éteint en elle les sentiments de la nature, et son cœur, en se donnant tout à Dieu, avait donné à sa famille la part qui lui était due[1]. »

Vers le soir elle se fit apporter la cassette où étaient enfermés tous les papiers qui regardaient sa conscience, et quoiqu'elle pût à peine se soutenir sur son lit, elle voulut en faire un paquet pour les brûler à une bougie qu'elle venait de faire allumer, mais sa fille s'en étant aperçue, la supplia de ne pas prendre cette peine, et de remettre ce soin à une autre fois. Elle obéit, et la Providence ayant permis qu'elle n'y songeât plus dans la suite de sa maladie, ces papiers furent ainsi conservés[2].

« Les médecins ordinaires ne réussissant pas, on fit venir M. Helvétius, qui, après l'avoir examinée, dit, quatre jours avant sa mort, qu'elle n'en pouvait revenir, et ne voulut lui donner aucun remède.

---

[1] Choisy.
[2] Ce sont ceux qui ont été réunis à l'appendice sous le titre général d'écrits de madame de Miramion.

M. Caretti hasarda les siens, qui furent inutiles. On lui donna des cordiaux et des gouttes d'Angleterre, on la saigna deux fois, on voulut la faire suer, on lui donna aussi du quinquina. Mais comme elle souffrait beaucoup d'un point de côté et qu'elle crachait le sang, elle prit ce remède en disant : *Avant-hier l'émétique, hier les saignées, aujourd'hui le quinquina : ils font ce qu'ils peuvent !*

Les soins qu'elle avait donnés aux malades pendant toute sa vie, lui avaient fait acquérir une grande expérience des maladies et des remèdes. Mais elle s'abandonna sans résistance aux conseils des médecins, à ceux mêmes qui étaient contraires à son avis, par pure obéissance chrétienne. Cependant ses douleurs augmentaient, et quoiqu'elle pût à peine les supporter, elle les acceptait encore avec une plénitude de volonté et de courage aussi méritoire qu'édifiante. Jamais il ne lui échappa de demander qu'elles cessassent ; seulement elle avouait de temps en temps qu'elle souffrait au delà de tout ce qu'elle pouvait exprimer, et craignant de perdre patience, elle conjurait ceux qui l'approchaient de prier Dieu pour elle afin d'obtenir qu'elle eût la force de souffrir patiemment.

« Comme elle savait que cette force est un des principaux effets du pain de vie, qui est appelé pour cela la nourriture des forts, elle manifesta le désir de le recevoir encore une fois. Mais les règles de l'Église ne permettaient pas de réitérer le saint viatique dans l'espace de si peu de jours. Sa fille en demanda l'autorisation à Mgr de Noailles, archevêque de Paris, qui se fit un grand plaisir de dispenser madame de Miramion des règles ordinaires. Elle reçut Notre-Seigneur pour la seconde fois avec une consolation et une ferveur si sensibles, qu'elle en demeura comme transportée d'une joie chrétienne dont elle garda l'impression jusqu'au dernier soupir. »

Toutes les filles de sa communauté, qui étaient à genoux autour de son lit, lui demandèrent alors sa bénédiction. *Je ne suis pas digne de la leur donner*, dit-elle à son confesseur en faisant effort sur sa faiblesse; *mais Dieu les bénira, pourvu qu'elles soient fidèles à leur vocation.* Elles vinrent ensuite l'embrasser l'une après l'autre, et elle donna à chacune les conseils qui lui convenaient le mieux. A peine avait-elle achevé de leur parler, qu'une sœur d'une communauté de Paris qu'elle aimait beaucoup entra et lui dit tout haut sans ménagement : « Madame, notre communauté voudrait bien avoir votre cœur quand vous serez morte. » Elle sourit à cette proposition, et lui répondit en montrant les sœurs de la communauté : *Mon cœur est à mes filles.*

L'archevêque de Paris vint la voir deux jours de suite, et lui donna sa bénédiction, après l'avoir assurée qu'il prendrait toujours soin de sa communauté. Son confesseur, M. Jolly, qui était lui-même très-malade, voulut aussi la voir, et se fit porter deux fois chez elle.

Comme, malgré ses douleurs, son esprit restait toujours lucide, elle demanda qu'on voulût bien procéder à l'élection d'une autre supérieure avant sa mort, afin de pouvoir mourir simple fille de Sainte-Geneviève ; mais l'abbé Pollet lui ayant dit que cela ne se pouvait pas, elle n'en parla plus.

S'oubliant alors elle-même pour ne songer qu'aux intérêts des autres, elle voulut prier une dernière fois madame de Maintenon d'obtenir du roi la continuation de ses libéralités pour quelques-unes des œuvres qu'elle avait fondées. Mais la force lui manqua pour écrire, et elle fut obligée de dicter à sa fille une lettre, qu'elle la chargea de porter elle-même à madame de Maintenon après sa mort. « Quoi! madame, vous pensez à autre chose qu'à Dieu! » lui dit son confesseur, qui était présent et qui craignait sans doute pour elle la fatigue : « *Oui, monsieur*, répondit-elle, *quand c'est pour Dieu.* » Puis, avec une présence d'esprit et une tranquillité admirables elle dicta ce qui suit :

« Madame,

« J'ai chargé ma fille d'avoir l'honneur de vous
« aller voir après ma mort, pour vous remercier de
« toutes les bontés que vous avez eues pour moi
« pendant ma vie, et vous assurer, madame, que je
« meurs pleine de reconnaissance et d'estime pour
« les grâces et les vertus que Dieu a mises en vous,

« et vous assurer que s'il me fait miséricorde,
« comme je l'espère de sa bonté, je le prierai de
« vous en donner la persévérance et l'augmen-
« tation.

« Permettez-moi, madame, de vous demander une
« dernière grâce, qui est d'obtenir du roi une partie
« de la continuation des aumônes de quartier qu'il
« m'a données à distribuer depuis la mort de ma-
« dame de Lamoignon, pour aider à faire subsister
« l'apothicairerie des pauvres, que nos dames pan-
« sent tous les jours au nombre de cent, et quelque-
« fois deux cents. Cela fait un très-grand bien, et
« aussi pour la maison des retraites, c'est une œu-
« vre fort utile, et aussi pour faire subsister la
« chambre de travail de Saint-Nicolas ; dix-huit cents
« livres ou deux mille livres tous les ans aidant
« bien à soutenir ces trois œuvres, sans quoi elles
« ne peuvent subsister ; notre communauté n'est
« pas en état de le faire, quelque volonté qu'on
« ait.

« Je demande donc cette grâce au roi par votre
« entremise, madame ; je ne demande cette charité
« que pour quelques années, parce qu'il y a des per-
« sonnes qui ont promis de donner après leur mort.
« Si ce secours manquait, il y aurait bien des dé-
« penses perdues que j'ai faites pour établir les
« retraites. J'espère en Dieu et en la bonté du roi ;
« cela lui attirera de grandes bénédictions du ciel ; je
« les demanderai au Seigneur pour Sa Majesté inces-

« samment, si je suis assez heureuse pour le possé-
« der dans l'éternité. J'espère qu'il continuera de
« donner aussi sur ses aumônes deux mille livres
« pour les pauvres malades de la ville neuve ; cela
« est fort utile. J'espère, madame, que vous n'aban-
« donnerez pas toutes ces bonnes œuvres, et que
« vous voudrez bien continuer votre protection à nos
« sœurs. Je meurs dans les mêmes sentiments que
« j'ai vécu, et suis, madame, votre très-humble et
« très-obéissante servante,

« Marie Bonneau de Miramion.

« Permettez-moi de vous supplier d'avoir toujours
« de la bonté pour la bourse cléricale, cette œuvre a
« besoin de votre protection ; et les pauvres filles,
« de la Providence, qui font beaucoup de bien, elles
« ont besoin que le roi leur continue son aumône de
« douze cents livres [1]. »

Après avoir achevé cette lettre, elle s'entretint longuement avec son confesseur de ses péchés et de
l'abus qu'elle avait fait des faveurs de la Providence ;
mais quand il échappait à ce dernier quelques paroles
sur la confiance que sa vie passée devait lui donner
en la miséricorde divine, elle l'interrompait en lui
disant : *Hélas ! Monsieur, est-ce ainsi que vous parlez
à une pécheresse !* Elle prit elle-même le cierge bénit,

[1] *Histoire de madame de Maintenon*, par le duc de Noailles,
1849, tome II, p. 175, ch. III.

et fit sa profession de foi en renouvelant les vœux de son baptême. Dans un moment où on crut qu'elle allait expirer, son confesseur lui ayant dit : « Madame, vous n'avez plus de pouls, mais vous avez encore un cœur, qu'en faut-il faire? » Elle se réveilla comme en sursaut, et répondit avec force : « *Il faut en aimer Dieu.* » Quelque temps après, il ajouta : « Madame, vous allez mourir, en quelle disposition voulez-vous que Dieu vous trouve? » Elle répondit aussitôt : « *Dans l'exercice de son saint amour.* » Elle resta ensuite deux jours entre la vie et la mort. Mais, un soir, M. Pollet lui ayant dit : « Madame, vous ne pensez point à Dieu? — *J'y pense*, répliqua-t-elle, *et je l'aime.* »

Sa fille, sa nièce madame de la Hoguette, ses frères MM. de Rubelle et de Purnon, sa communauté, tout le monde était autour de son lit ; on la voyait toucher à sa dernière heure ; ce spectacle devait attendrir, et cependant personne ne pleurait. Chacun sentait la perte qu'il allait faire ; mais on ne pouvait se plaindre en la voyant prête à recevoir la récompense promise, car sa vie répondait de sa mort. Pendant qu'on faisait la prière des agonisants, madame de la Hoguette l'entendit dire tout bas : « *Mon Dieu, j'accepte la mort et la destruction de mon corps, qu'il soit réduit en pourriture, qu'il soit la pâture des vers ; et toi mon âme, sors et va t'unir à ton Dieu !* »

M. Caretti[1] voulut encore tenter de nouveaux re-

---

[1] Caretti était un médecin empirique. Madame de Sévigné en

mèdes, et lui faire appliquer d'autres vésicatoires : elle fit tout ce qu'on voulut. « *Cela ne me guérira pas*, disait-elle à sa fille, *il est temps d'aller à Dieu.* »
« Madame, n'avez-vous aucune peine? lui demanda son confesseur. — *Oui, monsieur*, lui répondit-elle, *d'avoir été si infidèle à Dieu ; mais je me confie en lui, il est mon père.* »

Enfin le moment de la séparation suprême arriva, madame la présidente de Nesmond se mit à genoux auprès de son lit, et lui demanda sa bénédiction. « *Ma chère fille*, lui dit-elle, *ne pleurez point, remerciez Dieu des grâces qu'il vous a faites, aimez-le et le servez de tout votre cœur, il n'y a que cela de bon ; on est bien aise à la mort d'avoir été toute à lui ; s'il me fait miséricorde, ah ! que je le prierai pour vous !* »

« MM. les abbés de Brisacier et Tiberge, qui ne l'avaient presque pas quittée pendant les derniers jours de sa maladie, étaient au chevet de son lit ; mais ils ne la croyaient pas près de mourir, parce qu'elle avait encore l'usage entier de tous ses sens, lorsqu'elle dit à l'un d'eux : « *Ah ! monsieur, que je souffre !* — Oui, votre souffrance est grande, lui répondit-il ; mais le bonheur que Dieu prépare dans le ciel à la patience des âmes fidèles est infiniment plus grand ; vous le connaîtrez quelque jour. — *Je le connais*

---

parlant de lui dans une de ses lettres, dit : « Ah ! quel fou ! » La Bruyère a donné son portrait sous le nom de Carrocani dans une page éloquente contre les charlatans qui en imposent aux malades.

déjà, » reprit-elle avec une force et une foi qui surprirent. Ce furent ses dernières paroles; car l'abbé ayant ajouté : « Dites, madame, que vous le croyez déjà ; vous ne le connaîtrez que dans la gloire, » elle acquiesça par un mouvement de tête à ce qu'elle venait d'entendre, et elle expira quelques instants après sans convulsions. Ses paupières s'abaissèrent d'elles-mêmes, sa bouche demeura fermée, et au milieu de la pâleur de la mort, il se répandit sur son visage une expression de sérénité qui semblait répondre de son bonheur éternel[1]. »

C'était le samedi 24 mars 1696, à midi et demi.

Dès qu'elle fut morte le peuple voulut la voir, et força les portes de la communauté. Depuis plusieurs jours on ne pouvait plus passer devant sa maison, tant le nombre des carrosses et l'affluence des personnes étaient grands. Toutes les classes de la société semblaient être intéressées à sa vie. Il y avait cinquante ans qu'elle se consacrait tout entière au soulagement des malheureux. Aussi les pauvres pleurèrent-ils comme s'ils avaient perdu leur mère, et l'affliction de sa famille et de sa communauté devint-elle véritablement l'affliction générale.

Le récit de sa mort suffit à son éloge.

Pendant deux jours il fallut la laisser exposée à l'empressement du public, sur le lit même où elle semblait s'être endormie dans le Seigneur, avec une

[1] Choisy.

paix inaltérable : encore semblable dans la mort à la femme forte que Salomon nous représente; « mourant avec un visage tranquille et riant, digne d'être reçue dans le ciel, où elle se présente accompagnée de ses bonnes œuvres, et chargée des trésors d'honneur et de grâce qu'elle a amassés. »

On l'enterra, ainsi qu'elle l'avait ordonné par son testament, comme une simple fille de sa communauté, sans appareil coûteux, ni cérémonie pompeuse.

Six pauvres portèrent son corps à l'église ; tous les ecclésiastiques de Saint-Nicolas du Chardonnet, et un grand nombre de ceux des autres paroisses l'accompagnèrent. Les trente sœurs de sa communauté, chacune un cierge à la main, venaient ensuite avec les quatre-vingts jeunes filles de la chambre de travail, et les trois cents enfants qu'on instruisait dans sa maison. La supérieure de l'hôpital général, marchait après, suivie de ce grand nombre de jeunes filles, à qui, deux ans auparavant, elle avait sauvé plus que la vie, et dont les larmes exprimaient la reconnaissance.

« Ses deux frères, tous les membres de sa famille, et un grand nombre d'amis conduisaient le deuil. Dans toutes les rues par lesquelles le convoi passa il se trouva une foule immense, qui semblait avoir tout perdu en la perdant. Mais il n'y eut dans l'église [5]

---

[1] Saint-Nicolas du Chardonnet, sa paroisse.

aucune tenture, peu de lumière. La pauvreté et la simplicité qu'elle avait tant aimées pendant sa vie l'accompagnèrent jusqu'à la mort[1]. »

Son corps fut inhumé dans le cimetière de Saint-Nicolas, dans la partie attenante à la chapelle des filles de Sainte-Geneviève, et son cœur déposé dans l'intérieur de cette chapelle, sous deux tablettes commémoratives de marbre blanc, l'une placée sur le pavé, et l'autre adossée au mur[2].

III

Ainsi mourut madame de Miramion, à l'âge de soixante-six ans accomplis.

Et maintenant que son âme a rejoint son créateur, maintenant que la terre a reçu tout ce qui devait périr, rappelons pour la dernière fois les qualités et les bienfaits qui doivent la faire revivre dans notre souvenir, et graver à jamais son nom dans les annales de la charité.

Une grande noblesse de cœur et une élévation naturelle de pensée; un ardent amour de tout ce qu'il y a de bien, de beau et de bon; un mélange

[1] Choisy.
[2] *Description de Paris*, par Piganiol de la Force. — C'est là que reposèrent les restes de madame de Miramion jusqu'à la suppression des maisons religieuses, le 6 septembre 1790; depuis cette époque sa communauté, dispersée, n'a plus été rétablie.

exquis de sensibilité et de raison, de réflexion et d'enthousiasme; enfin, je ne sais quoi de gracieux et de triste, d'austère et de doux à la fois, qu'on aime et qu'on révère : voilà sous quels traits elle doit apparaître désormais à toutes les mémoires.

Les orphelins recueillis ; la jeunesse égarée ramenée au bien, et les âmes pénitentes sauvées du désespoir ; les pestiférés arrachés à l'abandon et secourus ; les hôpitaux fermés s'ouvrant à sa voix ; la parole du Christ portée jusqu'aux Indes ; l'enfance préservée par le travail ; la vieillesse assistée ; toutes les souffrances physiques et morales soulagées par sa charité ou adoucies par sa piété, voilà ses principaux titres au respect de la postérité.

Du reste tous les écrivains du dix-septième siècle qui ont parlé de madame de Miramion ont porté sur elle un jugement unanime.

Dangeau, dans son journal, dit à la date du 24 mars 1696 : Madame de Miramion mourut à Paris ; c'est une grande perte pour les pauvres, à qui elle faisait beaucoup de bien ; le roi l'aidait beaucoup dans les bonnes œuvres qu'elle faisait, et ne lui refusait jamais rien. »

Madame de Sévigné, qui devait mourir elle-même peu de jours après, disait dans la dernière lettre qu'elle écrivit de chez sa fille à M. de Coulanges: « Je fais la révérence à la sainte et modeste sépulture de madame de Guise, dont le renoncement à celle des rois ses aïeux mérite une couronne éternelle... Et pour madame de Miramion, cette mère de l'Église, ce sera une perte publique[1]. »

Enfin, le duc de Saint-Simon, dans ses *Mémoires*, dit : « On perdit en même temps madame de Miramion, à soixante-six ans, dans le mois de mars, et c'en fut une véritable. Elle s'appelait Bonneau... » Et, après avoir fait un résumé de sa vie et de ses bonnes œuvres, il ajoute : « Le roi eut toujours une grande considération pour elle, dont son humilité ne se servait qu'avec grande réserve et pour le bien des autres, ainsi que de celle que lui témoignèrent toute sa vie tous les ministres, les supérieurs ecclésiastiques et les magistrats publics. »

Telle a été la vie de madame de Miramion.

Elle a passé dans le monde, comme la vierge symbolique de Byzance : les deux bras ouverts au genre humain. Elle s'est élevée vers Dieu par la foi et par les œuvres. Digne par sa piété de porter ce titre de *Mère de l'Église*, que lui ont donné ses contemporains, et justifiant par l'abondance de ses charités cette heureuse expression de *grande aumônière du xviie siècle*, dont vient de la qualifier un des écrivains les plus distingués de notre temps, M. le duc de Noailles, dans son *Histoire de madame de Maintenon*.

Ainsi s'est écoulée l'existence de cette véritable femme de bien, dont pas un jour, pas un moment, n'a été inutile.

[1] Lettre du 29 mars 1696.

Malade, sans mouvement, à l'agonie, c'est elle qui, par sa patience, sa résignation et le calme de son visage, a su donner encore le bon exemple et faire le plus de bien.

Sa mort même a couronné dignement sa vie. Tout a été beau, tout a été calme et serein dans cette mort comme dans celle du juste.

Et si sa perte a causé aux siens des larmes passagères, le souvenir de sa vie laisse à tous un exemple consolant et un enseignement durable.

FIN

APPENDICE

LES ÉCRITS DE MADAME DE MIRAMION

1674-1696

Colligite fragmenta, ne pereant!

I

Compte rendu de madame de Miramion à M. Ferret, son directeur sur les grâces que Dieu lui faisait pendant ses oraisons.

Quelques jours avant la fête de la Madeleine en 1674, la personne que vous savez[1] étant en oraison dans un bois, et s'occupant de la grâce qu'elle avait d'être un peu dans la solitude, sentit un grand désir d'aimer Dieu et de ne s'occuper que de lui seul ; il la favorisa, ce lui semble, de quelques grâces d'union et d'abandon à lui, et quelque temps après il lui fit voir que la retraite extérieure était quelquefois bonne et nécessaire ; mais qu'il fallait qu'elle fût toujours

---

[1] Madame de Miramion, pour se cacher en quelque façon, parlait d'elle à la troisième personne dans ses écrits.

en retraite intérieure, dans toutes les occupations que la Providence lui présenterait, en s'unissant toujours à lui; qu'il ne tenait qu'à elle de le faire; que si elle avait de la fidélité, elle serait toujours en sa présence, faisant tout pour lui, sans précipitation et en paix.

La veille de la Madeleine, la nuit, à son oraison, Dieu enleva son cœur par cette pensée qu'il était tout-puissant et indépendant, n'ayant besoin d'aucune chose; elle s'en réjouit avec lui; la confiance vint aussitôt et ensuite l'amour, ou au moins le désir de l'amour et la confiance presque assurée qu'il lui ferait la grâce de l'aimer parfaitement, de vivre et mourir dans l'amour et pour l'amour de lui seul: Dieu lui fit voir que pour parvenir là il fallait être extrêmement recueillie, unie à lui, douce, charitable, humble, dégagée et dénuée de toutes choses.

Elle revenait toujours à dire: *Otez, Seigneur, et mettez en moi selon votre bon plaisir*; et s'étant recouchée après son oraison, qu'elle faisait toujours à genoux, elle demeura si transportée de la grâce de Dieu qu'elle avait ressentie, qu'elle ne pouvait s'endormir.

Elle dit son *Credo* avec une grande foi, et elle en fut fort touchée; cela continua presque jusqu'à ce qu'elle retournât à l'oraison du matin, et ensuite à la messe, où elle communia. Pendant tout ce temps et même à son action de grâces, elle fut occupée devant Dieu de ces pensées; il lui semblait que ce n'était pas elle qui s'occupait, mais Dieu en elle, qui lui fit un détail de toutes les vertus et de la manière dont elle les devait pratiquer, commençant par sa sainte présence. Il lui sembla qu'il lui disait au fond du cœur, qu'en travaillant pour lui elle pouvait être unie à lui, faire les choses les unes après les autres sans être empressée, qu'elle l'était encore trop, qu'elle devait se souvenir qu'il était au milieu de son cœur, qu'il fallait être douce, charitable, cordiale et prévenante envers les sœurs, les porter dans ses mains et agir avec elles comme Jésus-Christ avait fait avec ses apôtres, reprendre doucement et pardonner aisément. A l'égard des personnes du dehors, être honnête, civile, et leur témoigner de l'amitié ; entrer dans leurs moindres intérêts et pensées avec patience et avec charité, leur parler doucement à chacun selon sa force ; il faut exceller en cette vertu de charité.

Dieu lui fit voir qu'il fallait être dans la mortification, et comme elle voulait voir en quoi, on lui dit au fond du cœur de proposer ses besoins et de faire avec fidélité ce qu'on lui permettrait. Dieu lui inspira aussi qu'il la voulait dégager, non-seulement de tout ce qui n'est pas lui, de fille, de frères, de sœurs, de tous amis, de biens, d'honneurs, de plaisirs, mais encore de choses spirituelles, de tout goût à l'oraison, de la sensibilité de la foi, du délaissement apparent de la grâce et soutien de Dieu, du goût de la communion.

Le lendemain, étant encore en oraison dans le bois, remplie de toutes ces grâces, surtout de ces vues de la foi, de l'espérance et de la charité, Dieu, ce lui sembla, la fit souvenir des pensées qu'il lui avait données il y avait trois ou quatre ans, qu'il fallait qu'elle vécût et mourût dans l'amour et pour l'amour de son Dieu.

II

Résolutions de madame de Miramion pour son salut.

1674

Dieu est si grand, qu'il occupe tout, et je suis si peu de chose : je ne me puis passer de sa présence, et j'ai toujours besoin de lui.

Le plus grand de tous les maux, c'est d'être privée de Dieu, et le plus grand bien, c'est d'être unie à lui, ce que je ne puis faire ici-bas que par la foi animée de la charité.

Résolution avec la grâce de Dieu de me souvenir très-souvent de sa présence, qu'il est en moi et moi en lui, et en toutes choses le croire, l'adorer, l'aimer et m'anéantir en lui.

Dieu agit continuellement en moi, et en tout lieu pour sa gloire, je dois toujours agir à même fin pour sa seule gloire, et n'avoir qu'une même volonté avec lui, et que toutes mes paroles, actions et pensées soient conformes aux siennes.

Lui demander qu'il ôte de moi tout ce qui pourrait lui déplaire, et qu'il y mette par sa puissance tout ce qui lui plaît ; le priant de se contenter pleinement, sans regarder ma satisfaction sensible ; il ne m'importe pas que je sois contente, pourvu que Dieu le soit.

J'ai conçu un grand désir d'être unie à Dieu, non-seulement par acte, mais par abandon ; j'ai prié Dieu de me tirer à lui, de me perdre, abîmer, et de consumer ma volonté dans la sienne, pour que je ne sois plus qu'un avec lui.

Avoir une si grande estime de tout ce qui est Dieu, que je méprise tout ce qui n'est point lui et ne m'y attache aucunement, en disant : Cela n'est point mon Dieu, et tout ce qui n'est pas Dieu ou ne mène pas à lui, nous doit être comme rien ; sacrifier tous les jours à son amour tout ce qui m'est de plus cher sans réserve.

Me tenir plus recueillie, point emportée en paroles et en actions ; lorsque je parlerai à nos sœurs en particulier et en général, je demanderai à Dieu sa grâce, et le prierai de leur parler par ma bouche, et attendre tout de lui seul.

Quand je serai dans quelque assemblée de piété, ne dire mes pensées que lorsqu'on me les demandera, et avant de les dire, me recueillir et demander à Dieu ses lumières, afin de ne rien dire que selon ses inspirations ; si l'on me demande conseil en particulier, faire la même chose ; si c'est une affaire importante, demander du temps pour prier Dieu et pour y penser devant lui, prenant toujours l'Évangile pour ma règle.

Je tâcherai de n'être point empressée dans mes actions ni pour les bonnes œuvres que l'on me commettra; n'en pas entreprendre d'un peu considérables de moi-même, mais par obéissance; les faire avec paix et patience, sans désirer par humeur de les terminer plus promptement.

Je ferai mille fois plus de cas de la vie intérieure que de la vie extérieure, et tâcherai de faire en sorte que toutes mes actions extérieures deviennent des actions intérieures par la pureté de mes intentions, les faisant purement pour Dieu seul, sans vouloir y prendre d'autre part que la peine et l'humiliation, s'il y en a.

Je tâcherai de posséder mon âme en paix, afin qu'elle possède Dieu.

Je ne perdrai pas le temps de mon oraison pour une cause légère, et si je suis obligée de le perdre, je tâcherai, dans les vingt-quatre heures, de reprendre au moins deux heures.

Je ferai mon possible lorsque je prierai, pour ne point m'occuper volontairement de distractions et de pensées inutiles, parce qu'elles tiennent dans mon cœur la place que Dieu seul doit occuper; je les retrancherai avec le secours de sa miséricorde par esprit d'amour et dans le désir d'être unie à lui.

Pardonner, aimer, supporter et faire du bien à

mon prochain, le servir avec douceur et charité pour l'amour de Dieu; sans témoigner ni répugnance ni peine, dans la seule vue d'honorer Dieu en lui.

Dieu est vérité, je tâcherai de l'honorer par une grande simplicité et vérité, surtout ne disant jamais rien contre ces deux vertus.

Comme la plus grande partie de mes fautes vient d'un très-grand fonds d'orgueil, je veux travailler, avec le secours de la grâce de Notre-Seigneur, à le détruire pour rendre hommage à la Divinité par des actes d'humilité, d'anéantissement et de mort à moi-même, et accepter dans cette vue le mépris qu'on pourra avoir pour moi.

III

Questions de madame de Miramion à son directeur, M. Ferret, et réponses de ce dernier.

1676

Comme vous êtes la personne du monde pour qui Dieu m'a donné le plus de confiance et d'estime, je vous prie de me dire, en cas que Dieu veuille que je lui fasse le sacrifice de votre vie avant celui de la mienne, ce que vous croyez de mieux pour sa gloire sur ce que je vais vous proposer.

QUESTION I. — Savoir qui je proposerai à nos sœurs pour supérieur de notre communauté?

Réponse. — MM. Jolly, Benjamin, Chamillart, Coursier, Bezard, Dumai, Tronçon et Chesnard.

Question II. — S'il ne faut pas que je fasse connaître à nos sœurs la faiblesse de ceux qu'elles pourront me proposer, en cas que j'en connaisse?

Réponse. — Il faut dire le bien et le mal que vous connaîtrez aux conseillères de la communauté.

Question III. — Après que le supérieur sera élu, ne faut-il pas que je lui dise le fort et le faible de la communauté?

Réponse. — Il faut dire au supérieur ce que vous connaîtrez de votre communauté sans blesser le secret.

Question IV. — Ne serai-je pas obligée de lui obéir pour tout ce qui regarde la communauté, et aussi pour mon particulier?

Réponse. — Cela est sans doute.

Question V. — Ne ferais-je pas bien de me défaire de plusieurs petits emplois et occupations extérieures, qui m'obligent à beaucoup de dissipation par mon peu de recueillement, et aussi que je n'aurai personne pour me soutenir et me conseiller, comme vous me faites la grâce de faire, sans quoi je n'aurais pas, ce me semble, l'esprit en repos, et ferais bien des fautes?

Réponse. — Il ne faut point que vous fassiez d'instance pour ne point agir au dehors, vous seriez contre la grâce de Dieu en vous. Si votre supérieur vous le défend, vous lui obéirez.

Question VI. — Ne puis-je pas en conscience demander d'être déchargée de la charge de supérieure, lorsque j'en verrai de propres à remplir cette place plus utilement que je ne fais?

Réponse. — Cela ne peut pas être encore si tôt.

Question VII. — Ne dois-je jamais songer à me faire religieuse?

Réponse. — Otez-vous de l'esprit d'être religieuse, Dieu ne veut pas cela de vous.

Question VIII. — Je vous prie de me déterminer si je dois prendre un directeur, ou si vous croyez que je m'en puisse passer, auquel cas je vous demande ce que je dois faire et comment je dois agir.

Réponse. — Il est bon que vous ayez quelqu'un qui vous conduise.

Question IX. — Si vous jugez que je doive prendre un directeur, dois-je prendre le supérieur que la communauté élira, m'abandonnant à la Providence de Dieu, ou si j'en dois choisir un; auquel cas je vous supplie de le choisir vous-même, je m'en fie plus à vous qu'à moi.

Réponse. — Il est plus parfait que vous preniez celui que la Providence vous enverra. Je ne vous y oblige pas, et vous en pouvez prendre un autre, si celui-là ne vous convient pas, c'est-à-dire que vous ne vous trouviez pas d'ouverture de cœur pour lui; je ne puis vous en nommer de particuliers; priez beaucoup Dieu; la mère Agnès, des carmélites, vous peut fort aider ; confiez-vous en elle entièrement soit pour vous, soit pour votre communauté.

Question X. — Comment accommoderai-je ces deux autorités de supérieur et de directeur ?

Réponse. — Si vous en prenez un autre que le supérieur, vous obéirez à l'un pour votre extérieur, et à l'autre pour votre intérieur, et vous prierez celui que vous aurez choisi d'avoir égard aux sentiments et aux ordres de votre supérieur.

Question XI. — En cas que je prenne un directeur particulier, lui ferai-je vœu d'obéissance ? Vous savez les raisons pour et contre.

Réponse. — Ne lui faites point vœu d'obéissance, cela vous pourrait embarrasser à cause de votre supérieur.

Question XII. — Dois-je m'ouvrir à mon directeur nouveau de toute ma vie passée, de toutes les grâces que Dieu m'a faites ? dois-je lui faire une confession générale ? Je ne saurais me résoudre pour bien des raisons à dire les grâces que Dieu m'a faites, sans auparavant faire ma confession ; j'avoue que par mon grand orgueil j'aurais une grande peine à faire une confession générale ; mais, s'il le faut, j'espère que Dieu me fera la grâce de passer par-dessus mon amour-propre. Vous savez ma plus grande difficulté, et ce qui m'a causé de grandes peines pour la faire entre vos mains, et que sans une presse extraordinaire de Dieu, je ne l'aurais pas faite ; vous savez quelles étaient mes raisons, je vous prie de me déterminer là-dessus. Premièrement, dites-moi si je puis en conscience me confesser ouvertement du passé, et, secondement, si vous me conseillez de le faire.

Réponse. — Il est nécessaire que vous disiez à celui qui vous conduira toutes les grâces que Dieu vous a faites; mais il ne faut pas que vous lui fassiez de confession générale; je ne vous le conseille point du tout, vous devez vous contenter de celles que vous avez faites; autant que je le puis je vous le défends, à moins que celui qui vous conduira ne vous l'ordonne, ce que je ne crois pas; faites une revue de quelques années et une tous les ans.

Question XIII. — Irai-je toujours à confesse à la paroisse, quoique celui qui me conduise n'en soit pas? J'avoue que je n'aime guère cela, mais n'importe.

Réponse. — Vous devez l'exemple d'aller à confesse à la paroisse, et vous ferez très-bien d'aller au confesseur de la communauté, cela sera plus parfait de dépendre de l'ordre de la Providence et de celui de votre supérieur; vous pourrez, pour vos confessions extraordinaires, aller à celui qui vous conduira.

IV

Méditations pieuses de madame de Miramion pendant ses retraites spirituelles : première retraite sous la direction de M. Ferret.

PREMIER JOUR.

PREMIÈRE ORAISON.

Il n'y a rien qui n'aille à sa fin, la fin de l'homme est Dieu ; j'ai vu que toutes les choses créées vont à leur fin, il n'y a que l'homme qui s'y oppose et qui fait comme si le monde et nous-mêmes étions notre fin ; j'ai vu que tout ce que Dieu m'a donné pour ma fin, je l'ai employé contre ma fin ; j'ai vu beaucoup de choses en particulier.

RÉSOLUTION.

De renoncer au démon, au monde et à moi-même, et surtout de résister aux tentations; et dire : Tout cela n'est pas ma fin et ne doit pas faire aussi mon occupation et mon entretien ; je me servirai, avec la grâce de Dieu, de toutes les facultés de mon âme pour honorer Dieu comme ma fin, et me souviendrai que cette vie n'est qu'un passage pour y aller.

DEUXIÈME ORAISON.

Du bien que nous devons faire chaque jour.

J'ai vu que si Dieu me demandait une seule bonne action dans toute ma vie, je ne pourrais pas lui en montrer, tant tout ce que j'ai fait a été défectueux ; et cependant j'ai été convaincue qu'il demandait beaucoup de moi, dans l'état où je suis de viduité, et me souviens de ce que dit saint Paul. Je l'ai prié d'avoir soin de moi et que je ne voulais plus penser qu'à lui ; je me sens confondue dans la vue de l'imperfection de toutes mes actions, même de celles qui paraissent les meilleures.

RÉSOLUTION.

De faire avec application toutes mes actions, grandes et petites.

TROISIÈME ORAISON.

Que tout n'est que vanité hors d'aimer et de servir Dieu.

J'ai vu la vérité de ces paroles : considérant qu'à l'heure de la mort, toutes les choses du monde me paraîtront comme un songe, il faut qu'elles me quittent, ou que je les quitte ; j'ai conçu un grand regret de m'y être attachée, j'ai protesté à Dieu que je désirais de les quitter d'affection tout présentement, et particulièrement l'attachement à ma fille et aux autres choses. J'ai reconnu que Dieu m'avait donné toutes ces choses pour me conduire à ma fin, ce que j'ai empêché en m'attachant à des choses qui n'étaient pas ma fin, mais le chemin et un moyen d'y aller.

RÉSOLUTION.

De me séparer d'affection de toutes les choses qui n'iront point à ma fin, n'y tenir qu'autant que celui qui est ma fin le voudra et me le commandera.

DEUXIÈME JOUR.

PREMIÈRE ORAISON.
Des inclinations naturelles.

Je me suis occupée dans la pensée que la grâce nous portait à notre fin, et que nos sentiments naturels nous en détournent, et qu'ils nous perdront si nous ne les perdons.

J'ai vu que je n'avais point de plus grande ennemie que moi-même, et que mes inclinations se joignaient au démon et au monde pour me faire la guerre, et que je leur ouvrais la porte et leur donnais des armes pour me perdre, parce que tous ensemble ils me portaient à ma perte. J'ai fait beaucoup d'actes de confiance, que Dieu me défendrait et me vengerait de mes ennemis ; j'ai protesté que je ne voulais ni paix ni trêve avec eux, et surtout avec mes inclinations, qui sont portées à l'amour-propre, à l'orgueil, à la vanité, à l'abattement d'esprit, à l'inégalité d'humeur, à la délicatesse sur moi, à l'appréhension de souffrir et bien aise d'être plainte ; l'empressement et promptitude accompagnent toutes mes actions, paroles et pensées ; j'ai renoncé à toutes ces choses, et ai demandé à Notre-Seigneur ses grâces pour les combattre ; j'ai trop de complaisance pour le monde, qui me porte au mal et m'empêche de faire le bien, disant : Que dira-t-on? J'ai renoncé à toutes ces considérations.

DEUXIÈME ORAISON.

De la mort.

J'ai considéré qu'à l'heure de la mort je voudrais avoir pratiqué toutes sortes de vertus et m'être détachée de toutes mes inclinaisons, et avoir fait dans ce monde tout ce que les saints ont fait ; Dieu m'a donné la pensée que quand je vivrais encore mille ans, ce ne serait point encore assez pour faire ce qu'il désire, qui est la parfaite renonciation à mes inclinations et l'acquisition des vertus. Je me suis offerte à lui pour commencer dès ce moment, et pour ne finir qu'avec ma vie. J'ai regardé la miséricorde de Dieu, qui m'a conservé la vie, et qui m'a retirée des mains de la justice que j'avais méritée, pour attendre que la grâce me ramenât à lui pour faire pénitence, renoncer à moi-même et pratiquer les vertus. Je suis demeurée dans la confiance que je ne verrai point la mort qu'auparavant la grâce ne m'eût fait pratiquer ces choses, parce que sans cela il n'y a point de salut pour moi ; Dieu m'a renvoyé à mon directeur pour m'aider à connaître mes inclinations et me les faire rompre.

TROISIÈME ORAISON.

Du jugement.

J'ai considéré quel est le jugement que peut attendre celui qui vit selon ses sentiments et ses inclinations.

J'ai vu que Celui qui est juge, c'est Celui-là même qui défend de vivre ainsi, et qui est mort pour faire mourir en nous nos inclinations ; il examinera à quoi elles nous ont porté, le bien, le mal et les actions indifférentes ; il ouvrira nos consciences, notre amour-propre ne sera plus là pour nous les cacher, et le démon ne nous fermera plus les yeux, et nous nous verrons tels que nous sommes. C'est un juge qui ne se laisse point gagner, il faut être jugée ; tout le bien que tu auras fait y sera, et sera trouvé indigne d'être présenté à Dieu, puisque ce n'est pas pour lui seul que tu l'as fait, mais, au contraire, que tu as abusé de ses grâces.

Les actions qui paraissaient indifférentes seront peut-être jugées péchés, parce que tu as perdu le temps et les occasions qui t'étaient données pour servir Dieu.

Les mauvaises seront reconnues plus criminelles, à cause de leur multitude et de l'habitude que tu as prise de suivre tes inclinations.

J'ai avoué devant Dieu que si je mourais, je ne pourrais pas éviter une terrible sentence de condamnation ; j'ai reconnu que le jugement des créatures n'était pas semblable à celui de Dieu, et que je ne devais pas m'y appuyer ni sur le mien propre.

Je me jugerai selon le jugement de Dieu, afin d'éviter cette terrible sentence, et renoncerai à celui des créatures qui jugent selon leurs maximes, et non selon la vérité. J'ai résolu, mais tout de bon, de ne plus vivre selon ma volonté, mais selon celle de Dieu, de me souvenir autant que je le pourrai, que ce n'est pas le démon, le monde ni moi-même qui me doivent juger, mais Dieu, et cela, plus tôt que je ne pense, il faut se dépêcher de travailler.

TROISIÈME JOUR.

PREMIÈRE ORAISON.

Il y a plus de mal et de péché dans nos inclinations que nous ne pensons.

J'ai reconnu une infinité de péchés dans mes inclinations, je me suis confondue, et ai demandé pardon à Dieu de toutes les fautes que je ne connais point à cause de leur multitude; et surtout, je suis entrée en confusion de ne m'être pas fait effort pour me défaire de ces malheureuses racines du péché.

J'ai pris résolution de m'en séparer, quoi qu'il m'en coûte, et de mettre la cognée à la racine; j'ai fait des actes de contrition, de confiance et d'abandon à Dieu, qui m'a donné la pensée qu'il fallait travailler tout de bon au détachement de tout ce qui n'est pas lui. J'ai vu beaucoup de choses, je suis demeurée dans la confiance qu'il me remplirait de lui à mesure que je me viderais du monde, et que Dieu veut de moi que je vive de la vie de l'esprit, et non de la vie naturelle, afin de l'imiter dans sa vie, puisqu'il doit être ma fin.

DEUXIÈME ORAISON.

Que la tiédeur est un plus grand mal que l'on ne pense.

Il m'a semblé que ce n'était pas servir Dieu que de le servir lâchement, mais plutôt suivre mes inclinations naturelles en laissant une partie de ce que je dois faire ; et quand j'ai un peu plus d'amour de Dieu, e le sers avec plus de joie et de fidélité ; il est visible que je suis mes inclinations sans considérer, ou très-peu, ce que Dieu veut de moi, ce qui fait que je ne profite de rien et que je n'avance point.

J'ai résolu d'apporter plus d'attention à chaque action que je n'ai fait, pour les faire pour Dieu et dans son esprit, les regardant comme ma fin, et surtout pour les choses de son service ; et sans consulter mes inclinations, je ferai mes exercices tout entiers et ce qu'on m'aura ordonné, sans que je me permette d'agir selon mon humeur pour m'en dispenser.

Notre-Seigneur m'a donné la pensée qu'il était mon maître, et que je ne l'avais point encore servi, qu'il ne pouvait souffrir d'autres affections en mon cœur que pour lui ; qu'il était jaloux, et que j'avais le cœur trop petit pour le contenir ; j'ai détesté mes lâchetés et lui ai offert mon cœur, pour qu'il l'échauffe de son amour.

J'ai menti et me suis bien trompée, lorsque j'ai dit que je servais Dieu.

TROISIÈME ORAISON.
De l'enfer.

J'ai vu que le tourment d'être privé de Dieu est extrême, les damnés ayant pu jouir de lui s'ils eussent voulu combattre leurs inclinations en ce qui ne leur paraissait que des bagatelles, et qui cependant les fera souffrir à jamais et combattre contre les tourments qu'ils endureront éternellement ; mais enfin j'ai reconnu que, si je ne combats pas mes inclinations, elles me conduiraient avec ces misérables ; il faut donc combattre pour remporter la victoire.

Je me suis donc résolue à combattre en veillant, en gardant silence, en priant seule ou en compagnie, et cela combien de temps? Jusqu'à la mort. Contre qui? Contre moi-même, contre mes inclinations, contre l'amour-propre, l'orgueil, l'inégalité d'esprit, la lâcheté, la promptitude, la tendresse sur moi et toute impureté de mon cœur. De quelles armes me servirai-je? De l'esprit de haine et de dureté contre moi, de mortification, de confiance, de soumission et d'obéissance. Qui combattra avec moi? Dieu.

V

Récit de la vie de madame de Miramion écrit par elle-même,
d'après l'ordre de son directeur, M. Jolly.

1677

Étant fille, Dieu me fit de grandes grâces, la peine que j'ai eue de n'avoir pas assez aimé ma mère, la résolution après sa mort de l'imiter. Je m'occupai souvent à des pensées d'être religieuse, et depuis d'être en religion, sans y être engagée, pour secourir les pauvres : l'idée que je me faisais de les secourir a eu son effet.

Une maîtresse à lire me fit faire l'oraison et m'instruisait des choses de Dieu, il m'a bien fait des grâces par le moyen de cette fille : j'étais avec une tante qui aimait le monde, je me lassai bientôt du monde, du bal et de la comédie. Un domestique mourut le jour des Rois, c'est le premier homme que j'ai vu mourir. La mort de mon père arriva peu après ; je me mariai en vue de vivre chrétiennement, je préférai mon mari à cause de la piété de madame sa mère. Je fus mariée à quinze ans et demi, résolue de vivre comme je l'avais pensé. Je renonçai au jeu, au bal et à la comédie, ce qui causa beaucoup d'étonnement. Je commençai une vie réglée, je gagnai mon mari pour vivre en chrétien, nous ne parlions tous deux que de la mort, nous étions fort unis et aimés de toute la famille, et nous n'avions de démêlés que pour me faire divertir.

Je demeurai veuve le jour des Morts 1645, quelques heures avant que j'eusse passé seize ans. Ce me fut une grande douleur, j'en pensai mourir ; j'étais grosse, ma fille fut en grand danger, je la vouai et la mis sous la protection de la sainte Vierge, je me portai mieux, je le fis pour demander le baptême pour elle. J'eus la petite vérole au bout de l'an, dont je pensai mourir. Dans la deuxième année l'on me fit bien des propositions de mariage, je ne pouvais les entendre par l'affliction où j'étais. Il y avait dans la même maison une personne qui me pressait et toute la famille le souhaitait, il me fallut une grande force pour y résister. Deux ans et quelques mois après mon veuvage je fus enlevée : Dieu me fit de grandes grâces, je ne perdis point le jugement ; ce fut la première que je lui demandai, et d'être en sa présence, et toujours pleine de confiance en lui. Il m'accorda ces trois choses, et la quatrième de ne le point offenser et de me donner du courage et des forces pour me défendre ; Dieu me fit toutes ces miséricordes, il me donna un courage qui ne pouvait venir que de lui seul, je fus plus de trente-six heures sans manger. On me mit en liberté, on a tenté de m'enlever encore une ou deux fois, mais je me mis à Sainte-Marie. Au retour de mon enlèvement je fus malade à la mort, je reçus l'extrême-onction, je poursuivis en justice M. de Bussy deux ans, et puis je lui ai pardonné en vue de Dieu. Je fus encore plus pressée par ma famille de me remarier, je fus un peu tentée de le faire, crainte d'être encore enlevée : j'avais bien de la peine à prendre mon parti, je ne pouvais me résoudre, je pris un directeur. A dix-neuf ans et quelque mois, jour de Noël, devant le saint sacrement, à Saint-Nicolas des Champs, Dieu parla à mon cœur; encore le jour de l'an, et encore plus fortement le jour des Rois.

Le jour du nom de Jésus, je pris ma résolution de faire une retraite chez mademoiselle Legras, ce que je fis le lendemain pour voir ce que Dieu voulait de moi. Le troisième jour il me le fit connaître. M. Vincent fut consulté. Depuis ce temps-là, je n'ai pas varié ni douté un moment ; je fis vœu de chasteté le jour de la Purification suivant, je le fis jusqu'à Noël, et je le fis à Noël pour toujours.

Je changeai mes meubles et pris des habits très-modestes, quoique je n'eusse alors aucune couleur, ni or ni argent ; je tâchai à prendre une règle de vie; j'avais grand'peine à supporter toutes les railleries qu'on me faisait : celui qui me conduisait m'éprouva, je me mis à visiter les pauvres honteux, les hôpitaux et les prisons. Je prenais le soin des pauvres, mon directeur m'en priva pendant un an, parce que j'y avais trop d'attache.

Je demeurai avec mon beau-père et ma belle-mère, je les assistai à la mort et presque toute la famille, nous vivions en grande union : je pris soin des affaires de ma fille, je fus sa tutrice à vingt-quatre ans, je pris mes frères avec moi pour leur rendre service. J'ai élevé ma fille avec beaucoup de peine, elle avait de grandes et de fréquentes maladies, qui m'affligeaient, je l'offrais à Dieu; j'ai été aussi souvent malade, j'ai eu un cancer et ensuite un vomissement; je mis ma fille à Sainte-Marie à sept ans et demi.

Je m'occupai à faire faire des missions, à établir des écoles et des charités pour les pauvres malades dans les villages; j'appris à saigner, je distribuai des habits aux pauvres; j'avais un cabinet où il y avait toutes sortes de choses pour eux, ce que je faisais me souvenant de la forte vue que Dieu m'avait donnée, en faisant l'oraison encore fort jeune, que je devais avoir soin du spirituel et du temporel des pauvres; c'est dans cette vue que j'établis des écoles de charité, voyant le bien que ma maîtresse m'a fait.

Je fis la retraite tous les ans.

Je mariai ma fille à quatorze ans et demi, après bien de la peine et des prières.

Je perdis celui qui me conduisait, dont j'eus une grande douleur; j'avais déjà concerté une manière de communauté, pour vivre à l'imitation de sainte Paule. J'avais toujours envie d'être religieuse; mais on ne le jugea pas à propos.

Après la mort de mon directeur, je continuai à prendre des filles pour vivre en commun, quoique j'eusse toujours envie de me retirer bien loin dans un couvent ; je consultai. Je pris M. Ferret pour mon directeur et supérieur de cette communauté, que je destinais au service de Dieu et des pauvres, sans lettres patentes, ne voulant point en avoir de peur d'être plus chargée devant Dieu.

Dieu m'a de temps en temps fait de grandes grâces à mon oraison, et encore ailleurs dans tous les temps, il m'en a fait pour la communion, l'oraison et pour des peines que j'avais contre la foi, la pureté et l'humilité.

J'ai entrepris la communauté où je suis à présent, ce n'a pas été sans peine ; mais Dieu m'a pressée et l'obéissance ; les constitutions se sont faites, Dieu y a versé de grandes grâces, j'ai acheté la maison avec bien de la peine en toutes manières, j'ai acheté celle des retraites de même ; mais Dieu me pressait, j'ai obtenu la grâce d'avoir le saint sacrement dans notre maison, j'ai été pressée de Dieu pour tout cela ; Dieu donne de grandes bénédictions aux retraites.

J'eus un jour devant le saint sacrement une forte pensée que Dieu ne m'avait donné le vomissement depuis tant d'années, que pour me faire vivre en pénitence.

L'envie de la retraite ne m'a point quittée.

VI

MÉDITATIONS PIEUSES DE MADAME DE MIRAMION.

Dix-neuvième retraite, et première faite sous la direction de M. Jolly, le 13 septembre 1677.

MES INTENTIONS.

J'espère tout de la bonté et de la grâce de Notre-Seigneur Jésus-Christ, par son enfance, sa mort et sa résurrection; par l'entremise de la très-sainte Vierge, ma mère et maîtresse, par celle de saint Pierre, de saint Paul, de saint Joseph, de saint Nicolas, de saint François de Sales, de saint Jérôme, de sainte Geneviève, de sainte Thérèse et de saint Augustin.

J'entreprends cette retraite dans le dessein de la plus grande gloire de Dieu, et pour obtenir de sa bonté une vraie et sainte humilité, l'amour de l'humiliation, la douceur, la patience, la condescendance, l'obéissance, l'amour de la contradiction, et pour demander le recueillement et la conformité à la volonté de Dieu dans un profond abandonnement à lui seul.

Pensées principales de ma retraite et qui doivent me servir pour toute ma vie.

On m'a donné pour méditations celles de sainte Thérèse sur le *Pater*

PREMIER JOUR.

Notre Père qui êtes aux cieux.

Je me suis trouvée remplie d'une grande confiance, voyant que j'ai Dieu pour père, qui est infiniment grand, bon, puissant, de qui tout dépend, et qui a tout créé pour ses enfants ; mais je me suis bien plus arrêtée à ce qu'il a fait pour nos âmes en venant au monde, en y vivant et y mourant, souffrant toutes humiliations et contradictions, pratiquant l'obéissance, la pauvreté et la charité pour nous ; j'ai vu qu'il avait eu soif de toutes ces choses, même jusqu'à la mort, et qu'il s'en est rassasié pour l'amour de nous. Je me suis confondue à son exemple, je l'ai prié de me donner la grâce de l'imiter en toutes ces choses, et de m'y soutenir par sa grâce dans les occasions ; je suis entrée dans le détail sur le passé, pour lui en demander pardon ; et pour l'avenir, j'ai senti un grand désir de toutes ces vertus, pour lesquelles je me suis offerte à lui ; je suis entrée en confusion du peu d'usage que j'ai fait de la grâce de l'avoir pour père, tant pour moi que pour tous les hommes ; je me suis jetée à ses pieds comme l'enfant prodigue, je lui ai demandé comme étant tout-puissant et indépendant, d'ôter de moi ce qui m'empêche de lui être une fidèle fille, et de mettre en moi tout ce qui me pouvait rendre ainsi.

Étant à l'église devant le saint sacrement, je suis

entrée dans un grand détail de ce que je pouvais faire pour m'humilier.

SECOND JOUR.

PREMIÈRE ORAISON.

Votre nom soit sanctifié.

Plusieurs le déshonorent et le profanent, et d'autres le révèrent ; les premiers sont les tièdes, dont je me suis trouvée du nombre; les seconds sont les impies qui le profanent; et ceux qui l'honorent, ce sont les anges et les saints, et toutes les créatures en tant qu'elles sont faites pour mener l'homme à Dieu.

Je me suis unie à Notre-Seigneur, vivant sur la terre pour honorer et sanctifier son saint nom, et unie à tout le ciel, résolue de sanctifier et faire sanctifier ce saint nom par les emplois de cette communauté, à l'école, aux pauvres, aux retraites et surtout entre nous ; j'ai demandé à Dieu par Jésus-Christ cette grâce, et pour cela je ferai mes actions avec plus d'attention à la sainte présence de Dieu

SECONDE ORAISON.

Votre règne nous advienne.

Je lui ai demandé d'être unie à lui dans l'éternité, et puisqu'il était lui-même ce royaume, qu'il le vînt établir en moi dès maintenant ; j'ai vu qu'il y avait des règnes d'orgueil, d'amour-propre et de hauteur, des manques de charité et de dépendance, et que le règne de Dieu ne pouvait pleinement s'établir en moi, que toutes ces choses ne soient détruites.

Je me suis adressée à mon Dieu, le regardant comme mon roi, pouvant tout, comme mon père, tout plein de charité et de bonté, et j'ai espéré qu'il détruirait toutes ces grandes misères en moi, et qu'il me donnerait les vertus contraires, par sa toute-puissance; je me suis jetée à ses pieds, lui ai demandé qu'il ôte et qu'il mette.

Il m'a semblé qu'il m'a fait voir que si j'étais fidèle à correspondre à ses désirs, pour détruire toutes ces choses et y établir les vertus contraires, qu'il demeurerait en moi, comme il demeure en son Père, et son Père en lui, que là je m'enivrerais de ce vin plus délicieux que le miel, que ce serait là que je m'enivrerais à ses mamelles sacrées pour boire à longs traits ce lait sacré. Mais je ne puis arriver à cet heureux état du règne de Dieu parfait en moi, que par l'humilité, la charité du prochain, l'amour de Dieu, la pauvreté, la patience dans les contradictions et l'obéissance; que la parfaite pratique de ces vertus détruira le règne des ennemis de Dieu en moi, et m'élèvera jusqu'à lui; que la conformité à sa sainte volonté, quoi qu'il m'en coûte, m'unira à lui, et que le parfait amour qui ne désire que lui seul, fera cette parfaite liaison du Père, du Fils, du Saint-Esprit et de moi.

Je me suis anéantie, et ai demandé à Dieu qu'il

ôte et fasse comme il lui plaît, quoi qu'il m'en puisse coûter. Mais que je désire qu'il règne en moi sans contradiction et pleinement, et qu'il s'y repose et y prenne son bon plaisir.

TROISIÈME JOUR.

CONTINUATION DU MÊME SUJET.

Pensant seulement à établir le règne de Dieu en nous.

Sur ces paroles mon cœur s'est épanché en sa sainte présence, envisageant que je n'ai point d'autre affaire que de lui préparer un royaume en moi, une Jérusalem, dans laquelle il règne et s'établisse entièrement comme maître absolu ; j'ai vu que ce royaume ne lui pouvait être agréable, s'il n'était bâti de certaines pierres précieuses, qu'il estime et que le monde méprise, et que ma nature ne saurait supporter. Il m'a semblé qu'il m'a fait connaître que si je lui bâtis cette Jérusalem, qu'il y demeurera avec plaisir, que là il s'unirait à moi, que le Père, le Fils, et le Saint-Esprit, qui ne sont qu'un seul Dieu, s'y établiraient, y régneraient, et moi avec eux.

J'ai entrevu que ce royaume devait être bâti magnifiquement de pierres précieuses, et qu'il y aurait plusieurs appartements : le premier de mortifications, de croix, de peines, de gémissements, de douleur de ses péchés, d'affections intérieures et extérieures ;

Le second, d'humilité, d'anéantissement intérieur et extérieur ;

Le troisième, d'obéissance, de soumission, d'amour de la contradiction et de la dépendance ;

Le quatrième, de pauvreté, de dépouillement pour le bien et les commodités de la vie, pour toutes les créatures, pour mon particulier, pour ma famille, notre communauté et le reste ;

Le cinquième, la charité, le support, la douceur, la condescendance, la prévenance, l'honnêteté et civilité, le renoncement à mon naturel, à mon port, à mon air, et à mon ton fier et haut, qui ressent la personne du monde plus que l'épouse de Notre-Seigneur anéanti et plein de charité ;

Le sixième, la soumission, la conformité à la volonté de mon père céleste et de mon Roi, avec un entier abandon de tout ce que je suis et de toute cette communauté, et de tout ce qui me regarde. Il m'a paru que ce serait là où il se plairait, et qu'il se communiquerait sans réserve avec moi, que ce serait là où je jouirais de lui à mon aise, qu'il fallait qu'il m'en coûtât pour bâtir ce royaume à mon Dieu ; mais que, puisqu'il le désirait, je mettrais le tout pour le tout sans retardement et sans relâche : quelle peine ne se donne point un favori pour recevoir le roi chez lui ! et c'est ici le Roi des rois : je ne dormirai ni ne mangerai que je n'aie bâti une maison au Seigneur, selon son cœur.

SECONDE ORAISON DU TROISIÈME JOUR.

A été encore sur le même sujet.

J'ai vu que ce bâtiment m'était impossible sans un secours extraordinaire de la grâce; le Seigneur m'a toute encouragée, et m'a fait entendre qu'il avait acheté les matériaux par son sang, qu'il m'avait découvert ces pierres précieuses, qu'il les avait taillées et polies par la pratique qu'il avait faite de toutes ces vertus, qui m'auraient été insupportables et même inconnues, avant qu'il les eût mises au jour.

Il me semble qu'il m'a dit que je n'avais plus qu'à prendre ces chères pierres, pour les placer dans ces divins appartements; que lui-même m'aiderait, qu'il fallait toujours y travailler sans me lasser.

Je suis entrée dans un sincère désir de travailler, quoi qu'il m'en puisse coûter; cette pensée m'a été dure et très-douce en même temps, dans la vue de jouir de mon Dieu et de mon Roi; il me semble qu'il a élevé mon cœur et mon esprit à lui dans une douce confiance, et, si j'ose le dire, dans une sainte union, qui m'a portée à faire des actes d'amour; je l'ai vu dans sa Passion, j'ai tâché de l'adorer dans cet état comme mon Dieu, mon roi, mon père et mon époux; je me suis offerte pour le suivre et l'imiter.

TROISIÈME ORAISON.

Sur le même sujet.

Dans la suite ces paroles me sont revenues : Celui qui reçoit et qui pratique mes commandements, c'est celui-là qui m'aime, mon Père l'aimera, et je l'aimerai, et je me découvrirai à lui.

J'ai donc vu qu'il ne fallait qu'aimer et faire tout par pur amour, pour être aimée et entrer dans les secrets de Dieu, pour converser avec lui, et pour être remplie et enivrée de ses grâces.

Je me suis abandonnée à cette vive source d'amour, et y suis demeurée comme abîmée.

QUATRIÈME JOUR.

PREMIÈRE ORAISON.

Que votre volonté soit faite.

J'ai regardé la volonté de Dieu comme seule bonne et parfaite, et qu'elle doit être préférée à tout ; j'ai soif de l'accomplir en moi et en cette communauté, non comme elle l'est au ciel, mais au moins avec une véritable soumission, conformité et union ; j'ai adoré cette sainte volonté, sur tout ce qui lui plaît faire de moi, et en ce qui regarde ma communauté, ma fille, ce qui est hors de moi et au dedans de moi, extérieurement et intérieurement, lui faisant des offrandes en général et en détail sur tout cela, sacrifiant tout à son bon plaisir et volonté : il me semble qu'il a exigé ces sacrifices, et je les ai faits de tout mon cœur, étant juste qu'il se contente, et de peu de conséquence que je la sois.

J'ai souhaité que tous les hommes fissent sa volonté, j'ai prié Dieu pour eux et pour moi : Notre-Seigneur ne m'a parlé au cœur que de dépouillements, de détachements et de mort à moi-même.

A la sainte communion, je l'ai regardé comme mon Dieu, mon roi, mon père et mon époux, et me suis unie à lui en toutes ces qualités ; je me suis sentie dans une grande consolation, espérant par sa présence, qu'il établirait en moi son royaume et sa demeure, et tout ce qui peut lui faire prendre ses complaisances. Il me semble qu'il m'a fait voir qu'il n'y pouvait demeurer avec plaisir, s'il ne trouvait les six appartements qu'il me fit voir hier ci-dessus marqués : je me suis encore engagée avec sa grâce d'y travailler, pourvu qu'il fût avec moi pour me soutenir dans les occasions : qu'il ne fallait aucune trêve, mais commencer sans relâche dès aujourd'hui ; il m'a marqué de certaines pratiques, qu'il m'a fait la grâce d'exécuter.

DEUXIÈME ORAISON.

Sur le même sujet.

J'ai regardé Notre-Seigneur comme mon époux, duquel je devais faire continuellement la volonté, l'écoutant pour l'apprendre et la faire ; il faut que la fidèle épouse n'ait de volonté que celle de son époux, et qu'elle le suive partout avec un grand amour : s'il fait un pas pour lui témoigner son amour, l'épouse en doit faire deux ; cependant j'ai vu ce divin époux dans l'humiliation, la pénitence, l'obéissance, la pauvreté, l'abandon, la charité, et tout cela pour régner dans mon cœur et le posséder ; je me suis offerte et déterminée, quelque peine que je puisse avoir, et quelque difficulté que je puisse trouver à franchir tout, pour suivre ce cher époux de mon âme ; il m'a fait connaître et sentir mille et mille douceurs dans cette chère union, mais qu'il fallait qu'il m'en coûtât ! J'ai respecté ces douceurs, et j'ai pris l'anéantissement et la croix pour mon partage, voulant aller à lui par les mêmes voies qu'il est venu à moi : je me suis vue une épouse infidèle qui a quitté si souvent son époux, je lui en ai demandé pardon ; il m'a fait voir que ce n'était point assez de me contenter de faire ses commandements ; mais qu'il voulait de moi que je fisse ce qui était de ses plus saints désirs, entrant non-seulement dans ce qui lui serait agréable, mais encore dans ce qui lui serait le plus agréable.

CINQUIÈME JOUR.

PREMIÈRE ORAISON.

Donnez-nous aujourd'hui notre pain quotidien.

J'ai considéré ce que c'était que ce pain ; j'ai vu que c'étaient les vertus de l'Évangile, de saintes inspirations et mouvements, les bons désirs, les lectures et inspirations, les Sacrements, mais surtout celui de l'autel et ses grâces abondantes; j'ai vu que j'avais reçu de toutes ces sortes de grâces abondamment; je l'en ai remercié, et en même temps je me suis confondue d'en avoir fait si peu de profit, et même d'en avoir fait un si mauvais usage; je n'ai pu faire autre chose que de lui en demander pardon, et d'offrir Jésus-Christ à Dieu le Père pour satisfaire pour moi.

SECONDE ORAISON.

A été sur ce que Notre-Seigneur était représenté notre pasteur, donnant sa vie pour moi, me nourrissant de sa propre chair, me donnant de bonnes et abondantes nourritures par ses grâces continuelles, me caressant et me nourrissant de son propre pain, me rafraîchissant de ses saintes eaux vives et vivifiantes, me mettant à l'ombre de ses grâces, veillant continuellement, de crainte que je ne sois dévorée, me donnant des coups de houlette pour m'empêcher de m'écarter de lui, et pour me faire rapprocher de plus près; je me suis abandonnée à la conduite de ce divin pasteur, voulant être comme une brebis à son égard, humble, douce et soumise.

Il m'a semblé qu'il m'a dit intérieurement qu'il m'avait donné des pasteurs extérieurs pour m'apprendre sa volonté et ses voies; qu'il me les avait donnés selon mes besoins, et qu'il me les avait ôtés pour m'élever à une plus haute, plus sublime et plus grande perfection, et pour me faire marcher par la voie de mort intérieure ; enfin qu'il ne se faut point appuyer sur les créatures, mais sur Dieu seul. Il m'a semblé qu'il m'a fait sentir que j'avais un peu trop mis ma confiance en M. Ferret.

TROISIÈME ORAISON.

Sur le même sujet.

Adorant et me soumettant à ce divin pasteur pour tout ce qu'il voudrait faire de moi, et en la manière qu'il le voudrait, je l'ai beaucoup prié pour celui qu'il m'a donné pour me tenir sa place visible; il m'a fait la grâce de me faire voir l'utilité que je trouverais d'entrer dans tous ses sentiments, sans m'y opposer et y résister le moins du monde. Je me dois regarder comme une aveugle, et il me semble que Dieu m'a fait connaître qu'il m'avait toujours fait sentir qu'il me voulait dans une prompte et parfaite soumission.

SIXIÈME JOUR.

PREMIÈRE ORAISON.

Regardant notre pain quotidien dans le saint sacrement.

Je l'y ai adoré et considéré comme une source d'eau vive, où mon âme se doit rafraîchir et prendre une vie nouvelle; je l'ai regardé comme un soleil purifiant, et qui me doit échauffer de son saint amour; que c'était un arbre de vie sous lequel je me devais mettre à l'ombre, pour vivre de son fruit et l'entretenir à mon aise, comme à l'abri de mes ennemis, de l'orgueil et autres; que c'était le pain céleste des anges; mais que je devais vivre de la vie de Dieu, puisque j'étais nourrie de la chair et du sang et de la divinité d'un Homme-Dieu; je suis entrée en confusion de mes froideurs, de mon peu d'attention, négligence et paresse; j'ai admiré cette grande bonté dans l'établissement de ce sacrement, qui m'a paru surpasser tout ce que Dieu a jamais fait, s'exposant à être tous les jours outragé par les impies et par les pécheurs qui le reçoivent indignement; je me suis vue au-dessous d'eux par les grâces que Notre-Seigneur m'a faites, et mon peu de fidélité; je m'en suis humiliée, et lui ai demandé pardon, et la grâce par lui-même de profiter à l'avenir de ce grand avantage; il m'a paru que la parfaite charité, douceur, humilité, anéantissement de moi-même et conformité à sa volonté étaient les bonnes dispositions; je les ai demandées par l'entremise de la sainte Vierge, des saints anges et des saints; mais particulièrement par les mérites de Jésus-Christ.

SECONDE ORAISON.

Pardonnez-nous nos péchés comme nous pardonnons à ceux qui nous ont offensés.

Je l'ai adoré et reconnu comme mon Rédempteur; j'ai tâché d'entrer en reconnaissance et en confusion et douleur d'avoir tant de fois agi contre ses commandements, contre son bon plaisir en moi, et d'avoir tant perdu et négligé de grâces, et d'en avoir même tant abusé; je suis entrée autant que j'ai pu dans la douleur de mes péchés, et des abus que j'ai faits de sa miséricorde; je me suis jetée à ses pieds et l'ai offert lui-même à lui-même pour le satisfaire, et l'ai offert au Père éternel, pour payer toutes mes dettes; je lui ai demandé par la même voie une grâce vivifiante et victorieuse, pour me surmonter dans mon orgueil et dans mon peu de charité et de dépouillement de moi-même; je suis demeurée à ses pieds attendant tout de lui; je lui ai demandé d'ôter et de mettre en moi selon son bon plaisir.

Dans le milieu de cette oraison, j'ai senti un grand reproche, que je devais attendre la grâce et plus prier qu'agir, que c'est ce que l'on m'a voulu dire, quand on m'a dit qu'il fallait aller doucement; que ce n'était pas ce que Dieu m'avait fait connaître par le passé, que cela mettait obstacle à mes exercices.

A une heure après minuit, la nuit du 18 au 19, j'ai entendu intérieurement quelque chose qui m'a fortement réveillée, et qui m'a dit au cœur que le bras de Dieu n'est pas rapetissé, qu'il m'a donné un conducteur pour me mener à lui, que j'y dois prendre toute confiance; que ce n'était pas une pensée en l'air que j'avais eue sur mes trois directeurs, qu'elle venait de lui, et était vraie; que le premier m'avait menée comme par la loi ancienne, le deuxième par la loi nouvelle de grâce, en me conduisant au chemin de perfection, et que celui-ci me devait conduire dans la perfection, et dans la pratique de la perfection. Je suis entrée dans de grandes reconnaissances envers Dieu, j'ai remercié Notre-Seigneur de m'avoir obtenu un bon directeur, et Dieu m'a fait regarder cela comme une des grandes grâces qu'il m'ait faites; Dieu m'a fait repasser dans mon esprit tout ce que ce troisième directeur m'avait dit, et j'y ai trouvé une grande suavité, et Notre-Seigneur m'en a fortement persuadée, surtout (ce sont des avis de M. Jolly) de parler peu pour avertir nos sœurs; mais beaucoup prier, dire des demi-mots qui marquent le désir que j'ai de leur persuader, et attendre les moments de la grâce de Dieu, et d'ailleurs d'agir avec elles comme le bon pasteur, et comme Notre-Seigneur avec ses apôtres, qui étaient des personnes peu spirituelles, et qui ne comprenaient pas ce que Notre-Seigneur leur disait : cependant il leur rend raison et agit fraternellement avec eux.

La patience, la charité, la douceur et l'exemple de l'humilité sincère, me disait-il, les gagneront plus que tous les discours, et souvent les filles ne veulent pas que l'on contribue à leur salut; elles veulent que cela vienne directement de Dieu et d'elles, il ne faut pas laisser de leur parler de temps en temps, comme il est marqué, et quand elles le voudront. Enfin, ajoute M. Jolly, il faut joindre l'obéissance aux bonnes œuvres.

Sur ce dernier avis, j'ai pris la résolution de lui demander la permission sur toutes choses. Je suis entrée dans une grande consolation et reconnaissance envers Dieu, dont mon cœur a été fort consolé.

La pratique actuelle de ces vertus chéries et pratiquées par Notre-Seigneur doit m'être précieuse, et je dois toujours marcher par cette voie.

SEPTIÈME JOUR.

PREMIÈRE ORAISON.

A été sur le même sujet : Pardonnez-nous.

Je me suis trouvée remplie de désirs de me jeter aux pieds de Notre-Seigneur, pour lui demander encore pardon pour moi, ma famille et ma communauté. Je suis entrée dans les souffrances de Notre-Seigneur, et les ai offertes au Père éternel pour les mêmes personnes, et en sa présence j'ai protesté de pardonner de tout mon cœur à tous ceux qui m'ont pu offenser, et à tous ceux qui le feront à l'avenir.

DEUXIÈME ORAISON.

Ne nous laissez pas succomber à la tentation.

J'ai eu l'esprit et le cœur appliqués au sujet ci-dessus de l'oraison du matin.

Ne nous laissez pas succomber.

Je me suis exposée à ce grand médecin comme malade et fort faible, pour être guérie. Je lui ai représenté mes plus grandes maladies, et que je n'attendais que de lui seul mon soutien dans toutes mes tentations, surtout dans celles qui m'arrivent contre mes résolutions; j'ai fait beaucoup d'actes d'abandon et de confiance.

RÉSOLUTIONS DE MA RETRAITE.
COMMENCÉE LE 13 SEPTEMBRE 1677.

Pour me servir de règle dans la conduite que je dois garder envers les sœurs de la Communauté, et les vertus que je dois pratiquer.

Mes résolutions, auxquelles j'espère d'être fidèle par l'entremise et le mérite de la naissance, de la mort et de la résurrection de Notre-Seigneur, et par l'intercession de la sainte Vierge, de tous les saints et saintes mes protecteurs.

A l'égard de la Communauté.

Je la regarderai comme l'œuvre de Dieu, dont il m'a chargée par l'ordre de sa providence et dont il me demandera un compte spécial. Il veut que je la gouverne selon sa volonté et son esprit, et non selon le mien; et pour cela je dois demander les ordres et les conseils de mon supérieur, et les suivre ponctuellement comme si c'était Notre-Seigneur en personne qui me les eût donnés. Lorsque j'aurai manqué en chose importante, le lui dire humblement; mais pour obtenir les choses qui me sont nécessaires, tous les jours je dirai un *Veni Sancte*, un *Salve Regina*, le *Pater* et le *Credo*, l'antienne de sainte Geneviève et une petite litanie de mes saints protecteurs et protectrices, et ferai un acte d'humilité devant Dieu, de reconnaissance de mon indignité pour conduire cette œuvre, et un de confiance en la bonté de mon Seigneur et mon Dieu.

Je ne rechercherai, avec la grâce de Notre-Seigneur, que sa seule et unique gloire et le bien spirituel de mes chères sœurs; et pour moi, je n'y désire que d'accomplir sa sainte volonté, et qu'il la fasse en moi et par moi, et je reconnaîtrai que s'il s'y fait quelque chose de bon, ce sera lui tout seul qui le fera.

I. Je les aimerai toutes également en Dieu et pour Dieu, ne témoignant pas plus d'amitié aux unes qu'aux autres sans nécessité.

II. Je serai fidèle à parler tous les trois mois au moins à nos sœurs, à chacune en particulier, et plus souvent quand elles le souhaiteront, ce que je tâcherai de faire, avec la grâce de Notre-Seigneur, d'une manière douce, tendre, honnête, civile, et même respectueuse.

III. Toutes les fois que je parlerai à une sœur pour son intérieur, je demanderai à Dieu par Notre-Seigneur qu'il me donne toutes ses dispositions, et que ce ne soit point mon esprit qui agisse, mais le sien.

IV. Je leur donnerai tout le temps de me dire tout ce qu'elles voudront sans témoigner être pressée, et ne leur marquerai aucun mépris de leurs peines, mais bien quelquefois je leur dirai qu'elles-mêmes elles les doivent mépriser, et cela selon les choses, mais pour moi je ferai cas de tout.

V. Je ne ferai point voir à nos sœurs que j'entends ce qu'elles veulent me dire, devant qu'elles aient tout dit, mais je leur donnerai tout le temps de s'expliquer entièrement, et cependant je me donnerai à Dieu pour leur répondre, et quand je verrai tout d'un coup ce que je leur dois dire, je ne le ferai pas, afin de les laisser se contenter et me dire leurs peines et voir que je les écoute; cela me sera utile pour pratiquer la patience et la charité.

VI. En quelque temps que mes sœurs m'abordent, et pendant que je serai avec elles, je me donnerai de garde, avec la même grâce de Notre-Seigneur, de me laisser aller à mon naturel, qui est un air fier, haut, impérieux, un ton suffisant et superbe; toutes ces choses ressentent plutôt la personne humaine et mondaine que l'épouse de Jésus-Christ anéantie et pleine de charité.

VII. Je les traiterai fort civilement et honnêtement, je les saluerai quand elles entrent ou sortent, quand elles passent devant moi ou quand elles m'aborderont; quand j'entrerai ou sortirai, où elles seront je leur ferai la révérence.

VIII. Je leur parlerai avec des termes doux et civils, qui ressentent plutôt la dépendance que l'indépendance.

IX. Quand je désirerai quelque chose d'elles, je leur dirai : Je vous supplie, ma chère sœur, de vouloir telle ou telle chose.

X. Quand elles m'auront fait quelque chose, je les remercierai de même.

XI. Je ne les souffrirai point à genoux et à terre, je les ferai toujours asseoir sur des chaises.

XII. Je me familiariserai avec elles, leur donnant toute liberté.

XIII. Je leur accorderai de bonne grâce ce qu'elles me demanderont quand je croirai le pouvoir, sinon je leur en témoignerai ma peine et leur en dirai quelques raisons.

XIV. Je les préviendrai, je les supporterai dans leurs peines et faiblesses, et les encouragerai dans leurs tentations.

XV. Si je suis obligée de les avertir en particulier ou en public, je ferai de mon mieux pour ne les pas décourager et ne les pas laisser longtemps dans l'abattement, surtout quand j'aurai été obligée de le faire fortement, ce que je tâcherai de ne jamais faire que je ne m'y sois préparée devant Dieu et que je n'aie pris conseil de mon supérieur, ou au moins de nos sœurs conseillères, quand ce sera chose qui sera connue.

XVI. Je ferai ce que je pourrai pour obtenir l'esprit

de Dieu pour les reprendre selon cet esprit dans les chapitres, aux obéissances et conférences, et même journellement, si cela est nécessaire.

XVII. Je ferai ce que je pourrai pour leur faire connaître le fond de mon cœur plein d'amitié et de charité pour elles.

XVIII. J'aurai grand soin d'elles dans les maladies et infirmités, pour que rien ne leur manque, je les visiterai avec soin et application.

XIX. J'aurai en tout temps soin qu'elles aient le nécessaire pour le temporel.

XX. Je ne leur témoignerai aucune impatience de leurs fautes et dispositions intérieures ou de leur manière de parler; mais seulement je leur témoignerai de la douleur et compassion, je les exciterai à prier et je le ferai pour elles.

XXI. Je ferai mon possible pour réparer leurs fautes envers Dieu par des actes de vertus, me persuadant que je ne guérirai pas un mal par un autre mal, mais par un bien.

XXII. Je ne leur dirai jamais, avec le secours de la grâce, des paroles dures, offensantes ou piquantes, et ne leur ferai point de raillerie qui les puisse fâcher.

XXIII. Je n'affligerai point celles qui le sont déjà, mais je tâcherai de les soutenir.

XXIV. Je les porterai à une grande union entre elles, civilité et honnêteté, et à se porter respect, surtout envers les officières et celles que je verrai fidèles aux grâces de Dieu ; je me donnerai à Notre-Seigneur pour pouvoir les aider à aller aussi loin qu'il le désire.

XXV. Je m'abstiendrai de reprendre en particulier nos sœurs aussi souvent que je l'ai fait jusqu'à ce jour ; je ne leur ferai que rarement des corrections, et ne leur donnerai des avertissements que lorsque je croirai la chose fort importante ; leur parler peu, et lorsqu'elles me presseront, je ne leur dirai les choses qu'à demi, leur disant de petits mots qui marquent le désir que j'ai de leur salut, les laissant faire réflexion sur ce qu'elles ont tort de se défier de la bonté de Dieu ; je le supplierai instamment de les éclairer ; quelque chose qu'elles me puissent dire, il me faut tenir devant Notre-Seigneur sans m'en étonner ni m'en peiner, mais les lui recommander ; il faut que je m'occupe de la manière dont Notre-Seigneur a agi avec ses apôtres, pour faire de même avec nos sœurs, agir comme le bon Pasteur.

XXVI. Si les paroles d'une sœur me surprennent ou contrarient mon humeur, recourir promptement à Notre-Seigneur, premier supérieur de cette maison, et si je fais quelque faute, tâcher de la réparer promptement.

XXVII. J'avoue que tout cela m'est impossible sans une grâce puissante et victorieuse, je l'attends de mon divin Maître, de la présence duquel j'ai un grand besoin pour me retenir et ne pas agir selon moi, m'élever à lui en humilité, charité et obéissance.

XXVIII. J'accepterai les petites et grandes contradictions et mépris de nos sœurs.

XXIX. J'assemblerai nos sœurs conseillères tous les quinze jours, et suivrai leurs avis, quoiqu'ils soient contre le mien, sans leur en témoigner de la peine.

XXX. Je ne ferai rien de nouveau sans permission de mon supérieur, et je lui demanderai ses avis pour les choses un peu de conséquence de cette communauté, pour le général et le particulier, et je le suivrai.

XXXI. Je me dépouillerai de tous mes avis et inclinations, pour me soumettre de tout mon cœur à l'obéissance.

XXXII. Devant Dieu, je me regarderai au-dessous des pieds de toutes nos sœurs, avouant que je suis plus indigne des grâces de Dieu que la moindre d'elles, par mes péchés et mes grandes infidélités ; je les prierai souvent de prier Dieu pour moi, et je redoublerai les miennes pour celles qui me feront le plus de peine.

XXXIII. Si je vois ou apprends que quelque sœur ait de la peine contre moi, que ma conduite lui déplaise et qu'elle en ait du mépris, j'avouerai devant Dieu et devant les créatures qu'elle a raison ; je ferai de mon mieux pour servir cette sœur et tâcherai de lui faire plaisir. Je ferai de même s'il m'arrivait quelque opposition naturelle contre quelqu'un, ce que je ne sens pas à présent, grâce à Dieu ; jamais je ne trouverai mauvais qu'elles aient de la peine contre moi, et, si elles me le disent, je leur témoignerai de la reconnaissance de leur confidence, et je ne témoignerai point en être surprise ni peinée pour quelque chose que ce puisse être, et ne leur en parlerai jamais, si elles-mêmes ne le font.

XXXIV. Je préviendrai nos sœurs dans leurs peines intérieures et extérieures, et dans celles qu'elles auront de leur famille. Je ne les presserai point de me dire leurs peines, quand je croirai qu'elles ne désirent pas me les dire, et ne leur en témoignerai rien, ne prenant nulle jalousie, quand elles voudront parler à quelques personnes plus éclairées que moi ; et quand j'y croirai quelque nécessité, je les exciterai à le faire.

VII

LETTRE DE MADAME DE MIRAMION A M. JOLLY.

« Je suis aveugle de naissance, et, par conséquent,
« plus difficile à guérir. Le mal est invétéré, puisqu'il
« y a cinquante années qu'il a commencé, et qu'il
« s'est toujours fortifié. Cette pensée me donne quel-
« que peine dans la crainte de ne pas changer. Mais
« j'ai vu que ce qui m'était impossible ne l'était
« point à la grâce si je voulais y être fidèle. Je ne
« puis m'empêcher de vous dire que j'en sens un dé-
« sir ardent dans mon cœur, qui me donne un grand

« sujet d'humiliation, voyant qu'il y a si longtemps
« que Notre-Seigneur me presse inutilement. S'il ne
« tenait qu'à me faire sœur de Charité pour avoir
« leur vertu, je demanderais cette grâce dès aujour-
« d'hui. Je parle très-sincèrement ; car je ne vois
« de bien que cela. Et pour moi, je ne me soucie
« point par quel chemin j'y arrive, pourvu que j'y
« parvienne. Il ne m'importe qui je sois ni ce que je
« fasse, pourvu que je fasse la volonté de mon Maî-
« tre. Sœur de Charité, sœur converse dans un petit
« couvent hors de Paris, pour obéir et pratiquer la
« vertu d'humiliation et d'abaissement, serait selon
« le mouvement de mon cœur, le mieux et le plus
« sûr.

« Marie Bonneau de Miramion.

« Sainte-Geneviève, le 24 octobre 1679 »

VIII

LETTRE DE M. JOLLY A MADAME DE MIRAMION.

« Je crois que vous avez bien fait, Madame, de
« préférer l'assistance du prochain à la consolation
« que vous auriez eue, faisant la retraite que vous
« vous étiez proposée. Si vous avez quelque temps de
« libre pour vaquer plus à vous-même selon votre
« désir, jouissez-en ; mais si Dieu veut que vous le
« serviez en autre chose, obéissez-lui.

« L'inspiration de s'humilier est toujours bonne ; il
« faut néanmoins garder des mesures pour les humi-
« liations extérieures ; si vous voulez faire au Cha-
« pitre quelque chose qui soit extraordinaire, vous
« le pouvez faire ; comme aussi demander à deux ou
« ou trois de vos filles si elles ont remarqué quelque
« chose à reprendre en vous.

« Je ne crois pas que vous soyez en état d'aller la-
« ver la vaisselle ni de servir à table ; conservez votre
« santé pour l'exercice de la charité, qui est la reine
« des vertus, et n'interrompez pas votre sommeil de
« la nuit.

« Ne réservez rien que vous n'offriez à Dieu en
« sacrifice, laissez-le disposer librement de vous et
« de ce qui vous appartient, et recevez avec joie et
« actions de grâces tout ce qu'il en ordonnera ;
« je vous aiderai de ma part, autant que je le pour-
« rai, à vous détacher de toute créature et de vous-
« même, afin que vous soyez parfaitement unie à
« lui.

« Demandez-lui, s'il vous plaît, ma conversion en
« ce saint temps, et que je profite des grâces qu'il
« vous fait et de vos bons exemples dans le temps qui
« me reste. »

IX

LETTRE DE MADAME DE MIRAMION.

A une religieuse qui n'était pas tranquille sur sa vocation.

« Puisque vous le voulez, ma chère sœur, je vous
« écrirai quelque chose de ce que nous avons dit en-
« semble, quoique j'en sois très-indigne et incapable.
« Toute chrétienne est obligée de tendre à la perfec-
« tion, et particulièrement une religieuse. A qui plus
« sera donné, plus sera demandé ; mettez-vous dans
« l'esprit, ma chère sœur, qu'il n'y a que deux voies
« pour aller à Dieu, l'innocence et la pénitence ; s
« vous avez perdu la première, recourez à la seconde ;
« bien loin de la fuir, il la faut embrasser et la ché-
« rir en esprit de foi, de confiance et d'amour de Dieu.
« Dieu vous a retirée du lieu où vous étiez, comme
« il a retiré son peuple de l'Égypte, pour vous mettre
« en liberté de le servir ; il vous a parlé au cœur, il
« vous a ouvert les yeux, il vous a guérie de votre
« lèpre, et il a chassé de vous un démon qui vous
« possédait ; mais prenez garde que ce démon ne fasse
« comme il est dit dans l'Évangile, qu'il n'en prenne
« sept plus méchants que lui, et qu'il ne vienne ha-
« biter en vous ; l'on se convertit plutôt d'un péché
« qui donne de l'horreur, que de plusieurs qui ne
« paraissent pas si grands, et qui déplaisent d'autant
« plus à Dieu, qu'ils sont spirituels, et que l'on a

« reçu de lui les lumières et les grâces nécessaires
« pour s'en défaire.

« Le Fils de l'homme n'avait pas où reposer sa
« tête, il ne s'en est jamais plaint ; il vous est per-
« mis, ma chère mère, de demander vos besoins
« avec humilité et douceur ; si on vous les donne,
« soyez-en reconnaissante, et si l'on ne vous les
« donne pas, parce qu'on n'y est pas obligé, ne
« vous en plaignez pas et portez ces petites priva-
« tions en paix, les offrant à Notre-Seigneur pour
« lui être plus conforme ; puisque vous avez tant de
« peine d'être à charge à la maison où vous êtes, n'a-
« joutez pas à la charge qu'elles ont une seconde
« peine, qui est de les mal édifier et de vous voir mé-
« contente et recevoir de mauvaise grâce la charité
« qu'elle vous font et dont vous profitez si peu ; faites
« maintenant le contraire avec la grâce de Notre-Sei-
« gneur ; récompensez-les par votre reconnaissance,
« par votre bon exemple et par la pratique des vertus.

« Soyez fidèle tous les jours à faire votre oraison,
« comme Dieu le demande de vous, c'est-à-dire n'y
« allez pas pour vous contenter, mais cherchez seu-
« lement à y plaire à Dieu et à y pratiquer ce que vous
« voudriez méditer, qui est la mortification et l'hu-
« miliation ; ne vous contentez pas d'être de corps
« devant Dieu, soyez-y de cœur ; faites quantité d'ac-
« tes dans la journée, de foi, d'espérance, de charité,
« d'humilité, de contrition, d'abandon et de soumis-
« sion à Dieu.

« Tâchez de ne rien dire aux sœurs d'aigre ni de
« piquant, mais, au contraire, ne leur parlez qu'avec
« honnêteté, charité, humilité et douceur ; et s'il vous
« arrive de le faire à votre ordinaire, ne vous cou-
« chez pas que vous n'en ayez fait pénitence, et que
« vous ne vous en soyez humiliée très-profondément ;
« si la faute s'est faite devant plusieurs, demandez-
« en pardon à l'abbesse et à la sœur particulière, e
« cela avec intention de vous corriger et de satis-
« faire à Dieu et à votre prochain que vous avez
« offensé et scandalisé ; c'est le seul moyen de faire
« mourir votre orgueil et de chasser de vous le dé-
« mon, qui fera tout son possible pour vous détour-
« ner de cette pratique.

« Souvenez-vous que si vous avez honte de faire
« quelque chose pour Jésus, il rougira de vous recon-
« naître pour sienne devant son Père ; Dieu résiste
« aux superbes, et il dit qu'il confondra l'orgueil-
« leux ; celui qui s'humiliera sera élevé ; tout le monde
« aime les personnes humbles, et l'on a de l'opposi-
« tion pour les superbes ; cependant l'on ne saurait
« souffrir l'humiliation, mais on ne saurait être
« humble sans la pratiquer actuellement. Je ne
« doute nullement, ma chère mère, que Dieu ne
« veuille de vous une très-grande et profonde humi-
« liation, que vous soyez contente d'être obligée par
« toutes les créatures, d'être comptée pour rien ;
« souvenez-vous qu'à rien rien n'est dû ; cet état est
« une voie et un moyen d'une grande perfection, si

« vous en savez profiter. Quand vous vous serez mise
« dans l'état de correspondance à cette grande grâce
« avec fidélité, peut-être que Dieu fera quelque chose
« pour votre temporel ; mais jusqu'à ce que vous
« soyez parvenue à ce qu'il désire de vous, vous
« n'aurez pas ce que vous souhaitez : Dieu prévoit
« peut-être que vous seriez insupportable, tant vous
« auriez de gloire et de joie de n'être plus à charge,
« et que l'on aurait peine à vous contenter ; peut-
« être que cela ne vous paraît pas à présent, mais Dieu
« sait bien ce qu'il en est ; il est plus sage et meilleur
« pour vous-même que vous ne l'êtes ; cherchez le
« royaume de Dieu, et toutes choses vous seront don-
« nées.

« Prenez Notre-Seigneur pour votre modèle en tou-
« tes choses pour parler, penser et agir, il a fait tout
« ce que vous faites tous les jours, hors le péché,
« c'est pourquoi regardez-le continuellement comme
« un peintre regarde une personne qu'il veut tirer ;
« quand vous priez, regardez comme il prie ; quand
« vous conversez, regardez comme il a conversé, de
« même pour le manger, dormir, pour le silence et
« le travail ; quand vous êtes dans la tentation, regar-
« dez-le dans la tentation comment il a fait pour la
« surmonter ; quand vous êtes malade, voyez comment
« il a fait dans la passion ; quand vous avez de la peine
« d'être si pauvre, regardez-le dans la crèche et encore
« dans le saint sacrement de l'autel ; quand vous
« croyez être méprisée, regardez Jésus travaillant dans

« la boutique de saint Joseph, traîné dans les rues de
« Jérusalem comme un scélérat, et enfin crucifié
« entre deux larrons.

« Il ne vous a créée, ma chère mère, que pour le
« connaître, l'aimer, le servir et l'imiter en sa vie ;
« trop est avare à qui Dieu ne suffit ; faites en sorte
« que la grâce surmonte en vous la nature.

« Ne faites rien dont il faille vous repentir et faire
« pénitence en ce monde ou en l'autre. »

X

TESTAMENT DE MADAME DE MIRAMION.

1688.

Au nom du Père, du Fils et du Saint-Esprit, très-sainte et adorable Trinité.

Je soussignée, Marie Bonneau, veuve de feu messire Jean-Jacques de Beauharnais, seigneur de Miramion, conseiller de la cour du parlement de Paris, j'ai fait et fais mon testament, ainsi qu'il suit :

Je veux de tout mon cœur, avec le secours de la grâce de Dieu et l'assistance des prières de la sainte Vierge, mourir en vraie chrétienne, fille de l'Église catholique, apostolique et romaine, à laquelle je me soumets entièrement, et me veux soumettre jusqu'au dernier moment de ma vie.

Prosternée devant la majesté de mon Dieu, je confesse devant le ciel et la terre être une très-grande pécheresse, ayant grièvement offensé la souveraine bonté, par un grand nombre de péchés et abus de ses grâces, dont je lui demande de tout mon cœur pardon, et le supplie par les mérites du précieux sang et de la mort de Notre-Seigneur Jésus-Christ, par les intercessions de la sainte Vierge, des apôtres saint Pierre et saint Paul, saint Joseph, sainte Geneviève, mon bon ange, et tous les saints et saintes, et par l'intercession de la sainte Église, de me pardonner et de détourner ses yeux de mes iniquités.

Je désire passer le reste de ma vie dans une véritable pénitence et douleur de mes péchés, et je désire et veux, avec les mêmes secours, que les derniers moments de ma vie soient remplis d'une véritable foi, d'une forte espérance et d'une parfaite charité, qui me fasse mourir pour l'amour, dans l'amour et par l'amour de Dieu seul, comme aussi dans une véritable charité pour mon prochain et anéantissement de moi-même.

Je demande et supplie l'infinie bonté de Jésus-Christ de ne me pas abandonner à l'heure de ma mort, de mettre ses souffrances entre la justice de Dieu son Père, et mon jugement, et je supplie la bienheureuse Vierge de me présenter à son fils, en ce jour si redoutable.

Je désire mourir munie de tous les sacrements.

Je demande, de tout mon cœur, pardon à ceux et

celles que j'ai offensés, comme aussi je pardonne de toute mon affection.

Je demande aussi pardon à M. le président de Nesmond, mon très-cher gendre, et à ma très-chère fille de toutes les peines que je leur ai données, comme aussi à mes très-chers frères et à toute ma famille.

Je supplie toutes mes chères et très-aimées sœurs de notre communauté de Sainte-Geneviève de ne se point ressouvenir, et de me pardonner aussi toutes les peines que je leur ai données, tant en particulier qu'en général.

M'unissant au dernier moment à la mort de mon Seigneur et mon Dieu, je lui fais le sacrifice de ma vie, et remets mon âme entre ses mains, et le supplie de la recevoir avec miséricorde ; je lui offre par cette petite disposition une partie des biens qu'il m'a donnés.

Je veux que toutes chacunes de mes dettes soient payées, torts faits, si aucuns se trouvent, réparés.

Je désire que mon corps soit enterré dans le cimetière avec nos sœurs, et tout comme elles, sans autre cérémonie, sans tenture que ce que l'on a accoutumé de mettre à la porte de la communauté, marqué dans nos constitutions, les chandeliers de bois et pas plus de luminaire, et une bière de bois, et portée par des pauvres de la paroisse, vraiment pauvres, à qui l'on donnera de quoi s'habiller, comme aussi aux enfants pauvres qui porteront les chandeliers et flambeaux ; ils seront de la paroisse.

L'on dira trois annuels, pendant trois ans ; c'est-à-dire une messe chaque jour, à notre chapelle de Saint-Nicolas, à l'heure que nos sœurs vont à l'église pour l'entendre, pour demander pardon à Dieu, par ce saint sacrifice, de tous mes péchés, et surtout du peu de fidélité à ses grâces, et pour réparer tous mes manquements à l'égard du très-saint sacrement.

Je supplie MM. de la communauté de Saint-Nicolas de dire pour le repos de mon âme, et aussi pour toutes celles qui sont en purgatoire, mille messes ; ma fille leur donnera mille livres ; je remercie cette sainte communauté des bontés qu'elle a toujours eues pour moi ; je la supplie de les continuer à nos chères sœurs de Sainte-Geneviève, et je lui demande de se souvenir de mes misères devant Dieu.

Je donne à ladite communauté de Saint-Nicolas quinze cents livres pour la bourse cléricale ; ma fille en payera la rente autant qu'elle voudra.

Je donne à nos pauvres honteux de notre paroisse cinq cents livres pour être distribuées en lits, pour séparer les enfants et pour faire travailler quelques-uns, et pour avoir quelques chemises, et du pain et habits. Je donne encore pour cela cinq cents livres ; ces deux articles se distribueront selon l'avis de M. le curé et de ma fille ; petit à petit selon la nécessité présente, les cinq cents livres après ma mort.

Je donne à nos pauvres malades trois cents livres une fois payées.

Je donne à l'œuvre de Saint-Nicolas-du-Chardonnet, notre paroisse, six mille livres, pour lui aider à rembourser les religieuses Ursulines de Sainte-Avoie, auxquelles l'Œuvre doit douze mille livres par contrat, en date de juillet 1666, auquel contrat je me suis obligée par un écrit particulier, passé et reconnu par Simonet, notaire, et ledit écrit est demeuré entre les mains des susdites religieuses, pour sûreté de leur dû, sans quoi elles n'auraient point prêté cette somme, qui était absolument nécessaire pour achever l'église, qui aurait péri sans cela, et l'on ne délivrera point le présent legs de six mille livres, que l'on ne retire mon écrit desdites religieuses.

Je donne au grand Hôpital quatre cents livres, et au Refuge trois cents livres, et aux Enfants trouvés trois cents livres.

Je donne à madame Chevalier, pour les pauvres des provinces, trois cents livres, et pour la collation de l'Hôtel-Dieu cent cinquante livres.

Je donne à nos chères sœurs de la Charité, vis-à-vis Saint-Lazare, trois cents livres; je les estime et respecte leur humilité et charité.

Je donne à la communauté des Missions étrangères, pour les missions, soixante-quinze livres de rente rachetable, quand ma fille voudra de quinze cents livres; j'aime et respecte cette Œuvre.

Je donne à l'Ave-Maria, aux filles de la Madeleine et aux Capucines, cinquante livres à chacun de ces trois couvents, pour avoir part à leurs prières ; je voudrais pouvoir leur donner davantage.

Je donne pour les pauvres prisonniers deux cents livres ; ma chère fille fera cette charité par elle-même, s'il lui plaît.

Je donne à nos sœurs de la communauté des filles de Sainte-Geneviève, pour aider à l'apothicairerie, cent livres de rente rachetable de deux mille livres ; je prie ma fille de ne pas racheter cette petite rente de longtemps.

Je donne encore à nos susdites sœurs cinquante livres de rente, pour aider à la retraite des pauvres de Noël ; je voudrais bien en fonder une au moins, mais je n'oserais tant charger ma chère fille.

Je donne encore à la susdite communauté cinquante livres de rente, pour aider à faire subsister la chambre de travail de notre paroisse, je n'oserais, par la même raison que dessus, leur donner davantage.

Je prie instamment ma très-chère fille d'avoir soin, autant qu'elle pourra, de ces trois Œuvres ci-dessus, qui me sont très-chères, parce que Dieu en est honoré, et le prochain aidé spirituellement et temporellement.

Je donne à nos très-chères sœurs de la Providence de Dieu, faubourg Saint-Marceau, soixante-quinze livres de rente rachetable de quinze cents livres ; je les estime beaucoup pour le bien, et très-grand bien qu'elles font ; je les prie de prier Dieu pour moi, et leur demande pardon du mauvais exemple que je leur ai donné, et de la peine que je leur ai aussi donnée, soit en général et en particulier; je les conjure, par Jésus-Christ, de demeurer toujours vives et appliquées à l'œuvre que Dieu leur a commis, qui est très-grand pour la gloire de Dieu.

J'ai oublié de prier ma fille, dans le commencement de ce testament, de me faire la charité de distribuer mille messes, où elle jugera à propos, et cela le plus tôt qu'elle pourra après ma mort; elle en donnera à la Providence et aux religieuses Ursulines, qui n'ont point de messes, et à des curés de mon frère de Purnon en Poitou, qui sont pauvres.

Je donne au cocher qui sera à moi lors de ma mort, autant de fois cinquante francs qu'il y aura d'années qu'il sera à mon service, et autant à mon laquais; et, au lieu de les habiller de deuil, l'on leur donnera cent livres chacun, cela leur sera plus utile.

J'ai déjà donné et je donne encore, autant que besoin serait, par ce présent testament, tous mes meubles meublants, linges qui sont et seront dans la communauté, et qui sont en petite quantité, excepté quelques tableaux que je pourrai donner.

Je supplie cette très chère communauté, que j'aime tendrement, de demander à Dieu qu'il me fasse miséricorde, et me pardonne toutes mes négligences; si Dieu me fait la grâce de le posséder, je le prierai pour elles en général et en particulier; je les supplie d'offrir à Dieu leurs prières et bonnes œuvres, pour satisfaire à ce que je n'ai pas fait, ou que je n'ai fait que négligemment ; je prie cette chère communauté de demeurer toujours dans l'esprit d'une véritable et parfaite charité et union entre elles, comme elles sont, s'il se peut ; quand elles seront bien unies, le monde et l'enfer ne leur pourra nuire, surtout si cette vertu est accompagnée d'une vraie humilité et amour de l'anéantissement ; si elles veulent s'élever et paraître, il est à craindre que Dieu ne retire ses grâces, qu'il a versées avec tant d'abondance. Je les prie, par toute la tendresse de mon cœur, d'être fidèles à leurs constitutions et exercices journaliers, surtout à l'oraison ; je leur recommande l'obéissance, sans quoi elles ne peuvent être agréables à Dieu, et je les assure qu'elle est l'âme de la communauté, sans quoi elle ne peut subsister : la charité est l'esprit qui doit animer cette communauté, elle en est la source et le fondement. Je les supplie de reprendre de nouvelles forces en Dieu après ma mort, pour mieux faire que pendant ma vie ; ce que je dis pour les animer, parce que j'ai tout sujet de me louer d'elles ; je les supplie encore d'entretenir toutes les fins de cette communauté, autant qu'elles pourront ; si elles ne peuvent pas tout faire pour panser les pauvres, et pour les retraites des pauvres, au moins qu'elles le fassent un peu sans discontinuer, Dieu leur donnera grâce dans la suite de pouvoir faire plus ; je les conjure d'avoir toujours grande affection pour les écoles, qui font des biens que l'on ne saurait exprimer, lorsqu'elles sont faites aussi chrétiennement que l'on les fait à la communauté. Elles n'oublieront pas aussi d'être dans la disposition d'aller à la campagne, lorsque l'on le jugera à propos; c'est un grand bien. Enfin, mes très-chères sœurs, soyez fidèles à Dieu, et il ne vous manquera pas, il vous donnera ses bénédictions en abondance; c'est dont je le supplie instamment; je les prie de ne point cesser d'être fidèles à aller à la paroisse, et de donner tout l'exemple possible.

Je supplie M. le président de Nesmond et ma très-chère fille d'avoir toujours de la bonté pour cette chère communauté, de l'aimer et de la servir en toute rencontre, les aidant de leurs avis et protection, même de les secourir pour le temporel, si elles en ont besoin, et de leur payer les rentes que je pourrai leur devoir du reste de ce que je leur ai donné; cette bonne œuvre attirera de grandes bénédictions sur l'un et sur l'autre; je les conjure de la regarder comme leur communauté où l'on offrira à Dieu des vœux continuels pour eux.

Je prie M. le président de Nesmond, mon très cher gendre et ma très-chère fille, d'exécuter ce présent testament, les nommant pour cet effet; je les prie d'avoir ces dispositions agréables et de me faire cette dernière charité avec la même affection et amour de cœur qu'ils m'ont toujours témoigné pendant ma vie; ce que faisant, comme je l'espère de leur amitié et vertu, ils en auront la récompense et de grandes bénédictions de Dieu, que je leur souhaite abondantes;

ils savent que ce bien n'est pas perdu pour eux, et, au contraire, qu'il leur profitera pour l'autre vie, et même pour celle-ci.

Je ne puis m'empêcher de témoigner ma reconnaissance à Dieu de m'avoir donné M. le président de Nesmond pour gendre, qui a eu pour moi toutes les bontés au delà de tout ce que j'aurais pu souhaiter; je l'en remercie de tout mon cœur.

Pour ma très-chère et unique fille, je n'ai jamais reçu aucun mécontentement d'elle, mais, au contraire, une sincère amitié, complaisance, cherchant toujours ce qui me pouvait plaire; je ne finirais pas si je disais tout ce que je sens : je prie Dieu de tout mon cœur qu'il le leur rende à l'un et à l'autre en ce monde et en l'autre vie, et je demande à Dieu mille et mille bénédictions pour eux, et je les lui demanderai sans cesse, s'il me fait miséricorde; je leur donne ma bénédiction de toute l'étendue de mon âme.

Je ne dis rien à ma chère fille de ce qu'elle a à faire pour sa conduite, soit pour le spirituel ou pour le temporel, Dieu lui a fait faire pour l'un et pour l'autre tout ce que l'on pourrait souhaiter ; je prie la divine bonté de lui continuer ses grâces, et je la prie d'être toujours fidèle à Dieu, comme Dieu lui a fait la grâce d'être toujours jusqu'à présent, et cette fidélité lui obtiendra les grâces nécessaires pour persévérer et augmenter pour le spirituel; je la prie de prier Dieu pour moi; je le ferai pour elle, si je suis trouvée digne de miséricorde.

Je supplie mes très-chers frères de me pardonner toutes les fautes que j'ai faites à leur égard ; je leur en demande de tout mon cœur pardon ; je les assure que je mourrai remplie d'une sincère amitié pour eux deux, puisque je l'ai toujours eue pendant ma vie, et, par cette même tendresse d'affection et d'amitié, je leur demande de s'occuper sérieusement de leur salut, puisqu'ils rendront à Dieu un compte très-exact, à l'heure de leur mort, de toute leur vie ; c'est la plus grande et la plus importante de toutes leurs affaires ; je les supplie de prendre tous les jours un quart d'heure pour penser à cette terrible affaire de bien mourir ; l'âme leur doit être plus chère que le corps, et l'éternité plus que cette vie. Je les remercie de toutes les bontés qu'ils ont eues pour moi ; je prierai le Seigneur pour eux, s'il a pitié de moi. Je les conjure de vivre dans une parfaite intelligence et amitié ensemble, et avec M. le président de Nesmond et ma chère fille, avec mes nièces et neveux, que j'aime aussi très-tendrement, et à qui je souhaite tous biens temporels, mais bien plus les éternels ; ce qui passe n'est pas considérable. Je leur demande ce que je demande ci-dessus à mes chers frères.

Ma chère fille trouvera dans un mémoire plusieurs choses que je dois ; je la prie de payer, s'il n'est point déchargé à côté de chaque article.

Je supplie le Seigneur d'avoir agréables ces dispositions, pour sa gloire et mon salut, et celui de M. de Nesmond et de ma fille, et de toute la famille morte et vivante; je les offre à Dieu à cette intention. Je fais mes excuses à ma chère fille, si je ne lui laisse pas grand'chose; si elle avait eu famille, j'aurais eu des considérations; mais Dieu ne lui en ayant point donné, j'ai cru qu'elle ne les désapprouvait pas, et que Dieu demandait cela de moi, tant pour ces petites dispositions que pour ce que j'ai fait pendant ma vie.

Je renonce à tous autres testaments et dernières volontés, désirant que ce soit celui-ci qui ait lieu, et je me rapporte de toutes choses à ma chère fille, ma volonté étant la sienne; je sais qu'elle m'aime.

Fait à Coubron, ce 1ᵉʳ août 1688.

Ainsi signé : MARIE BONNEAU DE MIRAMION.

Et plus bas est écrit, signé et paraphé, suivant l'acte de dépôt de ce jourd'hui, 2 janvier 1697.

Signé : MARIE DE BEAUHARNAIS DE NESMOND,
ET TORINON.

RESUMÉ DES DONS FAITS PAR MADAME DE MIRAMION DANS SON TESTAMENT.

Aux prêtres de la communauté de Saint-Nicolas.	1,000 livres.
A la bourse cléricale de Saint-Nicolas.	1,500
A reporter. . . .	2,500 livres.

Report.	2,500 livres.
Aux pauvres de la paroisse de Saint-Nicolas.	500
Lits pour les enfants de Saint-Nicolas.	500
Pour les malades de Saint-Nicolas.	300
A la fabrique de l'église de Saint-Nicolas.	6,000
A l'Hôpital général de Paris. . . .	400
Au refuge Sainte-Pélagie.	300
Aux Enfants-Trouvés.	300
Aux filles de la Charité.	300
Aux Missions-Étrangères.	1,500
A l'Hôtel-Dieu	150
Aux pauvres des provinces. . . .	300
Aux filles de l'Ave-Maria	50
— de la Madeleine.	50
— Capucines	50
— de la Providence	1,500
— Ursulines.	500
Aux prisonniers	200
A la pharmacie des pauvres. . . .	2,000
A la maison des retraites.	1,000
A la chambre de travail.	1,000
Aux curés de Purnon en Poitou. .	500
A ses domestiques au moins. .	400
	20,300 livres.

XI

DERNIERS CONSEILS DE MADAME DE MIRAMION

AUX FILLES DE SAINTE-GENEVIÈVE, TROUVÉS DANS SON CABINET APRÈS SA MORT

1696

VIVE JÉSUS!

Je n'ai rien tant à cœur, mes très-chères sœurs, que votre perfection ; si Dieu me fait miséricorde, comme je l'espère de sa bonté, je le prierai pour vous toutes, et pour celles qui composeront la communauté à l'avenir, pour vous obtenir la fidélité à vos constitutions et directoires ; parce que si vous les gardez fidèlement, vous honorerez Dieu, vous lui témoignerez votre attachement et votre amour, et vous ferez sûrement votre salut ; regardez-les comme l'abrégé des commandements, des conseils et des maximes de Notre-Seigneur, comme le précis de la doctrine et de la conduite des hommes les plus saints, les plus savants et les plus expérimentés qui ont été dans l'Église de Dieu depuis son commencement, et comme le fruit et le résultat de toutes les assemblées et conférences qui ont été tenues durant un grand nombre d'années par les prélats, docteurs et autres personnes les plus éclairées, les plus pieuses, les plus désintéressées et les plus expérimentées du royaume, par les soins de M. Ferret, curé de Saint-Nicolas, et notre supérieur, qui avait éminemment toutes ces qualités, et dont la mémoire vous doit être toujours en bénédiction.

Pour vous exciter à la fidélité que vous devez à votre institut, souvenez-vous quelquefois quelle a été la disposition de la Providence divine sur votre établissement; les peines et les soins de ceux dont elle s'est servie, les grandes dépenses qu'il a fallu faire pour le temporel; les prières et les bonnes œuvres qui ont été employées pour attirer les grâces de Dieu et les lumières du Ciel pour le spirituel, et dites-vous à vous-même : Qu'est-ce que Dieu demande de moi? Après toutes ces choses, était-ce donc pour ne faire que ce que je fais qu'il fallait tant de préparations. Serais-je cause par ma lâcheté que les desseins de Dieu seraient anéantis? Quel compte lui rendrai-je, si je ne contribue pas autant que je le puis, avec sa grâce, à faire réussir cet institut à sa gloire, pour le service du prochain, par ma fidélité.

Je vous conjure aussi de faire réflexion sur ce qui est arrivé à plusieurs grands établissements dans tous les siècles, qui ont fleuri en sainteté pendant plusieurs années, par le zèle et la fidélité de leurs premiers sujets, et qui sont tombés dans un relâchement incroyable, et même quelques-uns ont été anéantis par l'infidélité de ceux qui les ont suivis; leur malheur n'est pas arrivé tout d'un coup, une négligence d'un article en a attiré une autre, l'on s'est relâché peu à peu et comme par degrés, et enfin tout est tombé dans un désordre effroyable, et avec la damnation de ceux qui en ont été la cause. Qui est celle de vous, mes très-chères sœurs, qui voudrait par une petite négligence donner aussi le commencement à la ruine de votre communauté? C'est pourtant ce qui arrivera si votre fidélité vient à diminuer; les malheurs des autres vous en doivent être un avertissement. Dieu est aussi juste à votre égard qu'il l'a été envers les autres pour vous retirer ses grâces, quand vous abandonnerez votre devoir; et vous le mériterez d'autant plus, que vous avez plus d'exemples de ces malheurs qu'ils n'avaient pas.

Je ne puis trop vous exciter, mes très-chères filles, à l'exacte observance de vos constitutions, parce qu'il n'y a rien que nous devions tant appréhender que la ruine d'une œuvre que Dieu a suscitée pour sa gloire; je vous en supplie par l'amour que Dieu a pour vous, et par celui que nous lui devons; demeurez fermes dans la pratique des choses qui vous sont marquées, et souvenez-vous des promesses que vous lui en avez faites; je n'en excepte pas une; car il vous demandera compte de toutes.

Je vous en recommande néanmoins quelques-unes plus particulièrement, parce qu'elles sont d'une extrême conséquence, et que plusieurs autres en dépendent.

1. Ne perdez jamais l'amour et l'estime de votre institut, comme établi par la volonté de Dieu, selon les règles de son saint Évangile, et comme un moyen

sûr de le glorifier et de vous sanctifier par les bonnes œuvres.

2. Faites toutes choses en la présence de Dieu, pour son amour et pour sa gloire, même dans les plus petites choses.

3. Évitez avec soin non-seulement les fautes considérables, mais tout ce qui peut déplaire à Dieu, son véritable amour le demande; généralement ne faites jamais une chose dont vous deviez vous repentir.

4. Recevez bien, c'est-à-dire avec humilité et reconnaissance, les avertissements que l'on vous fera la charité de vous donner, qui que ce soit qui vous les donne, et tâchez d'en profiter.

5. Examinez-vous tous les jours sur vos manquements aux devoirs de votre état, aussi bien que sur les autres fautes, et voyez chaque mois quel profit vous aurez fait, ou si vous avez reculé dans la voie de Dieu, afin de ranimer votre zèle, ne regardez point cela comme une chose de petite conséquence; votre retraite d'un jour par mois sera bien employée à cela.

6. Faites toujours vos confessions et communions comme si c'étaient les premières et les dernières de votre vie.

7. Soyez fidèles à la sainte messe et à l'oraison mentale; n'y manquez pas par votre faute, parce que vous vous priveriez de beaucoup de grâces que Dieu a attachées à ces exercices; le démon fera tout ce qu'il pourra pour vous faire quitter l'oraison, parce qu'il sait que c'est un moyen pour vous établir dans

la piété, et vous empêchera d'avancer dans la vertu en vous en détournant; si vous êtes obligées de la quitter pour des infirmités ou autres raisons, reprenez-la le plus tôt que vous pourrez.

8. Conservez l'affection que vous avez pour votre paroisse; allez-y toujours avec soin, et que votre fidélité et recueillement puissent édifier ceux qui vous verront; surtout n'y causez point.

9. Aimez le travail, c'est une partie de notre vocation; occupez-vous toujours de quelque ouvrage, lorsque vous n'êtes pas occupées en quelque affaire ou à quelque chose par obéissance; le temps est précieux, et l'oisiveté est la mère de plusieurs péchés et la mort des vertus.

10. Quelque chose qui puisse vous arriver, tant pour le spirituel que pour le corporel, ne perdez jamais la confiance en Dieu, puisqu'il veut bien que vous l'appeliez votre Père, et qu'il est la bonté infinie.

11. Continuez, mes chères filles, à ne point aimer le monde ni les parloirs; mais dans la nécessité d'y aller, que ce soit avec permission et avec une compagne quand il y a des hommes; ne vous relâchez jamais de cet article, cela est de conséquence; je vous en prie de tout mon cœur.

12. Ne soyez point méconnaissantes envers les personnes qui vous ont fait ou feront du bien spirituel ou temporel; témoignez-leur votre gratitude autant que vous le pourrez durant leur vie, et après leur mort. Ayez-en une très-singulière pour feu

M. Ferret, aux soins duquel la communauté doit ce qu'elle est, et priez aussi pour tous vos autres supérieurs.

13. Lorsque l'on vous permettra d'aller à Ivry, récréez-vous en Notre-Seigneur, dans la vue de vous délasser et reposer tant du corps que de l'esprit, et de reprendre de nouvelles forces pour mieux vous acquitter de vos devoirs ; observez le petit règlement qui est fait pour ce lieu ; prenez garde à la trop grande dissipation, ni de ne point blesser la modestie ni la charité, mais d'être très-unies avec celles qui vous seront données pour compagnes ; agissez avec simplicité et cordialité, et contribuez agréablement à leur récréation ; ne quittez pas néanmoins vos exercices spirituels, et soyez soumises à celle qui vous sera donnée.

14. Surtout, mes très-chères enfants, je vous demande, par les entrailles de Jésus-Christ, que vous vous entr'aimiez et estimiez les unes les autres, mais d'une parfaite charité ; si ce n'est pas par inclination, que ce soit par vertu, et donnez-en toutes les marques en toutes sortes d'occasions ; la charité est le lien de la perfection et l'abrégé de la loi de Dieu. Si nous sommes obligées d'en instruire les autres, nous devons en être remplies, ne pouvant donner que ce que nous avons ; cette vertu est la principale de cette communauté, et l'on ne l'aimera et estimera qu'autant que cette vertu y sera grande.

15. Je mets l'obéissance la dernière, quoique je l'estime pour vous une des principales vertus, et de

la dernière conséquence; observez-la en toutes choses, et très-exactement à l'égard de tous les supérieurs et supérieures que la Providence vous donnera; sans cette pratique, votre communauté tombera bientôt dans la confusion et le néant; ne manquez jamais d'estime et de respect envers eux, recevez ce qu'ils vous diront avec humilité, regardant toujours Dieu en leurs personnes; mettez-vous à genoux lorsqu'ils vous avertiront, et ne vous excusez jamais; faites en cela ce qui est marqué dans vos constitutions et directoires. Je ne vous parle de toutes les pratiques de vertus que très-sommairement, parce que les raisons en sont assez amplement marquées dans vos constitutions et directoires, que je vous prie de lire tout entières au moins quatre fois l'année, avec toute l'attention possible.

Je supplie instamment toutes les supérieures qui seront après moi, de réparer toutes les fautes que j'ai faites dans le gouvernement dont Dieu m'a chargée depuis plus de trente ans; qu'elles prient et fassent prier Dieu qu'il me les pardonne. Je reconnais n'avoir pas donné l'exemple que je devais, ni pratiqué toutes les vertus; j'en ai été bien éloignée. J'espère que mes manquements ne leur feront pas de préjudice, et que les supérieures qui seront à l'avenir, exciteront davantage la communauté à la pratique des vertus, par le bon exemple qu'elles donneront à toutes mes chères sœurs; c'est ce que je souhaite de tout mon cœur.

GÉNÉALOGIE DE LA FAMILLE DE BEAUHARNAIS

Nous avons dit, en parlant du mariage de madame de Miramion, page 20, qu'elle était par cette alliance parente de l'empereur Napoléon III au dixième degré. Voici la filiation qui établit cette parenté :

II⁰ degré. — Auteur commun.
FRANÇOIS DE BEAUHARNAIS, seigneur de Miramion,
de la Chaussée, etc., mort en 1588.

III⁰ degré. — François de Beauharnais, premier président et lieutenant général au bailliage d'Orléans, mort en 1651.

IV⁰ degré. — Jean de Beauharnais, seigneur de la Boische, conseiller, maître d'hôtel du roi, mort en 1661.

V⁰ degré. — François de Beauharnais, seigneur de la Boische, la Chaussée, Beaumont, mort en 1690.

VI⁰ degré. — Claude de Beauharnais de Beaumont, capitaine des vaisseaux du roi, mort en 1738.

I⁰ʳ degré. — Aignan de Beauharnais, seigneur de Miramion, conseiller d'État et contrôleur général de l'extraordinaire des guerres. Cinquième fils du précédent, mort en 1655.

Jean-Jacques de Beauharnais, seigneur de Miramion, conseiller au parlement de Paris, marié le 2 mai 1645 à Marie Bonneau de Rubelle.

(N. B. en ligne collatérale les degrés se comptent par les générations depuis l'un des parents e remontant jusqu'à l'auteur commun, et depuis celui-ci en re descendant jusqu'à l'autre parent.

VII⁰ degré. — Alexandre de Beauharnais, marquis de la Ferté-Beauharnais, né en 1714, major des armées navales, gouverneur lieutenant général de la Martinique et de la Guadeloupe, mort en 1751.

VIII degré. — Alexandre de Beauharnais, dit le vicomte de Beauharnais, né en 1760, à la Martinique, marié à Joséphine Tascher de la Pagerie, exécuté le 25 juillet 1794.

IX⁰ degré. — Eugène de Beauharnais (le prince Eugène).

Hortense de Beauharnais (la reine Hortense), mariée à Louis Bonaparte.

X⁰ degré. — Napoléon III.

LETTRES PATENTES POUR LA COMMUNAUTÉ DES MIRAMIONNES.

« Du vii septembre (1693). Enregistrement des lettres patentes du roy, obtenues par les filles de la communauté de Sainte-Geneviefve establies sur le quai de la Tournelle, dans la paroisse de Saint-Nicolas-du-Chardonnet, par lesquelles ledit seigneur roy confirme et agrée l'establissement de ladite communauté, et leur permet, et à celles qui leur succèderont, de posséder à titre de propriété incommutable les biens, maisons, jardins, enclos et héritages par elles acquis et à elles donnés, ensemble la maison rue des Bernardins, et portion de place appartenant au collége des Bernardins, qu'elles ont dessein d'acquérir. » (*Histoire de la ville de Paris*, par D. Michel Félibien, revue et augmentée par D. Lobineau, tome V (ou III des *Pièces justificatives*), p. 240.)

LETTRES PATENTES POUR LES FILLES DE LA PROVIDENCE DU FAUBOURG SAINT-MARCEL.

« Du xxi mars (1695). Enregistrement de lettres patentes du roy, obtenues par dame Marie Bonneau, veuve de M. Jean-Jacques de Beauharnais de Miramion, conseiller en la cour, et dame Marguerite de Beauharnais, veuve de messire Guillaume de Nesmond, président à mortier en ladite cour, directrice des filles de la communauté de la Providence du faubourg Saint-Marcel, et sœur Claire Colombe, supérieure de la dite communauté, par lesquelles ledit seigneur roy a confirmé la concession faite par le prévost des marchands et échevins, à Paris, le 2 juillet 1694, auxdites filles de la communauté de la Providence du faubourg Saint-Marcel, de la jouissance, pendant le temps de quatre-vingt-dix-neuf années, commencées le 1er juillet de ladite année 1694, de la portion de la rue des Marionnettes restant à occuper, jusqu'à la rue de l'Arbaleste et de la rue des Vignes au Coupe-Gorge, depuis ladite rue des Marionnettes jusqu'à l'encoignure de la rue appelée Vieille-Poterie, joignant la maison du clos de ladite communauté. » (*Histoire de Paris*, par D. Félibien, tome V, page 240.)

« Quoique la communauté des filles de Sainte-Geneviève à Paris ait été fondée en 1636, par mademoiselle de Blosset, néanmoins l'union qui a été faite de cette communauté avec celle de la Sainte-Famille, fondée par madame de Miramion, les grands biens que cette dame lui a procurés et les règlements qu'elle lui a prescrits, lui ont fait donner avec justice le titre de fondatrice des filles de Sainte-Geneviève. L'union des deux communautés fut conclue le 14 août 1661, en présence de M. Ferret. Le contrat en fut fait avec l'agrément de l'archevêque de Paris, Hardouin de Péréfixe, le 14 septembre 1665 ; et cet institut fut approuvé et confirmé en 1668, par le cardinal de Vendôme, légat *a latere* en France. Ces constitutions furent encore approuvées par Mgr de Harlay de Chanvallon, archevêque de Paris, au mois de février 1674. On les présenta au roi, qui, par de nouvelles lettres patentes, enregistrées au parlement la même année, autorisa l'union qui avait été faite. Cette communauté, disoute à la Révolution, n'a point été rétablie depuis. Les maisons qu'elle occupait ont été louées, de 1802 à 1808, par les sœurs de la Miséricorde, et une partie sert aujourd'hui à l'établissement de la Pharmacie centrale des hôpitaux de Paris. » (*Encyclopédie théologique* de l'abbé Migne, tome XXI.)

LETTRES PATENTES DU ROI LOUIS XIV

QUI CONFIRMENT L'ÉTABLISSEMENT DES FILLES DE SAINTE GENEVIÈVE, DITES DE MIRAMION, DU MOIS D'AOUT 1695.

Louis, par la grâce de Dieu, roi de France et de Navarre; à tous présents et à venir, salut.

Nos chères et bien-amées les filles de la communauté de Sainte-Geneviève, établies sur le quai de la Tournelle, dans la paroisse de Saint-Nicolas-du-Chardonnet, de notre bonne ville de Paris, nous ont fait remontrer qu'encore que par nos lettres patentes des mois de juillet 1661 et mai 1674, registrées où besoin a été, nous ayons confirmé leur établissement, ensemble les nouveaux règlements et constitutions approuvées par notre cher et bien-aimé cousin l'archevêque de Paris, duc et pair de France, et que nous leur ayons donné pouvoir de recevoir toutes donations entre-vifs et legs testamentaires, d'acquérir, tenir et posséder toutes sortes de fonds et héritages, et que pour cet effet nous avons dès lors amortis; néanmoins n'ayant point été depuis leur établissement en état d'acquérir une maison propre à loger une communauté, et pour s'acquitter de leurs emplois, elles ont été obligées de demeurer dans des maisons qu'elles ont tenues à loyer, et par conséquent exposées à des changements continuels et à d'autres grands inconvénients, sans pouvoir jouir entièrement de la grâce que nous avons eu dessein de leur faire.

Mais comme elles ont depuis peu acquis une maison sur le quai de la Tournelle, de notre amé et féal conseiller en nos conseils, le sieur François de Nesmond, évêque de Bayeux, et de notre chère et bienamée Marie Bonneau, veuve de notre amé et féal conseiller en notre cour de parlement de Paris, Jean-Jacques de Beauharnais, sieur de Miramion, moyennant le prix de quatre-vingt mille livres, par contrat passé par-devant Torinon et son confrère, notaires, le 26 juin 1691, et encore une petite maison joignante la précédente, appartenante à ladite dame de Miramion, ainsi qu'elle se comporte présentement, par autre contrat passé par-devant lesdits notaires, le 26 juin 1693, moyennant la somme de neuf mille six cents livres. Qu'outre ce, ladite dame de Miramion, par autre contrat passé par-devant ledit Torinon et son confrère, le 22 avril 1693, a donné à ladite communauté deux maisons réunies en une, situées sur ledit quai de la Tournelle, entre ladite maison de la communauté et celle dudit sieur évêque de Bayeux, qu'elle a acquise des sieurs Maugis des Granges, de quelques aumônes que nous leur avons fait mettre entre les mains à cet effet, et des deniers de plusieurs personnes distinguées par leur qualité et leur piété, qui ont bien voulu y contribuer, afin de la faire servir selon nos intentions aux bonnes œuvres qui se font dans ladite communauté, et particulièrement aux exercices de retraites d'un grand nombre de filles et de femmes de toute qualité, pour s'instruire des maximes de la véritable piété, et penser à leur salut pendant quelques jours avec plus d'application. Lesquelles deux maisons réunies en une ont été estimées, par experts, la somme de cinquante mille livres, suivant leur rapport du 2 avril 1693. Que de plus ladite dame de Miramion ayant reconnu que les filles de ladite communauté, outre les fatigues des retraites, sont encore occupées auprès des pauvres filles de l'école charitable qu'elles tiennent soir et matin, et auprès des malades et blessés qui viennent de tous les endroits de la ville et des faubourgs se faire saigner, panser et médicamenter, dont le mauvais air fait souvent tomber la plus grande partie des exposantes dans de grandes infirmités, et que pour ce sujet elles ont besoin d'une maison hors de Paris, où elles puissent aller prendre l'air de temps en temps, et y rétablir leur santé; elle leur aurait encore donné à cet effet, et par forme d'augmentation de clôture, une petite maison, jardin et enclos sis à Ivri, dans la banlieue de Paris, par elle acquise la somme de dix mille livres, payée à cet effet des deniers de la dame présidente de Nesmond, ladite donation faite par-devant ledit Torinon et son confrère, le 26 juin 1693. Que d'ailleurs les filles de ladite communauté pour accroître leur jardin et enclos, et principalement pour se conserver un passage qui conduit à l'église de Saint-Nicolas-du-Chardonnet leur paroisse, où elles sont obligées d'aller plusieurs fois le jour pour assister au service divin, et y conduire avec plus de décence les jeunes pensionnaires, ont besoin d'acquérir une portion de terre d'environ seize toises sur vingt de superficie, qu'elles tiennent à loyer du collège des Bernardins auxquels elle appartient, à raison de deux cents livres par chacune année ; et qu'elles auraient encore besoin d'acquérir une autre petite maison, sise rue des Bernardins, appartenante audit sieur évêque de Bayeux, de la valeur d'environ huit mille livres, aboutissant au jardin de ladite maison des retraites, pour y tenir leurs écoles charitables, afin qu'elles soient plus proches de l'église et plus séparées des personnes qui font retraite. Au moyen desquelles acquisitions faites ou à faire, et desdites donations, les exposantes auront un établissement fixe et certain, et des lieux commodes et à peu près suffisants pour les fonctions de leur institution. Mais d'autant qu'elles craignent d'être inquiétées ci-après en la possession desdits biens, sous prétexte de défaut de formalités, omission de déclaration et autres cas non prévus ni suffisamment expliqués par nos précédentes, elles nous auraient très-humblement fait supplier de les pourvoir de nos lettres plus spéciales sur ce nécessaires.

A ces causes, de l'avis de notre conseil, qui a vu nos dites lettres patentes desdits mois de juillet 1661 et mai 1674, les arrêts d'enregistrement, les constitutions et approbations de notre dit cousin l'archevêque de Paris, les copies collationnées des contrats d'acquisition desdites grande et petite maison sur le quai de la Tournelle, de celui de donation desdites deux maisons réunies en une pour les retraites, et de celui de donation de la maison, jardin et enclos du village d'Ivri; extrait du rapport d'experts portant estimation de ladite maison des retraites, à la somme de cinquante mille livres; le tout ci-attaché sous le contre-scel de notre chancellerie, et étant bien informé du profit et de l'édification que nos sujets retirent de plus en plus de l'établissement et accroissement de ladite communauté, tant au moyen des vertus solides que l'on voit continuellement pratiquer par les exposantes, que par leur grande application à l'instruction tant des pauvres filles dans les écoles de charité que des femmes et filles dans les exercices de retraites et au secours et pansement des malades et blessés ; ce qui contribue notablement au salut des âmes, le bonheur et la durée de notre règne.

Et voulant, par ces considérations et autres, favorablement traiter les exposantes, et leur donner moyen de continuer plus facilement leurs exercices et persévérer dans leur ferveur; de notre spéciale grâce, pleine puissance et autorité royale, nous avons par ces présentes, signées de notre main, confirmé et agréé, en tant que besoin serait, et d'abondant confirmons et agréons l'établissement de ladite communauté des filles de Sainte-Geneviève, suivant les règlements et constitutions approuvés par notre dit cousin l'archevêque de Paris ; et en conséquence avons permis et permettons aux exposantes et à celles qui leur succèderont, de tenir, avoir et posséder en toute liberté, à titre de propriété incommutable, les biens, maisons, jardins et enclos et héritages par elles acquis, et à elles donnés par tous les contrats ci-dessus énoncés, ensemble ladite maison de la rue des Bernardins et portion de place appartenante audit collège des Bernardins, qu'elles ont dessein d'acquérir lorsqu'elles seront en état de ce faire ; et attendu que tous lesdits lieux ne sont destinés qu'à augmenter leur enclos pour remplir plus facilement et avec plus d'étendue et de fruit leurs devoirs et y vivre selon leur institut, conserver les forces dont elles ont besoin dans leur travail, et rétablir la santé des sœurs malades et convalescentes, et comme tels destinées plus particulièrement à Dieu et à l'usage desdites filles et communauté, les avons dès à présent et à toujours amortis et amortissons par ces présentes, même ladite maison, jardin et enclos d'Ivri, ayant fait la même grâce aux filles nouvelles catholiques pour leur maison et héritages qu'elles ont à Charenton, par nos lettres du mois de juillet 1686, dont copie est aussi attachée sous le contre-scel de notre chancellerie, sans que les exposantes ni celles qui leur succèderont puissent être contraintes d'en vuider leurs mains, bailler homme vivant et mourant, ni payer à cause de ce à nous ou à nos successeurs rois aucune finance ni indemnité pour droits d'amortissement, de nouvel acquit, ou pour quelque autre droit, cause et prétexte que ce puisse être, dont en tant que besoin est ou serait, et à quelque somme que le tout se puisse monter ou être estimé, nous leur avons fait don et remise, les avons affranchies, quittées et déchargées, affranchissons, quittons et déchargeons pour toujours, sans préjudice toutefois des droits d'indemnité et autres qui pourraient appartenir aux seigneurs particuliers, dans la censive desquels sont situés lesdites maisons et héritages, si aucuns sont dus. Comme aussi leur avons permis et permettons d'accepter toutes donations entre-vifs et tous legs tant universels que particuliers, et d'acquérir, tenir et posséder toutes sortes d'autres fonds, héritages et droits immobiliers.

A la charge que dans le temps de chaque retraite on fera des prières spéciales pour nous tous les soirs au salut, lesquelles seront continuées à perpétuité pour nos successeurs rois. Comme aussi à la charge qu'il sera célébré dans la chapelle de ladite communauté une messe chaque mois de l'année à perpétuité pour nous et nos successeurs rois, et que nous participerons à toutes les autres prières et bonnes œuvres qui se font et feront dans ladite communauté. Et pour en conserver la mémoire, il en sera fait mention sur les martyrologes de ladite communauté et sur une table de marbre ou de cuivre qui sera posée dans ladite chapelle des exposantes.

Si, donnons en mandement à nos amés et féaux conseillers, les gens tenans notre cour de parlement et chambre des comptes, trésoriers de France et autres officiers qu'il appartiendra, que ces présentes ils aient à faire enregistrer purement et simplement, et du contenu d'icelles jouir et user pleinement, paisiblement et perpétuellement les exposantes et celles qui leur succèderont, cessant et faisant cesser tous troubles et empêchements quelconques nonobstant tous édits, ordonnances, déclarations, arrêts et règlements à ce contraires, auxquels nous avons, en tant que besoin est ou serait, dérogé et dérogeons par ces présentes : car tel est notre plaisir. Et afin que ce soit chose ferme et stable à toujours, nous avons fait mettre notre scel à ces dites présentes.

Donné à Marly, au mois d'août l'an de grâce 1693, et de notre règne le cinquante et unième.

Signé : LOUIS.

Et sur le repli : Par le roi, Phélypeaux.

Et scellé ; registrées au parlement le 7 septembre 1693, et en la chambre des comptes le 30 juin 1696.

FIN.

TABLE DES MATIÈRES

Avertissement de l'éditeur. v
Préface. vii

CHAPITRE I

ENFANCE DE MADAME DE MIRAMION

1629-1645

I. Son éducation chrétienne. — Mort de sa mère et ses réflexions à ce sujet. — Les salons de la haute bourgeoisie. — II. La mode des eaux. — Mademoiselle de Daillon du Lude. — MM. Bonneau de Rubelle. 1

CHAPITRE II

MARIAGE DE MADAME DE MIRAMION

1645-1648

I. Son portrait. — La famille de Beauharnais. — II. La comtesse de Choisy et son salon. — III. Veuve et mère à seize ans. — La petite vérole. — Mot de madame Cornuel. 17

CHAPITRE III

ENLÈVEMENT DE MADAME DE MIRAMION

1648

I. Lettre du confesseur de Louis XVI. — La Fronde. — Un pèlerinage au mont Valérien. — II. Un enlèvement au dix-septième siècle. 35

CHAPITRE IV

LE COMTE DE BUSSY-RABUTIN

1648

I. Son portrait fait par lui-même. — Madame de Sévigné. — II. Une entreprise imprudente de M. de Bussy. — III. Opinion de Saint-Évremond. — Chansons et réflexions sur cet événement.... 55

CHAPITRE V

MADAME DE MIRAMION PREND LA RÉSOLUTION DE RESTER VEUVE

1648-1649

I. Poursuites contre Bussy. — Le prince de Condé. — II. La baronne de Chantal. — Conseils de Vincent de Paul. — III. Demandes en mariage. — MM. Lecoigneux, Boucherat et de Caumartin. — IV. Mademoiselle Legras, institutrice des filles de la Charité..... 75

CHAPITRE VI

COMMENT MADAME DE MIRAMION SANCTIFIE SON VEUVAGE

1649-1655

I. Sa vie dans le monde. — II. Elle crée l'orphelinat de la Sainte-Enfance. — Association des dames de Charité. — III. L'hôpital des Enfants trouvés. — IV. Fourneaux économiques. — V. L'ameublement au dix-septième siècle.................. 101

CHAPITRE VII

MADEMOISELLE DE MIRAMION

1655-1660

I. Son éducation à Sainte-Marie. — Maladie de madame de Miramion. — Voyage à Bourbon. — Les duchesses de Montmorency et de Longueville. — II. Adieux à l'hôtel de Choisy. — Mort de M. de Tracy et de la duchesse de Roquelaure. — III. Mariage de mademoiselle de Miramion. — Fondation de la salle des prêtres à l'Hôtel-Dieu de Paris................................... 129

CHAPITRE VIII

MADAME DE MIRAMION SUPÉRIEURE PERPÉTUELLE DES FILLES DE SAINTE-GENEVIÈVE

1660-1662

I. Mademoiselle de Bellefond, prieure des Carmélites. — Madame Scarron. — II. Les premiers évêques de la Chine. — La duchesse d'Aiguillon. — III. Madame de Miramion ouvre un asile au repentir. — IV. Elle fonde la communauté de la Sainte-Famille et l'unit aux filles de Sainte-Geneviève. — V. Création des refuges de la Pitié et de Sainte-Pélagie. 155

CHAPITRE IX

ŒUVRES CHARITABLES DE MADAME DE MIRAMION

1662-1670

I. Son dévouement pour l'hôpital général. — Charité de la princesse de Conti. — II. Mort du président de Nesmond pendant le procès de Fouquet. — III. Les Miramionnes à Amiens. 183

CHAPITRE X

LES ÉCRITS DE MADAME DE MIRAMION

1670-1678

I. Empoisonnement de madame Henriette d'Angleterre. — M. Bonneau de Purnon. — II. Méditations pieuses de madame de Miramion. — Mort de madame de Harlay et de la princesse de Conti. — III. Épidémie de Melun. — Le petit séminaire de Paris. — IV. Procession de la châsse de Sainte-Geneviève. — Oraison funèbre de madame d'Aiguillon. — V. Obsèques du premier président Lamoignon. 201

CHAPITRE XI

MADAME DE MIRAMION DIRECTRICE DES FILLES DE LA PROVIDENCE

1678-1682

I. Origine des ouvroirs. — II. Madame de Pollalion. — III. Maladie de madame la présidente de Nesmond. — IV. Exhumation des restes de mademoiselle Legras. — Voyage à la Flèche et à Angers. — L'évêque Henri Arnauld. — V. Lettres de madame de Miramion. . 239

CHAPITRE XII

MADAME DE MIRAMION BIENFAITRICE DES MISSIONS ÉTRANGÈRES

1682-1684

Origine des fourneaux économiques. — Le maréchal de Navaille. — II. Mort de M. de Bellefond. — Maladie de madame de Miramion. — III. Retour de Mgr Pallu en France. — Ambassade siamoise à Paris. — IV. Mariage de mademoiselle de Rubelle. 261

CHAPITRE XIII

MADAME DE MIRAMION DISTRIBUTRICE DES AUMÔNES DU ROI

1684-1690

I. Sa dernière entrevue avec son ravisseur. — Portrait d'elle à cinquante-cinq ans. — II. Elle fonde une maison de retraite. — Mort de M. de Caumartin. — III. Révocation de l'édit de Nantes et rigueurs contre les protestants. — IV. Madame de Miramion passe trois mois à l'hôpital général. — Mort de mademoiselle de Lamoignon. — V. Ouverture de la maison de retraite. — VI. Le quiétisme et madame Guyon. — Représentation d'*Esther* à Saint-Cyr. 281

CHAPITRE XIV

RAPPORTS DE MADAME DE MIRAMION AVEC LA COUR

1690-1696

I. Talent de madame de Miramion pour les réconciliations. — Ses entretiens avec madame de Montespan et l'archevêque de Paris. — II. Retraites à Coubron. — Oraison mentale. — III. Création de la maison de la Mère-Dieu. — Mort du président de Nesmond et du marquis de la Hoguette. — IV. Ouverture de l'hôpital Saint-Louis. — M. de Pontchartrain et madame de Maintenon. — Hommage rendu à madame de Miramion par Bossuet. 509

CHAPITRE XV

DERNIÈRE MALADIE ET MORT DE MADAME DE MIRAMION

1696

I. Le Jubilé. — Dernières retraites. — Mort de madame la duchesse de Guise. — II. Derniers jours de madame de Miramion. — Sa lettre à madame de Maintenon. — III. Jugement porté sur elle par Dangeau. — Saint-Simon et madame de Sévigné. 535

TABLE DES MATIÈRES.

APPENDICE

LES ÉCRITS DE MADAME DE MIRAMION

1674-1696

I. — Compte rendu de madame de Miramion à M. Ferret, son directeur, sur les grâces que Dieu lui faisait pendant ses oraisons.	355
II. — Résolutions de madame de Miramion pour son salut.	358
III. — Questions de madame de Miramion à son directeur, M. Ferret, et réponses de ce dernier.	361
IV. — Méditations pieuses de madame de Miramion pendant ses retraites spirituelles : première retraite sous la direction de M. Ferret.	366
V. Récit de la vie de madame de Miramion écrit par elle-même, d'après l'ordre de son directeur, M. Jolly.	374
VI. — Méditations pieuses de madame de Miramion. Dix-neuvième retraite, et première faite sous la direction de M. Jolly, le 13 septembre 1677.	379
VII. — Lettre de madame de Miramion à M. Jolly.	402
VIII. — Lettre de M. Jolly à madame de Miramion.	403
IX. — Lettre de madame de Miramion à une religieuse qui n'était pas tranquille sur sa vocation.	405
X. — Testament olographe de madame de Miramion (1688).	409
Résumé des dons faits par madame de Miramion dans son testament.	420
XI. — Derniers conseils de madame de Miramion aux filles de Sainte-Geneviève, trouvés dans son cabinet après sa mort (1696).	422
Généalogie de la famille de Beauharnais.	429
Lettres patentes pour la communauté des Miramionnes.	450
Lettres patentes pour les filles de la Providence du faubourg Saint-Marcel.	

PARIS. — IMP. SIMON RAÇON ET COMP., RUE D'ERFURTH, 1.

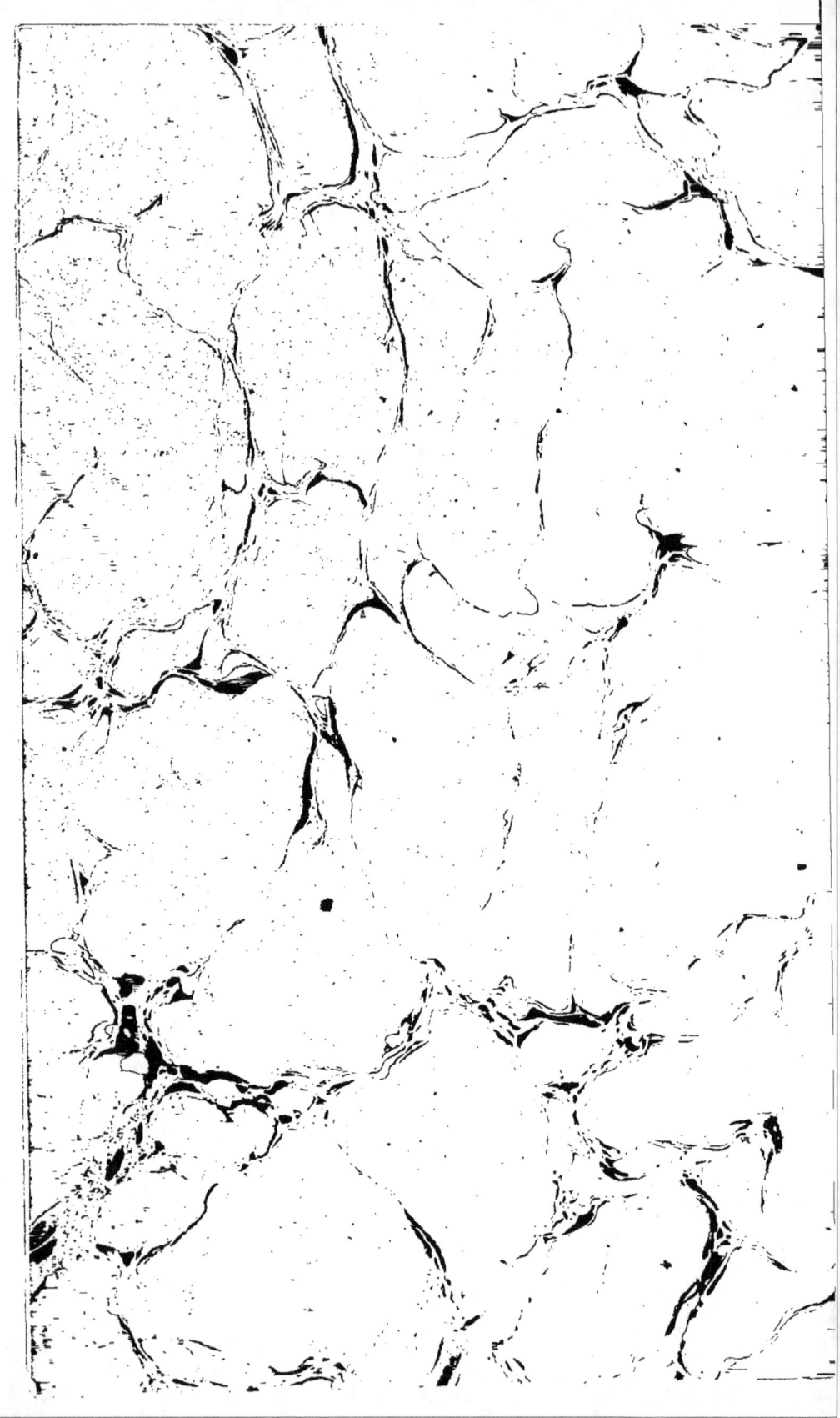

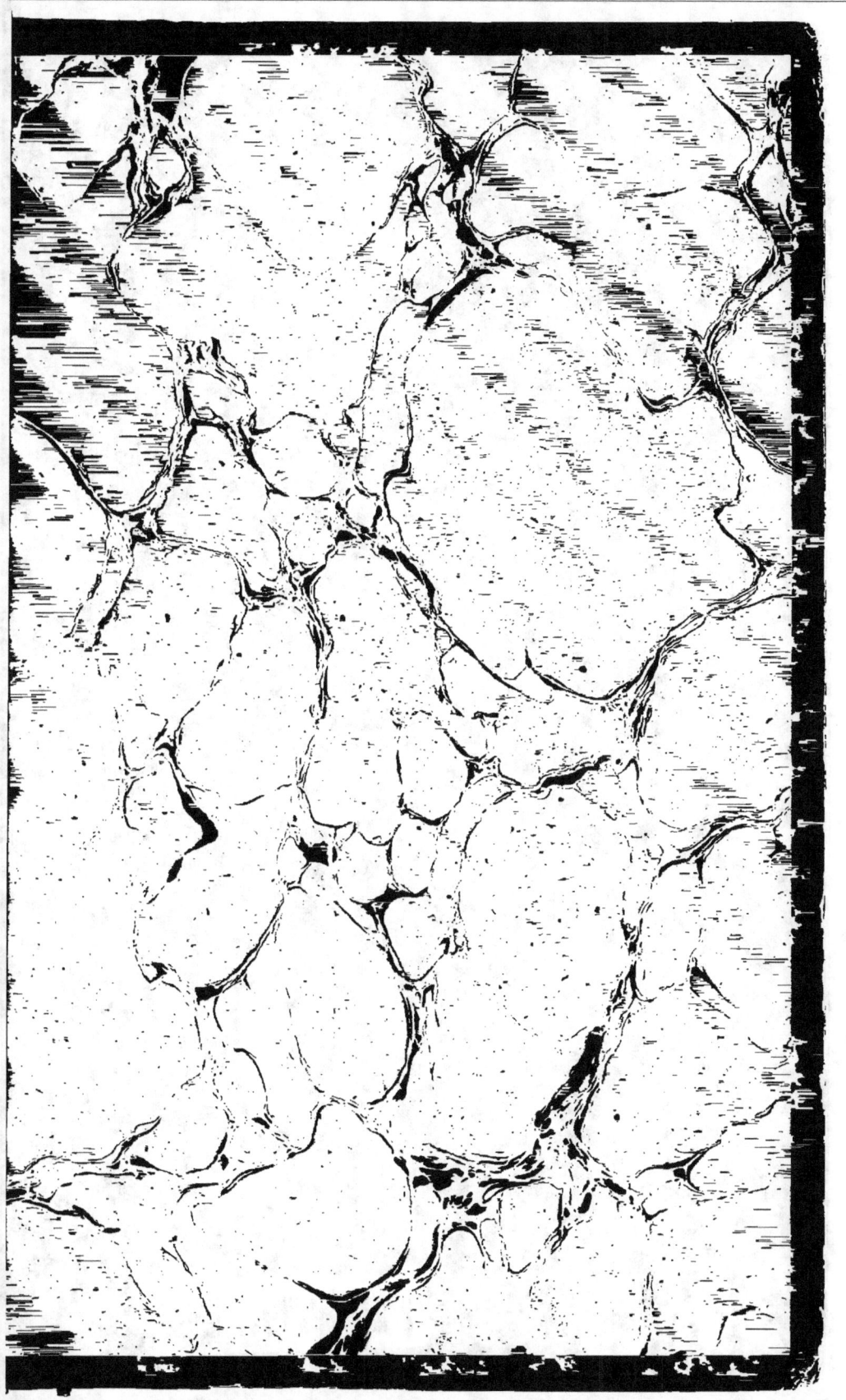

www.ingramcontent.com/pod-product-compliance
Lightning Source LLC
Chambersburg PA
CBHW060514230426
43665CB00013B/1518